U0529868

作者简介：

张英伦，作家，法国文学研究专家和翻译家。

一九六二年本科毕业于北京大学法国语言文学专业。一九六六年研究生毕业于中国社会科学院外国文学研究所。历任助理研究员、副研究员、研究生导师、外国文学函授中心校长、中国法国文学研究会常务副会长。中国作家协会会员。旅法学者，法国国家科学研究中心研究员。

著有《法国文学史》(合著)、《雨果传》、《大仲马传》、《莫泊桑传》等。译有《茶花女》(剧本)、《莫泊桑文集》(卷一、卷二)、《梅塘夜话》等。主编有《外国名作家传》(三卷)、《外国名作家大词典》、《外国中篇小说丛刊》等。

致力于外国名作家传记写作，作品以资料丰富、研究精深和饶有文学兴味的笔法见长，广受读者欢迎。


内容提要：

敬隐渔是中国现代文学史和法国文学翻译史上一位长期被遮蔽的重要人物。著名法国文学研究专家张英伦寻访欧洲各大图书馆，首次披露大量未公开的史料，撰写成《敬隐渔传》，最大限度地还原了传主短促如闪电，却闪动过刹那光辉的传奇一生。

# 敬隐渔传

## Vie
## de
## Jing Yinyu

张英伦 著

人民文学出版社

图书在版编目（CIP）数据

敬隐渔传 / 张英伦著 .—北京：人民文学出版社，2016
ISBN 978-7-02-011787-1

Ⅰ.①敬… Ⅱ.①张… Ⅲ.①敬隐渔（1901—1932）—传记 Ⅳ.① K825.6

中国版本图书馆 CIP 数据核字（2016）第 139170 号

责任编辑　仝保民　陈　黎
装帧设计　刘　静
责任印制　芃　屹

出版发行　人民文学出版社
社　　址　北京市朝内大街 166 号
邮政编码　100705
网　　址　http：//www.rw-cn.com

印　　刷　北京天正元印务有限公司
经　　销　全国新华书店等

字　　数　280 千字
开　　本　710 毫米 ×1000 毫米　1/16
印　　张　21.5
印　　数　1—3000
版　　次　2016 年 9 月北京第 1 版
印　　次　2016 年 9 月第 1 次印刷

书　　号　978-7-02-011787-1
定　　价　78.00 元

如有印装质量问题，请与本社图书销售中心调换。电话：010-65233595

敬隐渔像（1924）

# 前　言

二〇〇九年四月初的一天,巴黎蒙马特尔高地北麓笔者的寓所。漫长阴冷的冬季之后,终于迎来一个阳光灿烂的早晨。窗外,街对面人行道上走过一群户外活动的小学生,像放出笼子的鸟儿,叽叽喳喳,乐乐陶陶,更添一重春意。

我刚在网上淘来一个路易-菲利普时代的书柜,虽是将近二百年前的古董,但红樱桃木的质地,简约的线条,仍透着雅致和淡泊。书柜就放在这临街的客厅兼书房里,射进来的阳光经玻璃柜门反射,斗室显得明亮多了。我和夫人绪光正从过厅的书架上选一些最常用的书,搬过来充实这书柜。忙碌间,她递给我一个文件夹,说:"你的这些宝贝,是不是放在书柜下层的抽屉里?"

这文件夹里保存着昔日良师益友们给我的一些信。我随手打开,一页页地翻着。虽然都是故纸陈迹,有的甚至仅写着片言只语,偶又读之,每张纸面所承载的记忆犹新:在北京大学西语系读书时盛澄华(1912—1970)教授的一页短信,对班里要举行的莫泊桑作品学习心得讨论会提出建言;郭麟阁(1904—1984)教授的一张字条,交代我在法语讲演晚会上讲演时应注意的细节;在中国社会科学院做研究生时的导师罗大冈(1909—1998)的几封信,对我的习作详加评点。

一封印着"中国社会科学院外国文学研究所"红字笺头的信,映入我的眼帘。那是戈宝权(1913—2000)先生给我的一封信,信文是用蓝色墨水钢笔写的,字迹已有些淡化,但那笔画紧凑、一丝不苟的钢笔行书仍是那么熟悉。宝权先生是俄罗斯文学研究家、翻译家,后来从事比较文学研究,是我敬重的前辈文人。他翻译的普希金名诗《我的墓志铭》《渔夫和金鱼的故事》，我少年时代曾吟诵不倦。从一九六二年北大毕业，到一九八八年负笈旅欧，在二十六年时间里，我和宝权先生同在中国社科院外国文学研究所，有幸经常聆教于他。他曾不止一次和我讨论过涉及法国文学的问题，例如《国际歌》翻译中的问题；偶尔也让我为他翻译一点法文资料。

戈宝权给本书作者的信

我不禁坐下来，细细阅读。

张英伦同志：

    当此新春佳节即将到来的时候，谨先向你祝贺节日幸福康乐！

    承你为我把罗曼·罗兰夫人的来信译出，非常感谢！现我可根据你的精确的译文再复信给罗曼·罗兰夫人。又罗曼·罗兰夫人还寄 Jean Lépine 给罗曼·罗兰的信给我，其中提到有关敬隐渔的病的问题，也请你在有空时协助译出，因我正准备写的一篇《鲁迅、罗曼·罗兰和敬隐渔》的文字中，要引用上数行，现在此向你预致谢意！

我刚接到《名作欣赏》一九八一年第五期，知道你的《大仲马传》已经连载完；还有你译的《茶花女》（剧本）也即将出版，很为你高兴！谨祝你在新的一年里，在科研和译作方面取得更大的成就！

戈宝权<br>八二年一月十八日

外奉上《〈阿Q正传〉在国外》一本，请教正！

宝权先生信中所说的 Jean Lépine，中文名雷宾（1876—1967），是法国精神病学专家、里昂大学医学和药学院院长、里昂中法大学协会会长。要我翻译的雷宾给罗曼·罗兰的信，内容主要是向罗兰介绍里昂中法大学学生敬隐渔的病情。我清楚地记得，当我把这封信的译文交给宝权先生时，他很认真地对我说："英伦同志！早在二十年代，敬隐渔就把罗曼·罗兰的《约翰－克利斯朵夫》译成中文，把鲁迅先生的《阿Q正传》译成法文。他是作家、翻译家，也曾在法国留学。你懂法文，正在写外国作家传记，希望你将来能有机会对敬隐渔做个全面的研究，写一部敬隐渔的传记。"

敬隐渔这个名字，我是读了雷宾的这封信才知道的。而这封信谈的仅仅是敬隐渔的病情；敬隐渔是何许人，我还不甚了了。那时期我正专注于外国作家传记的写作，对宝权先生的这个建议并没有多加考虑。

数年过去，一九八八年九月初的一天，我从北京东城的中国社科院外国文学研究所到西郊的北大燕东园拜访罗大冈先生。我曾无数次登上燕东园三十号那座二层小楼向他请益。因我即将赴法，这一天话题更加丰富。大冈先生是罗曼·罗兰研究家，他谈起自己一九八年最后一次访法时三访罗兰夫人的一些情况,并由此说到和罗兰交往过的敬隐渔。他不无遗憾地说:"这次访法,本想搜集一些敬隐渔的资料,可惜未能如愿。"他又习惯地用手轻拍着我的胳膊说:"你这次去法国,建议你把敬隐渔纳入调研计划。他和罗曼·罗兰关系密切。他的传记还是个空白。"说罢,递给我一份他发表于《人民文学》一九八二年第三期的《三访罗曼·罗兰夫人》的复印件。其中写到,罗兰夫人拿出一些中国人的来信,让他帮助整理:

> 我注意寻找敬隐渔的信,可惜没有发现,因为敬隐渔是中国最早介绍罗曼·罗兰和翻译《约翰-克利斯朵夫》的人,可能也是和罗曼·罗兰往还最早、时间最久、关系最密切的一个中国青年。

我体会到大冈先生希望我继续他未竟之事的心意,也意识到完成这托付的难度。

二位师长不约而同的建议,终于引起了我的重视。不过来法国后要做的工作很多,这件事还是搁置了下来。

不料这一搁就是二十年!宝权先生和大冈先生都已作古。接连几天,这桩憾事萦绕着我。绪光说:"或许已经有人写了敬隐渔的传记呢!"于是,在她的帮助下,我在互联网上对有关敬隐渔的信息作了一次大搜索。网上读不到的文章,就托国内亲友扫描后传给我。我发现人们对敬隐渔的关注有增无已,注意到人们对敬隐渔及其文学成就已经作了一些有益的探讨。

不过显而易见,由于种种原因,特别是文献资料的匮乏和语言、地域的隔阂,人们对敬隐渔的了解还很不全面,谈论的大抵限于敬隐渔翻译《阿Q正传》和《约翰-克利斯朵夫》的简略情况,而对其整个文学成就,尤其是占很大比重的法文著作和译作的研究,还基本是空白。对敬隐渔生平的了解,在很大程度上还止于传说。从他的出生、家庭、学历、活动、疾病到死亡,许多环节上真知有限,而谬传不少。与他有关的文学史上的疑案,虽然做了一些探究,仍然难说已经水落石出。

总之,给我的印象是:敬隐渔仿佛站在一条宽阔的河的对岸,人们知道他就在那里,但其形象却犹如雾里看花,影影绰绰,远不完整和清晰。

戈、罗二位师长的话在我的脑海里回旋,我有了涉过河去,真切地认识敬隐渔,写一部敬隐渔传记的强烈意愿。

但我要写的是一个历史人物的真实传记,不容许任何的想象和虚构。有关敬隐渔生平和创作的历史文献和档案资料,既是检验各种传说的试金石,又是涉过河去一睹敬隐渔真颜的立足基石。而能否获得足够的文献资料,我还毫无把握。

决心既下,我就为收集敬隐渔文献资料而全力以赴地展开了行动。我去过欧洲所有可能收藏相关资料的地方。每到一处,我都先向接待者介绍敬隐渔其人,虽只寥寥数语,但每一次都能赢得他们的理解,一扇扇历史文献阅览室的重门向我这个中国学者敞开。经过大海捞针般的寻觅和发掘,书信、日记、文章、书籍、报刊、杂志,一件又一件有助于了解敬隐渔的文献资料呈现在我的眼前。几乎每一程的奔波都或多或少有所收获,令我一次又一次地惊喜。

宝权先生在发表于一九八六年第四期《法国研究》的《罗曼·罗兰和中国》一文中说,据罗兰夫人提供的信息,在法国国家图书馆封存的罗兰档案中有三十七封敬隐渔来信。我不但极其幸运地看到了这些信函的真迹,而且还收集到更多的敬隐渔信函,并且做了全盘抄录,得以从容研读。

欧洲人具有强烈的历史感和浓厚的历史情怀。他们对作为历史见证的档案资料视若珍宝,保存得完整而又科学。以罗曼·罗兰这个历史人物为例,他们不但珍藏罗兰本人的全部著作手稿,连别人给罗兰的信件也尽数保存。敬隐渔这个东方青年的为数可观的手迹,就这样得以存留。

在发掘文献资料的同时,我遍访了敬隐渔旅欧期间到过的地方:法国的马赛、里昂、巴黎、莫东、安纳西,瑞士的维尔纳夫、佛威、格朗、莱因费尔登、苏黎世。身临其境,重温敬隐渔昔日活动的情景,感同身受。

这期间,除了在国内查询书刊资料,我还循着敬隐渔的足迹,在上海、遂宁、彭州、成都等地做了两次长途的调查研究。

不少空白还有待弥补,其中的一些恐怕再也无望恢复。但是,通过几年来收集到的文献资料和实地调研的成果,一个相当充实和生动的敬隐渔的形象已经活跃在我的脑海,我要再现敬隐渔真实人生的信心也随之坚定。

敬隐渔虽非伟人,但在他短暂的一生中,由生到死,幸与不幸,集中了那么多奇特的元素,堪称一个天造地设的不平凡的人物。可以说,像他这样奇特的人物,生活中不多见,中国文学史上更是难得一遇。

我相信,一部敬隐渔的真实传记,不但对我们了解一段中国文学史和敬隐渔其人具有认识价值,也许还能引发我们对人生、对事业、对疾病、对友谊、对人本主义理念等多方面的深层思考。

我迫不及待地要和读者们来分享这一切了。

# 目 录

**第一部　奇特的出身**

　　第 一 章　出生解谜 …………………………………… 3
　　第 二 章　虔信之家 …………………………………… 14
　　第 三 章　白鹿修生 …………………………………… 22
　　第 四 章　悲欢成都 …………………………………… 37

**第二部　奇特的才华**

　　第 一 章　"隐渔"辨析 ………………………………… 53
　　第 二 章　上海工专学生 ……………………………… 57
　　第 三 章　创造社中坚 ………………………………… 64
　　第 四 章　两地书 ……………………………………… 81
　　第 五 章　文研会准会员 ……………………………… 93

**第三部　奇特的贡献**

　　第 一 章　从上海到维尔纳夫 ………………………… 103
　　第 二 章　奥尔加别墅的倾谈 ………………………… 112
　　第 三 章　里昂的良好开端 …………………………… 124
　　第 四 章　把克利斯朵夫领进中国 …………………… 132
　　第 五 章　诚挚的生日献礼 …………………………… 142
　　第 六 章　把鲁迅推向世界 …………………………… 149

1

第七章　敬译《阿Q正传》漫评 ……………… 163
第八章　一部译作联结两个伟人 ……………… 176
第九章　诡秘的杂音 …………………………… 188
第十章　"一封信"水落石出 …………………… 201
第十一章　祖国,睡狮醒来! …………………… 213

## 第四部　奇特的病症

第 一 章　巴黎,别样的生动 …………………… 229
第 二 章　"圆屋顶"的金发女郎 ……………… 245
第 三 章　《中国现代短篇小说家作品选》 …… 258
第 四 章　美的痴迷 ……………………………… 273
第 五 章　拯与罚 ………………………………… 285

## 第五部　奇特的结局

第 一 章　重燃生命之火 ………………………… 301
第 二 章　神秘的消逝敬隐渔年谱 ……………… 313

敬隐渔年谱 ………………………………………… 319
后记 ………………………………………………… 329

# 第一部 奇特的出身

# 第一章　出生解谜

每当一个历史人物引起人们的浓厚兴趣,而人们对他的生平又缺乏真知,众说纷纭的情况就会发生。说到敬隐渔,这种现象更是突出而有趣。这里仅将关于其出生的不同说法略举一二。

徐仲年(1904—1981)在发表于一九八二年第三期《新文学史料》的《记敬隐渔及其他》中说:"他原籍四川遂宁。我所知道的,他是被抛在上海某个垃圾桶旁的弃婴,天主教教会所办的育婴堂抱去养大了他。这是奇迹:一般被收养的这类婴儿只有一条出路:'死亡'。"

徐仲年是法语教育家、翻译家。一九二一年十月他以"徐颂年"的名字在法国里昂中法大学注册,直至一九三〇年七月离开,将近九年。其间敬隐渔两度在里昂学习,他们自然有机会交往。徐仲年的话应该有一定的可信度。

可以设想,一个凄凉清冷的黎明,在上海某个街头巷尾,行人在垃圾桶旁发现一个嗷嗷待哺的婴儿,这个被父母抛弃的小生命,实在比安徒生童话中那个卖火柴的小女孩、雨果《悲惨世界》里童工珂赛特的命运还要可怜。不仅如此,这弃婴不但没有死,而且日后成了作家和翻译家,这就更加神奇!

其实,这上海街头弃婴之说也并非徐仲年的发明。追本溯源,始作俑者竟是一位更权威的人士——郭沫若。一九四四年十二月三十日罗曼·罗兰逝世,郭沫若在次年二月《文艺杂志》新一卷一期发表了题为《伟大的战士,安息吧!》的纪念文章;就是在这篇文章里,谈到《约翰-克利斯朵夫》的译者敬隐渔,郭沫若写道:"敬先生是四川人,本是一位弃儿,无名无姓。他被天主堂养育成人。"

创造社掌门人郭沫若是四川人,敬隐渔在上海从事文学活动首先投在创造社门下,吸引他的就是这份同乡的缘分。郭沫若对敬隐渔的身世理所当然有较多的了解。难怪这弃儿之说为世人采信。

不过郭沫若只说敬隐渔是弃儿,并没有说他是被"抛在上海某个垃圾桶旁的"的弃儿。徐仲年的说法加重了敬隐渔降临人世的童话色彩。

大概对这弃儿说并没有把握吧,郭沫若在发表于一九四七年十月一日《人世间》月刊第二卷第一期的《一封信的问题》中回避了这一点,但是他仍然坚持说:"敬隐渔是我的同乡四川人,他本来是成都天主堂所收养的一个孤儿。"

上海也好,四川也罢;弃婴也好,孤儿也罢,不过是一些空口无凭的说法。在研究工作中注重实证和考据的戈宝权,在其一九八一年出版的《〈阿Q正传〉在国外》中写道:"我在敬隐渔一九二六年一月二十四日写给鲁迅的信中,发现附有一张写着'鲁迅先生,问候'的名片,才知道他是遂宁人。"这张载有敬隐渔手迹的小小名片,标志着我国学术界对敬隐渔出生的有凭有据的认识的开端。笔者看到了这张名片,上面清楚地印着"敬隐渔四川遂宁"。

二〇〇五年六月在广州举办的"法国文化年——里昂文化周",其中一项重要的内容是"法国里昂中法大学回顾展";展品中有一份敬隐渔在该校入学时填写的《身份登录表》,可以说是有关敬隐渔生平的比较完整的文献

**里昂中法大学学生敬隐渔身份登录表**

资料第一次在中国现身。

笔者在法国里昂市图书馆保存的里昂中法大学历史档案中看到了这个文件的原本,现全文翻译如下,与读者共享:

中法大学协会

中法大学

身份登录表

登录号:248

姓:Kin 敬

名:Yn Yu 隐渔

性别:男

出生日期:一九〇一年六月十三日

出生地点:Su – Lin Sé – Tchouan 四川遂宁

父母姓名:Tien – Oun 天文 Tang Che 唐氏

原址:四川遂宁天主堂

曾经入读学校:巴黎大学和里昂大学

已获文聘和证书:法国文学证书和心理学证书

身份证明:身份证 N°1987838

推荐单位:公开招考

医检意见:

拟读学科:文科

一九二八年十月十六日于里昂

学生中法文签名:敬隐渔 KinYnYu

校长:樊佛尔 Favre 阅

这份敬隐渔用中法两种文字签字的《身份登录表》,不但告诉我们敬隐渔一九〇一年六月十三日出生于"Su – Lin Sé – Tchouan 四川遂宁",而且告诉我们他的父亲名叫"Tien – Oun 天文",母亲名叫"Tang

Che 唐氏"。当时通行把"四川"用法文拼写成 Sé-Tchouan。至于"遂宁",笔者在遂宁考察时曾特地请一位土生土长的朋友用本地话发音,听起来颇似"徐林";敬隐渔将其拼写为 Su-Lin,情有可原。这也让我相信,敬隐渔的四川口音相当浓重。

掌握了这份带有敬隐渔亲笔真迹的《身份登录表》,敬隐渔的出生已确凿无疑。不过还有一些重要的情况需要探明。

敬隐渔究竟出生在一个怎样的家庭呢?

说得最具体、最详细的是赵勇发表在《郭沫若研究专刊》一九八六年第六集的文章《敬隐渔究竟是怎样一个人》(以下简称"赵文")。该文称是经过五六年反复调查、特别是采访了敬隐渔侄儿以后写成的。文中写道:"敬隐渔,原名显达,显耀祖宗,发达家业之意。于一九〇二年出生在四川遂宁县东林寺敬家湾。父亲叫敬大章,以中医为业,行医于乡里,后来加入天主教,成为一名虔诚的天主教徒。母亲是普通人家的女子,姓名已无法得知。""敬隐渔十二岁时,父母就双双离开了人世。敬隐渔一家弟兄五个,他排行老五,主要靠其父亲行医维持生活。他的大哥早逝,二哥从父学医,会看相,三哥以讲评书为业,在家乡还小有名气,均寿命不长,且无后人。因此,现在连大名也无人弄得清了。唯有四哥长寿,一九四七年二月才去世。他叫敬显耀,比敬显达长五六岁,也是一个虔诚的天主教徒。幼小时候就被天主教神父所爱,送至修院读书,立志做神父,后因耳聋无法遂其愿,在读了五年修院后,就只好跟着遂宁的中国神父李方济到潼南做事,并在那里成家,以后一直在成都、新繁、邛崃天主堂做事,直到去世。"

赵文的记述值得重视,因为时间给我们留下的历史见证人越来越少了。不过我们必须首先辨别这侄儿身份的真伪,而验证其身份的最好办法,就是以文献资料检验他所说的话是否符合事实。

敬隐渔仿佛预见到今天的人们需要他亲自出面作证,他在一九二九年八月八日给罗曼·罗兰的信中用一段长长的文字详述了自己的家庭情况,从而又给我们提供了一块理想的试金石:

第一部　奇特的出身

　　我的父亲是医生。他在我三岁时就死了。我整个青少年时代都封闭在修院里,没有见过母亲。我无须赞扬她的优点,既然每个人都热爱母亲。她在我十七岁时去世。我有四个哥哥;其中最大的两个已经死了。我的三哥是医生和说评书的。他自食其力。他跟一个女人生活已将近十年,没有正式娶她;那个女人性格温柔,做家务很能干,但不能生育。他虽然没有上过很多学,可他心地善良、聪明豁达。不幸的是,他的体质比我还弱。我的四哥小时候聪颖过人,后来患了耳疾,智力变得迟钝。他娶了一个不太聪明的女人,生了一个可能也不太聪明的儿子。他考修院没有考取,中国革命①以前,他一直跟着一个神父,做弥撒,教(基督教)教理。两个哥哥经常改变住处,我已经不知道他们在哪儿了。我有一个姐姐,嫁给一个庄稼人;有个外甥女,又可爱又聪明,嫁给我出生的那个城市里的一个医生,一个很粗俗的男人。革命以前,我家的境况平平,但还能衣食自足。

　　和敬隐渔的这段信文以及那份《身份登录表》加以对比,可以看到赵文的记述呈现以下情况:

　　错误:说敬隐渔出生于一九〇二年,实为一九〇一年;说敬隐渔的父母在他十二岁那年双双亡故,其实他们相距十余年先后死去。

　　不同:说敬隐渔的父亲名叫敬大章,而非敬天文;连敬隐渔的名字也变成了敬显达。

　　遗漏:没有说敬隐渔的三哥也行医;没有说敬隐渔还有个姐姐,姐姐有一个女儿;没有说敬隐渔之母叫唐氏。

　　这些错误、不同和遗漏是明显而且重要的,但不能就此否定赵文,否定侄儿身份的真实性。

　　敬隐渔的家庭离散得早,几十年后侄儿把幺叔的年龄少说一岁;不知道三叔也行医;不知道祖母娘家姓唐;没有把早就出嫁的姑姑算

---

①　指一九一一年的辛亥革命。

作家人，实事求是地说都可以谅解。

旧时稍有些文化的人，除了本名，往往还有一个"字"。医生敬天文算是有文化的人，取"大章"为字，在日常生活中甚至取代了本名，这并不奇怪。

旧时中国家庭，给孩子们起名很讲究辈分。四哥叫显耀，说明他这一辈人是"显"字辈。侄儿记忆中的"幺叔"名叫显达，也是"显"字辈，倒是中规中矩。

重要的是，赵文说敬隐渔的父亲以中医为业；敬家有五子，敬隐渔排行老五；三哥会说评书；四哥因耳疾无法继续在修院读书，便随神父做事，这一系列说法都和敬隐渔给罗曼·罗兰信中的这段自述恰相吻合。

敬隐渔致罗曼·罗兰的这段信文是笔者在这里首次向国人披露；赵文的作者和他采访的侄儿都显然未见过这份《身份登录表》。二十多年前赵文叙述的这诸多一致的情节是杜撰不出来的。由此可以认定，赵文中的侄儿正是敬隐渔信中所说的四哥的那个"可能也不太聪明的儿子"。

我们现在掌握了敬隐渔的自述，又认证了赵文中侄儿的身份，就可以反转来用赵文提供的某些情况补充敬隐渔自述中没有提供的信息。

敬隐渔五兄弟中，大哥和二哥早逝，连敬隐渔也没有提及他们的名字，看来已不可考。但是三哥，是否真的像侄儿所说，"连大名也无人弄得清了"呢？笔者认为，三哥的名字有可能弄得清。

敬隐渔写过一篇题为《玛丽》的中篇小说，发表于一九二四年五月十九日《创造周报》第五十二号。小说主人公"我"，称他的母亲为"K老先生娘"，这就是说，他的父亲是K老先生；这也就是说，"我"姓K。我们知道，敬隐渔就是把自己的姓拼写成Kin的。下文读者还会陆续看到K老先生儿子的身份和经历与敬隐渔的更多吻合之处。事实上，这篇小说是作者敬隐渔的一篇真实的自传，只是稍事艺术渲染和加工。

## 第一部　奇特的出身

K老先生儿子,隔绝了十年的母爱,第一次回乡探亲,见到母亲:

> 母亲流尽了眼泪,才欷歔着给我背了一遍凶耗:自反正以后,家务败了,大哥也死了,二哥也死了,什么都死了!……一家人的养粮都只靠春哥的医运!

"大哥也死了,二哥也死了",说的就是敬隐渔两个夭亡的兄长。"一家人的养粮都只靠春哥的医运",说的就是敬隐渔的"是医生和说评书"的三哥。这篇小说中还多次写到春哥,表明"我"和春哥的感情很深。因此有充分的理由认定,春哥就是敬隐渔的三哥。既然敬隐渔弟兄们属"显"字辈,那么三哥的名字就是显春。

敬隐渔出生在四川遂宁,已经确定无疑。但是,敬隐渔在填写里昂中法大学学生《身份登录表》时说他家原址在四川遂宁天主堂,赵文说敬隐渔出生在四川遂宁县东林寺敬家湾,近年出版的《遂宁市志》《遂宁市社会经济辞典》等地方权威出版物又都说敬隐渔是四川遂宁县(今遂宁市船山区)文星下街人,各持一说。看来"四川遂宁"四个字的后面还大有文章。

敬隐渔在一九二九年八月八日给罗曼·罗兰的信里说:他的外甥女"嫁给我出生的那个城市里的一个医生",可见敬隐渔家住在遂宁县城。

敬隐渔在给罗曼·罗兰的这封信里又说:"后来,家穷了,人也散了。""两个哥哥经常改变住处,我已经不知道他们在哪儿了。"敬隐渔在填写里昂中法大学学生《身份登录表》时,在"原址"一栏填写"四川遂宁天主堂",应该是临时联系地址,只能说明住在遂宁县城的敬家和当地天主教会关系密切。

至于说敬隐渔是四川遂宁县文星下街人,笔者二〇一〇年十月在遂宁调研期间在遂宁曾登门拜访写过有关敬隐渔文章的八旬老人姚翰翔,他说解放前遂宁县城并不大,出了敬隐渔这样一个中国文坛名人,家就住在文星下街,很多人都知道。这就是我们常说的"人所共知的事实"吧。

不过,一九二九年修纂的《遂宁县志》中载有一份遂宁县城区内外六十条街道的完整名单,其中仅有"文星街",而并无"文星下街"。"文星下街"的名称应该是随着遂宁县城扩大、文星街延长后才有的。准确地说,敬隐渔家当年所住地是文星街。

今天,随着遂宁市的发展繁荣,城市大为改观,文星下街也已经不存在;但在遂宁市地图上,"文星社区居民委员会"的名称仍赫然在目。

可是,赵文说敬隐渔出生在遂宁县东林寺敬家湾,又是怎么回事呢?或许那里是敬家的祖居地,被侄儿误为敬隐渔的出生地了?澄清这个疑点成了笔者这次遂宁之行的一场重头戏。

我决定前往东林寺敬家湾一探究竟。可是事情并不简单,我用放大镜在遂宁地图上看到眼痛,也找不到东林寺敬家湾。向遂宁朋友打听,也都摇头说不知道有这个地方。寻思良久,我想起敬隐渔 N、L 不分,把遂宁拼写成 Su-Lin 的事。侄儿所说的东林寺,莫非是东宁寺?我改询东宁寺敬家湾,果然人人都笑答:"晓得。"原来这东宁寺敬家湾位于今遂宁市蓬溪县下东乡高嘴村。

二○一○年十月十九日,在遂宁市电视台易亨良陪同下,我们乘车前往蓬溪县。承蓬溪县政协热情支持,我们先和编纂了《蓬溪敬氏联宗谱》的敬中玺先生座谈,他那本联宗谱里是把敬隐渔列为本地敬氏名人的。无奈他只是采自别人的说法,并不掌握具体的线索。接着,我们便在县政协家谱研究室负责人、学者胡传淮陪同下驱车前往高嘴村敬家湾。

笔者已经知道敬隐渔的父亲属"天"字辈,敬隐渔兄弟几人属"显"字辈,这次去高嘴村敬家湾可谓有备而来:高嘴村敬家湾是不是敬隐渔的祖居地,就看在十九世纪下半叶和二十世纪上半叶的一百年间,那里的氏族宗派里有没有"天""显"相连的两辈人。

我们从蓬溪县城出发,驱车沿盘山道深入山区。原先的东宁公社已分为上东乡和下东乡,高嘴村敬家湾属下东乡,东宁寺就坐落在下东乡。我们先在下东乡参观了已经破败的东宁寺,然后离开大道,蜿蜒于田间窄路,来到高嘴村敬家湾。

第一部　奇特的出身

　　我们在村头遇到多位敬姓老乡,便和他们唠起来。他们断然地说,前五代族人中既没有"天"字辈,也没有"显"字辈,更没有"天""显"相连的两辈人。可见敬隐渔家族跟高嘴村敬家湾的敬氏宗派并没有亲缘。我们又进村访问了几户人家,答案也相同。于是我排除了敬隐渔祖居地在高嘴村敬家湾的可能。

　　在返回遂宁市区的车上,我正在纳闷:为什么会有敬隐渔出生在东宁寺敬家湾之说呢?已经也迷上敬隐渔故事的易亨良忽然说:"我家乡遂宁市安居区拦江镇附近的高板桥,也有个敬家湾。"我听了几乎要从座位上跳起来。明天就去拦江镇!

　　第二天一早,我们仍在易亨良陪同下前往这第二个敬家湾。我们先乘轿车到了拦江镇,然后改乘乡政府的越野吉普,由原镇人大唐主任引导,直奔高板桥敬家湾。雨后不久,路面泥浆泛起,坑坑洼洼,行进艰难,我们不得不一次又一次下车,把越野吉普拖出泥坑,或者拖离跌落深沟的险境。可以想见这地方从前与外界是多么隔绝。

　　二十分钟后,我们到了高板桥敬家湾,在一个水塘边下了车。首先进入眼帘的是一座五间宽度的二层楼房,建在约一米高的台基上。一个妇女在廊檐下做活,热情地跟我们打招呼。听了我们的来意,她便请我们进了堂屋。迎门正面,靠墙摆放着木质红漆金字的"五龙世家"牌位。在"天地君亲师"五个大字右侧的本家祖宗名单上,我一眼就看到户主的曾祖父"天"某、祖父"显"某的名字,顿时喜出望外,仿佛已经置身在敬隐渔的大家族中了。

　　接着,主妇又从偏房里拿出一个小包裹,几层蓝色印花布里仔细包着的竟是一本发了黄、卷了边的《敬氏宗谱》。我如获至宝,急切地翻阅起来。宗谱开宗明义:"祖自明洪武由麻城入蜀"。"阖族公议"的宗派是:"应化文纯其大,正士承天显荣,祖德世存克永,元良守国敦仁"。原来"天""显"相连是这个宗族早已成文的规定。不过这本宗谱记载的只是敬氏第十代"承"字辈中名叫承泰的一支。承泰有四个"天"字辈的儿子,均出生于遂宁拦江河街;他们的下一代"显"字辈则多生于拦江河三合寨周家沟;而再下一代"荣"字辈则散居于拦江河高板桥敬家湾及邻近村落。户主的曾祖父天寿是老三,生于一八六九年;祖父显理生于一九〇五年。宗谱里不见敬隐渔的父亲天文及其后代,他们可能是另外的一支,而且至少从天文起已外迁至遂宁县城。但同辈的显达和显理出生只相差四年,两个分支的生存年代几乎完全同步,可见关系十分亲近。宗谱里还有好几位唐氏,敬、唐两姓联姻也是这一带特有的现象。至此我已经深信无疑:敬天文、敬显达就是这户主的同宗族人!

**本书作者(左二)及夫人(后一)和遂宁市安居区拦江镇高板桥敬家湾敬氏乡亲看《敬氏宗谱》(易亨良摄)**

　　笔者和户主以及闻讯赶来的几位敬氏乡亲,坐在廊檐下的长凳上叙谈敬氏宗族的来龙去脉。既已深信找到了敬隐渔家的源头,我便细细打量起几位男性乡亲。我已经搜集到几张敬隐渔的照片,也读到过两段对敬隐渔外貌的忠实可信的描写。罗曼·罗兰在一九二五年九月十日的日记中写道:

　　　　他个子矮小,样子聪慧,不欢快,有点身体不适。

郭沫若在《一封信的问题》中描绘过：

>敬隐渔很瘦削，个子很小，但一双眼睛却极大而炯炯有光，每爱瞬视。

我为眼前这几位敬氏乡亲与敬隐渔外貌的相似而震惊。他们和敬隐渔一样，五官端正，大眼睛，浓眉毛，颇有阳刚之气；虽然身体较壮实，但都像敬隐渔一样，身材矮，大约在一米六〇左右。他们所缺的，只是敬隐渔那两眼的顾盼神飞。我忽发奇想：如果从敬隐渔遗留书信上提取些生物痕迹，和这些憨厚朴实的农民做个遗传基因测试，一定会证明他们之间有着血缘的联系。

有了这次探访的令人激动的发现，我们终于可以对敬隐渔的出生和家庭作一个确凿的陈述了：

>敬隐渔，原名敬显达，祖籍四川省遂宁县拦江河一带，所属的敬氏宗族在明朝洪武年间（1368—1398）由湖北麻城入蜀。他家在父辈以前即已迁居遂宁县城。敬隐渔一九〇一年六月十三日出生在遂宁县城文星街，即后来的文星下街，是该宗族的第十二代人。父母均为虔诚的天主教徒。父亲名叫敬天文，字大章，从业中医，同时经营一间中药铺，有抽鸦片的嗜好，在敬隐渔三岁时去世。母亲唐氏，在敬隐渔十七岁（后文将证明实为十八岁）时去世。敬隐渔有四个哥哥一个姐姐。大哥、二哥佚名，早年亡故。三哥敬显春，既行医也说评书，和一个贤惠、善做家务的女子同居，无后嗣。四哥敬显耀，出生于一八九六年前后，曾在天主教修院读书，因患耳疾未能继续学业，后在天主教会做事，至少育有一子，一九四七年二月去世。姐姐佚名，嫁给一个庄稼人，育有一女。这个外甥女嫁给遂宁县城的一个医生。从敬隐渔出生到"反正"即一九一一年辛亥革命以前，家境尚可。

越野吉普在泥泞难行的路上吃力地驶离高板桥敬家湾。回望在绿树掩映的池塘边向我们挥手送别的敬氏族人，我感到分外亲切。

## 第二章　虔信之家

展读一九二九年修纂的《遂宁县志》，卷首辑录了清代多位名人的序言，道尽遂宁的人杰地灵。其中有云："遂宁滨涪江上游，水陆交冲，土沃泉甘，物产丰饶，人烟辐辏，蜀中一大都会也。""遂宁为东川名邦，唐宋以前远不论矣。有明之席氏、吕氏、黄氏，国朝之李氏、张氏，皆以文章经济焜耀宇内，为江山生色。而近代之船山先生，尤为藉藉，其诗篇字迹，几于家有而户存。""至古今人才辈出，风俗淳美，为全蜀冠，兹且赋甲两川，洵屹然巨邑。"

不过，历览史书，"地震，毙者甚多"，"特大洪水，毁田无数"，"大饥，人相食"，此类的记载也屡见不鲜。自然灾害之外还有剧烈的社会动荡，川西山区多寨堡，县城筑高墙，皆因社会不宁。始于晋代穆帝永和三年的"遂宁"这个地名，看来更多地含有祈保顺遂安宁之意。

今日遂宁人引为自豪的是"九张名片"：卫生、园林、旅游、人居、生态、观音文化、金融、物流、绿化。这九张名片中有一张最具特色，那就是"观音文化"。道教和佛教在遂宁地区都有悠久的历史和深广的影响。城东的灵泉寺始建于隋朝开皇年间，已有一千四百多年，据传观音三姐妹曾在此修行。城西的卧龙山广德寺始建于唐朝开元年间，也有将近一千三百年，是皇帝敕封的中国观音的著名道场。

法国传教士杜昂(Marie–Julien Dunand, 1841—1915)一八六九年到川西，曾先后任穆坪和彭县白鹿乡修院院长，后来任天主教川西代牧区主教长达二十三年。任主教期间，他每年都要在川西地区巡游一番，体察教会动态，指导天主教传教事务。一九〇五年，也就是敬隐渔四岁那一年，他视察来到遂宁，正赶上朝拜观音的高潮。目睹观音文

第一部 奇特的出身

化在这里的兴盛,他深有感触,在写给巴黎外方传教会的《一九〇五年教务汇报》中描述道:

> 遂宁在中国人看来是个极其神圣的城市,因为它是帝国的伟大女神观音的故乡。人们每年都来这里朝圣。为了瞻仰这神奇女子的摇篮,在长达三个月的时间里,来自四面八方的人把这座城市挤得水泄不通。她的生活甚至被奉为楷模。

**杜昂笔下的观音故里遂宁**

中国的传统宗教在四川源远流长、深入人心,这一事实由西方教会的一位高层人士来见证,就更加令人信服。

可是,西方的主要宗教基督教在中国并没有知难而退,其重要一支天主教亦然。一六四〇年耶稣会会士意大利人利类思(Ludovico Buglio,1606—1682)入川,开始了天主教在四川的传教活动。中国民众本能地排斥高鼻子蓝眼睛的西人带来的异教,当政者对西教也屡加严禁,在频发的教案中,不仅改信基督的中国人遭到镇压,西方传教士被逐、被杀也时有发生。天主教的不同派别围绕着传教权的明争暗斗也持续不断。不过天主教在四川还是取得了进展。一六九六年建立了四川代牧区,由巴黎外方传教会分管。一八四八年巴黎外方传教会在全川的传教权再次得到罗马教廷的确认。一八五六年,四川划分为川西北和川东南两个代牧区,后又改称川西代牧区和川东代牧区。川西代牧区第一任主教马伯乐(Jacques Léonard Pérocheau,1787—1861),一八五四年至一八六一年在任;第二任是洪广化(Annet Théophile Pinchon,

15

1814—1891），一八六一年至一八九一年在任；第三任是杜昂，一八九三年至一九一五年在任；第四任骆书雅（Jacques‑Victor‑Morius Rouchouse,1870—1948），一九一六年至一九四八年在任。川西代牧区主教公署先设在成都光大巷（一洞桥）的主教座堂；一八九五年成都教案中光大巷天主堂被毁，暂设于桂王桥的圣心堂；一九〇四年改设于新建成的成都平安桥天主堂。

  在四川活动的天主教传教士以法国人为主，欧洲其他国家来四川的天主教传教士也都要先在巴黎外方传教会的修院接受培训。巴黎巴克街的巴黎外方传教会，前院的正面有个主显堂，即将出发的传教士就在这里参加最后的告别弥撒。他们跪在祭坛旁，挂着刚授予他们的金十字架。众人围着他们，祈求圣母马利亚保佑这些殉教者。主教发表过热情演说以后，走下讲台为他们行吻足礼。教友们也都上前吻他们的脚，和他们紧紧拥抱，因为他们再也见不到这些出发的兄弟了。每个人都热泪盈眶，只有出发者不哭，他们知道此去天涯海角，必死无疑；他们见过主显堂里收殓的先驱者们残缺的白骨，然而他们却幸福得陶醉。他们都来自最虔诚的天主教家庭，在他们心目中天主教教义是唯一的真理，而他们要去的地方在他们看来到处是谬误和死亡，等待着他们去传播福音。仪式最后，众人合唱大音乐家古诺（Charles Gounot,1818—1893）专为他们谱曲的《传教士出发之歌》：

  出发吧，传播福音的英雄们，
  实现你们意愿的日子已经来临，
  再也没有什么束缚你们的热情。
  出发吧，朋友们，你们多么幸运！
  啊！传教士们，你们的脚多么美！
  我们怀着神圣的陶醉把它们亲吻。
  啊！它们踏在谬误和死亡统治的
  遥远的土地上，该是多么的幸运。
  出发吧，此生永别了，朋友们，

以我们的天主的名义,出发吧!

总有一天,我们会在天国相聚。

永别了,兄弟们,永别!

在巴黎外方传教会的主显堂里悬挂着法国画家夏尔·德·顾拜旦(Charles de Coubertin,1822—1908)作的一幅题为《传教士出发》的大型油画。这位画家不是别人,就是现代奥林匹克运动发起人皮埃尔·德·顾拜旦(Pierre de Coubertin,1863—1937)的父亲。画面中,音乐家古诺拥抱即将出发的年轻的传教士;画家顾拜旦亲吻他们教士黑袍的下摆;而童年顾拜旦倚在姐姐身旁,为这悲壮的场面而惊异。

巴黎外方传教会花园西北角有一座真福亭,传教士出发后,留守的人在一个月的时间里每晚都在这里为他们祈祷,同时点亮一支写着他们名字的蜡烛,直到这些名字随蜡烛燃尽。绝对陌生的世界,险恶的自然环境,艰苦的生活条件,迥异的文化传统,还有民众的普遍敌意,对出发的传教士都将是严峻的考验。事实上,他们中绝大部分人有去无回。

早在同治元年,即一八六一年,遂宁县城的顺城街就出现了法国传教士修建的天主教堂。遂宁天主教堂属川西代牧区管辖。综合文献记载,曾在遂宁县城驻堂传教的法国传教士有:

顾巴德(Eugène Coupat,1842—1890),一八七二年至一八七五年;

狄璧(Jules Dupuis,1846—1919),一八八四年至一八八九年;

夏神父,又称嘎神父(Adolphe-Augustin Gatin,1847—1892),一八九〇年至一八九二年;

冯文华(Jean Gremaud,1860—1903),瑞士人,一八九三年至一九〇三年;

博类思(Victor Désiré Bottereau,1871—1961),一九〇三年至一九〇六年;

文光德(Léon Marcelin Ginestet,1875—1917),一九〇七年至一九一七年;

韩路济（Adrien Henry，1879—1916），一九一四年至一九一五年，辅助文光德；

毕伯禄（Pierre Joseph Marie Piel，1869—1937），一九一七年至一九二五年。

以上八人中有四人死在四川，履行了他们为主的事业而献身的誓言，而且都死得很早很惨：顾巴德后来调往川东代牧区任主教，四十八岁时呕血不止而死；夏神父因伤寒死于遂宁，时年四十五岁；冯文华因伤寒死于遂宁，时年四十三岁；文光德因急症死于遂宁，时年四十二岁。韩路济在欧战爆发后不久应征入伍，离四川到天津体检时就发现患了口炎性腹泻，送回法国，终于不治，年仅三十七岁；虽非病死在遂宁，却是在遂宁埋下病根。

天主教在遂宁，也像在整个川西一样，一波三折，在困境中寻求生存和发展。其中一次严重的波折发生在一八七四年，洪广化主教在当年的《教务汇报》中写道：

> 在遂宁县城，兴起了一场大规模皈依天主教的运动，一年时间里有三千个异教徒改宗。可是一个以该县县令为首反对我们的可怕的阴谋联盟很快就形成，大量的山里人也加入他们的行动。一切都遭到焚毁和血洗。三个刚皈依的异教徒，因为拒绝弃教而惨遭杀害。至今，凶手们还没有受到法办。

敬隐渔的父母什么时候改信天主教，没有文献记载。他们或许早就随父母信了天主，或许在一八七四年的三千皈依者之列，或许在这次遂宁天主教遭劫之后入教，总之，他们是虔诚的信徒。他们把八岁的四子显耀送进修院，让他将来做神父，就是证明。

敬隐渔没有说过自己儿时怎样跟母亲去顺城街天主堂礼拜祈祷，但他在小说《宝宝》里有一段描写，是宝宝的妈妈回忆自己小时候的一件事：

> 她记得她才四五岁的时候，她的母亲常常把她抱到那教堂里去。有一次神父讲到地狱的奇刑，做出极可怕的状态，吓得她放

声大哭。众人都叱咤她,要她出去。母亲忙把她抱回去了。

这种活灵活现的描写,没有亲身经历的人是想象不出的。敬隐渔幼小时,母亲每天带他去顺城街天主堂;他听不懂神父讲的《圣经》故事,但神父绘影绘声的表演却对他刺激强烈。他在这里描绘的是自己幼时获得的可怕印象。

学龄前的敬隐渔在哪里读书,小说《宝宝》也对我们有所提示,女主人公接着上面那段话说:"后来她长大了些,又在那教堂里读书;各种测验都列优等。"遂宁顺城街天主堂办有经言学堂,教儿童和初入天主教的成年人念诵《早晚课》《要理问答》《圣教经课》《圣母小日课》等。这些基本教理显然都是敬隐渔学过的;他颖悟过人,自然成绩优异。

四子显耀做不成神父,唐氏就决心再把幺儿献给天主。果然,敬隐渔刚满八岁也被送进天主教修院。如果说显耀进修院是父母的共同意愿,这一次可是寡居的唐氏独断独行。把亲生儿子一个接一个地奉献给天主,唐氏的信仰可谓至诚。

敬隐渔一九二四年十二月十日从上海写给罗曼·罗兰的信中说:

> 我从九岁起就被幽禁在四川的一座修院里,在那里学习拉丁文和法文。

一九二五年九月十日,罗曼·罗兰在奥尔加别墅和敬隐渔初次见面后在日记里写道:

> 从八岁到十六岁,他在一座天主教修院接受教育,那修院在山上,十分偏僻……

一九二八年九月十日,敬隐渔为报考里昂中法大学给该校校长写了一封信,在介绍自己的学历时又说:

> 在中国,我在一所天主教修院学过七年拉丁文……

关于敬隐渔年龄的这些说法看似略有出入,其实仅是实岁和虚岁之别。修院九月一日开始新学年，敬隐渔入学时八岁零两个多月，也可以说虚岁九岁。同样，他在修院学习七年，一九一六年七月底离开时十五岁零两个月，也可以说虚岁十六。

进修院学习录取条件很严格，孩子要聪明，还要相貌端正；须父母是虔诚的天主教徒，还要由住地的本堂神父保荐。保荐敬隐渔的，就是当时遂宁顺城街天主堂的本堂神父文光德。

这个在敬隐渔命运中扮演了重要角色的文神父，是个颇有个性的人物。他一九〇三年十二月十六日从法国来到四川；学习半年中文后，先在成都附近一个小县城边传教边了解风俗民情；一九〇七年到遂宁驻堂，直到一九一七年病逝，达十年之久。笔者收集到他的两张照片，一张为出发前在巴黎的留影，身穿教士短装，胸戴金十字架，英姿焕发；另一张是在遂宁期间拍的，蓄长胡子，戴皮帽，穿皮袍、棉鞋，手执烟杆，全套中式行头，入乡随俗，可谓地道。

南强、刘伯常的《天主教传入遂宁的前前后后》一文中有这样一段文字，看来相当真实："法国神父（文爷）为替教徒向县官打官司，坐上青纱大轿，冲进衙门说情，县官未即作答，文爷竟揍县官一烟杆。此后各届神父，也都坐起大轿，与县太爷分庭抗礼。"

**遂宁顺城街天主堂驻堂的法国神父文光德**

冲进衙门是为民伸张还是耍威风，已经不得而知。不过我们知道，天主教传教士在四川有不少艰难的时刻，每次发生教案，他们更是首当其冲；但风波总以中国当局认错赔款收场，他们又会风光一时。

一九一七年八月，文光德突然身体不适，但遂宁仅有的一家博济医院是冤家对头耶稣教会开的，他宁愿硬撑也不去看病;等病情重了,他不得不去动手术,为时已晚。巴黎外方传教会的《讣闻》对他在遂宁的传教活动自然是极口称赞:

> 他深得富人和上层社会的好感。本土的神职人员和富裕者都夸赞他高雅和谦逊。这并不妨碍他接近下等阶级,他经常和他们交谈就是最好的证明。他对穷人十分友善,和富人周旋也游刃有余。他所到之处学校和教理班就增加,在不长的时间里新信徒人数剧增。

《讣闻》还特别称赞文光德将女信徒组织起来、结合中国国情对她们施以教育的想法:

> 我们亲爱的兄弟对这项组织工作是那么满怀热情,他还制定出一些周密的计划。我们深信,当他面见天主的时候,他可以说已经慷慨奉献了自己的一生,因为他挂心的事业已经在一些教区变成现实。

遂宁县城文星街敬家中药铺的主妇唐氏,当然在文神父重点培养的女信徒之列。

就这样,一九〇九年九月一日,八岁多的敬隐渔由母亲做主、"文爷"保荐,进了天主教修院,开始了修生的生活。

## 第三章　白鹿修生

　　敬隐渔没有说过他在哪座修院读书,不过文光德神父只可能推荐他上本代牧区的修院,而那时天主教川西代牧区仅有的修院,就是坐落在彭县白鹿镇的无玷修院(SEMINARIUM IMMACULATAE CONCEPTIONIS)和领报修院(SEMINARIUM ANNUONTIATIONIS)。无玷,指童贞马利亚因圣灵感孕而无玷原罪;领报,指童贞马利亚被天使加百利告知她受圣灵感孕将生下圣子耶稣,两个校名涵盖了天主教的两条基本教义。一八六一年洪广化继任主教后,便在白鹿乡购地,开始兴建修院,两座修院在随后的几年间相继落成,无玷修院相当于小学,领报修院相当于中学。法国传教士在日常生活中和文件中习称这两座修院为"小修院"和"大修院"。

　　白鹿乡距彭县县城约三十六公里,距省会成都约七十七公里,位于成都平原通向龙门山区的入口,因乡辖内的白鹿山而得名。白鹿镇建在河坝上,又称河坝场,已有两个半世纪的历史。古老的南门,两边石柱上篆刻着"出入军学界,去来中外商"的对联,可以见证当年的繁华。并排而立的大、小修院,与白鹿镇相距数百米,隔白鹿河与古镇相望。

　　古播兰(François – Emile Caluraud,1865—1936)一八九八年至一九〇七年任小修院院长。他从一九〇〇年起对小修院进行重建。杜昂在《一九〇三年教务汇报》中写道:

　　　　古播兰先生负责小修院的重建已有三年。这座建筑将无愧于这位亲爱的兄弟的才干。几个带枪眼的碉楼将可保护修院不受义和团的侵犯。唉,义和团的祸根还远没有熄灭。

工程历时八年,在古播兰离任后不久竣工。厚重的砖砌围墙中间有一个小凯旋门式的院门;一条笔直的路通向第二道院门,路两边是花园和菜园;第二道院墙里面才是校舍。校舍依山而建,由中西式混合的双层砖木楼房围成一个四合院。靠山脚的那面楼房,居中是一个礼拜堂,正面高约十米,虽然带有若干巴洛克式元素,总体则是新哥特式风格;十字架耸立其上,造型美观;正面顶上有四个突起的部分,或许就是杜昂所说的"带枪眼的碉楼"。校舍背后巍峨葱郁的高山,给人不少神秘的感觉。

白鹿乡小修院

**白鹿乡小修院的礼拜堂**

从一九〇九年九月到一九一三年七月，敬隐渔在河坝场小修院读了四年，直到毕业，主要学习基础拉丁文，一年级学习拉丁文拼音和简单的词句，二年级开始学习拉丁文语法和短文；此外，还有法语、教理、算术、地理、历史、音乐等课程。敬隐渔在小修院时，法国传教士鱼霞松(Armand-Alphonse Poisson, 1878—1970)任院长。鱼霞松从一九〇七至一九二二年担任此职十五年。小修院一九五〇年停办，随后院舍也消失；但鱼霞松任职期间在修院和白鹿镇之间的白鹿河上建造的一座双孔拱桥，经受了许多次洪峰的冲击岿然不动，被当地民众赋予"中法桥"的美称。

敬隐渔进小修院时，大修院也在河坝场，正如杜昂主教在《一九〇三年教务汇报》中所形容的："大修院和小修院，彼此相邻。"大修院学制五年，深入学习拉丁文及有关经典作品，为高级拉丁班。天主教修院的神哲班相当于大学，学制五至六年。不过白鹿乡大修院从一九一六年才开设神哲班。

据川西代牧区《一九〇九年至一九一〇年度统计表》记载,敬隐渔进修院那一年,大、小修院在校学生共计一百一十人。

敬隐渔从小修院毕业后能够升入大修院,说明他学习成绩优良。因为小修院毕业生要再经过严格筛选,优中择优,才能升入大修院。

但敬隐渔升入的大修院已经不在白鹿乡河坝场,而是向深山挺进了一步,迁往约三四公里外的白鹿乡两河口孟家林山腰。正如敬隐渔所说:"那修院在山上,十分偏僻。"

新建的大修院,坐西朝东,东临白鹿河,背靠青山,面临幽谷。高而厚重的围墙内,东西南北四排楼房和西楼居中的礼拜堂围成口字形,中间是六百余平方米的内庭。楼房为中国近代仿西式砖木结构。东楼因地势低而建成两楼一底,其余均为二层;内外两侧都有宽阔的游廊。楼上是数十间面积约十平方米的单身宿舍,楼下是教学和集体活动场所。东楼二楼的大门门楣中央刻着拉丁文"领报修院"和"一九〇八"的字样。新哥特式的礼拜堂的正面高约十二米,由白色大理石建成,典型的圆花窗十分醒目,大门上方有一幅扛着十字旗的"上帝的羔羊"的浮雕。礼拜堂内部,从祭坛到彩绘玻璃都类似十二三世纪的法国乡村教堂,不过支撑穹隆的是木架而非石拱。白色鲜亮的礼拜堂在背后树木繁盛的高山衬托下显得巍峨壮观。白鹿乡大修院,就像青山绿水间绽放的一朵中西合璧的建筑奇葩。

二〇〇六年,中华人民共和国国务院把白鹿乡领报修院列为全国重点文物保护单位。

因为小修院位在下方,而大修院地处上方,地势和教学程度也高低有别,当地民间俗称河坝场的小修院为"下书院"、孟家林的大修院为"上书院",倒也颇富中国特色。

白鹿乡孟家林山腰的大修院何时动工,说法不一。法国研究家杜满希(Jacques Dumasy)在其《法国与四川——百年回眸》一书中说是在一八九八年,较为可信。原本在河坝场"彼此相邻"的两座修院,杜昂在《一九〇三年教务汇报》中唯独提到小修院从一九〇〇年起在原

白鹿乡大修院全景

白鹿乡大修院的礼拜堂

地重建，就是因为这时大修院已经在择地另建。

大修院建成于何时呢？东楼正门上刻着"一九〇八"的字样，人们自然而然地就把它理解为大修院建成的时间。

不过需要指出的是，一九〇八年大修院还只是部分建成，而且并未启用。有杜昂《一九〇八年教务汇报》为证：

> 七月底，我们遭遇了一场可怕的雷暴雨。雷电和汹涌的雨水在某些地区造成巨大损失。我们的两所学校也深受其害。山谷

顿时变成江河,一些桥梁、堤坝和两座房屋被冲走。经过八年施工刚刚建成的小修院,在暴雨中遭受的损坏倒不算严重。虽然墙壁被冲得摇摇晃晃,它还是顶住了狂风的摇撼,没有失去平衡。大修院刚露出地面的那些房基都被雨水淹没。对我们亲爱的建筑师柏立山和陆峻高两位先生来说,这真是凄惨的日子。今天,工程重又开始。几座砖窑都在运转;它们已经提供了二十万块砖,此外还有瓦。但愿两年后可以全部完工。

这段文字告诉我们,负责大修院建造的是柏立山(Alexandre - Ferdinand Perrodin, 1874—1933)和陆峻高(Léon Rousseau, 1873—1917)。他们并不是什么建筑师,都是普通的传教士。柏立山一九〇三年至一九一四年任大修院院长。陆峻高自幼在修院学习拉丁文和神学,只是特别喜爱绘画,临摹过一些教堂。然而正是他们,在万里之外的异国他乡,创造出这融汇了两种文化和两种建筑艺术的奇迹。

这段文字向我们描绘了大修院建设的热闹场景:几座砖窑在运转,生产大量的砖;他们还能制瓦,建造这庞大建筑群所需的砖瓦都是就地自产。

这段文字还让我们得知,一九〇八年七月的这场雷暴雨把"刚露出地面的那些房基"都淹没了;大修院要在"两年后",也就是一九一〇年才有望"全部完工"。

杜昂在《一九一〇年教务汇报》中又为大修院落成的日期提出一份证明:围绕大修院的建造,这一年教会跟地方打了半年官司,最后还是总督老爸的一个至交为教会出面摆平。杜昂在汇报中写道:"柏立山先生正利用这段平静的时间完成大修院的建设,希望一个月后能够迁入。"严格地说,大修院建成于一九一〇年。

总之,一九一三年九月,敬隐渔升入了新建的大修院。在这里,他先后在柏立山和林方济(François - Marie Bauquis, 1866—1940;一九一四年至一九一九年任大修院院长)两位院长的治理下,又读了三年高级拉丁班。

往事不堪回首,敬隐渔虽然在白鹿乡大、小修院度过七年漫长时光,但他极少提及这段生活。所幸通过文献记载,我们对两座修院的情况有了比较全面的了解,为重现修生敬隐渔的这段经历提供了可靠的框架。

一九〇八年,杜昂在巡视途中翻山越岭从什邡来到白鹿乡,对这里的自然条件极为满意,在这年的《教务汇报》中写道:

> 大、小修院彼此相隔四公里,坐落在同一条山谷。这山谷里气候温和,适于学习。这里空气清新,水也甜美。这里有这种规模的学校所必需的木柴和煤炭。

白鹿乡诚然有诸多优点,但这只是事物美好的一面,而在这一面的背后还有令人惊心动魄的严酷现实。

白鹿乡地处平原通向山区的入口,也就是位于山区降水的出口。每逢大雨,山洪浩荡而下,具有极强的破坏力,而大、小修院正当其冲。一九〇八年七月的那场大暴雨,小修院的墙壁为之摇晃,大修院的房基被其淹没,这样的雨灾并非罕见,这类险象会随时发生。

群山环绕的白鹿乡大、小修院恰恰坐落在令人闻而生畏的龙门山地质断裂带上,剧烈的地质活动经常造成崩山、断崖、塌岩、滑坡、泥石流,给两修院带来无穷的灾害。背后的白鹿顶,更是悬在它们头上的达摩克莱斯剑。《彭县志》仅仅记录了近期的大事:"民国二十三年六月二十三日,上书院崩山。""民国三十四年上书院崩山。"

事实上,自白鹿乡大小修院存在以来,各种各样的自然灾害就时刻威胁着这里一百来人的生命。

频繁而又致命的自然灾害之外,还有天主教会心目中的"人祸",即中国民间几乎连续不断的反西教运动,而义和团更把这一运动推向高潮,这同样是白鹿乡修院从诞生起就摆脱不了的梦魇。川西代牧区历任主教的年度汇报中充斥了这类话题,留下了生动的记录。杜昂《一九〇三年教务汇报》所做的描述尤为"精彩":

> 多年以来,每当四川发生动乱,方圆二十五里内的坏人就蜂

拥而至,组织起来,向我们的两所修院发起进攻。驱使他们的,与其说是对抢劫的喜爱,不如说是对宗教的仇恨,是恶魔激发起他们的疯狂。它仇视我们的修院,因为修院培养的人才,肩负的使命就是有朝一日摧毁恶魔的统治。

十月底,彭县的几个文人招来了一些义和团,初步学习了他们的礼仪,并且被接纳参加他们的团伙。他们定下袭扰我教区两修院的日期。到了那一天,一大帮盲从,旗帜招展,向我们的修院走来。轿椅上抬着的一个女人(观音)领着队伍,显神弄鬼。沿途所到之处,引起普遍的恐慌。驻守在离我们修院二十公里处的士兵丢下武器,仓皇逃窜。而我们的传教士们得知面临危险,却和学生们一起做好了准备,要给义和团应有的回击。

离小修院五百米远有一个大场镇,驻军接到命令,要迎击这帮强盗,将他们击退。他们出动了,可是,或者由于害怕,或者由于串通,他们朝天开枪,这就让自称刀枪不入、像野兽般嚎叫的侵犯者们更加肆无忌惮。活该这些坏蛋倒霉,军人中有几个基督信徒,其中一个年轻人,用普通的火枪对准强盗头子,向他的肚子开了一通铅砂霰弹,那家伙就直挺挺地死了。在这年轻的基督徒的鼓舞下,他的同伍们都恢复了勇气,这一下,他们瞄得准了,义和团几乎全被打死,剩下的也都逃之夭夭。我们修院的人只受了一场虚惊。

在敬隐渔进修院以后,这种危险的情势并未稍缓,杜昂在继续惊呼:

《一九一一年教务汇报》:"我们非常为郊区的学校担心。应我们的请求,总督已经派兵去守卫我们建在彭县的两座修院。"

《一九一二年教务汇报》:"我们的两座修院多次受到威胁。"

难怪古播兰重建小修院时增加了"几个带枪眼的碉楼"。难怪杜昂在《一九〇八年教务汇报》中称赞了白鹿乡的气候、空气、水、木柴和

煤炭以后,紧接着强调这里的另一"优点":

  如果发生武斗——这在中国是随时会有的事——我们的年轻人可以逃到山上的荆棘丛或者树林里,消失得无影无踪。

  敬隐渔在白鹿修院的七年生活,就是在这种天灾与"人祸"频频发生的残酷环境中度过。他被母亲送来,幽禁在这里,越不出高墙深院、大山老林,只能忍受。尽管他闭口不谈噩梦般的往事,但是,当这些攸关生死的险情临头,置身在这一百多个生灵中他没有一次可以幸免。我们仿佛看到他在暴风雨中瑟抖,在夜半高山滚石的响声中惊醒,在反西教者的追杀声中跌跌撞撞逃进山林……而他还只是个八岁多的儿童,最大时也不过是个十几岁的少年。

  在自然和社会的突发事件的惊骇过后,是"平静期"的无边寂寞。

  白鹿乡距敬隐渔的家乡遂宁二百几十公里,在那时,有钱人坐轿子乘牛车还要走几天几夜,对只能靠步行的敬隐渔来说真是遥不可及。再说,母亲既然把他送进修院,他就是天主的人,天主的家就是他的家。所以,如他在一九二九年八月八日给罗曼·罗兰信里所说:"几乎整个青少年时代,我都被关闭在一座修院里,没有见过母亲。"敬隐渔也从未说过七年里他去过彭县县城或者省会成都。

  白鹿镇虽然近在咫尺,那里有乡民,也有热闹的集市,但修院为了保持学生心灵和信仰的"纯洁",订下许多清规戒律,他们几乎被隔离于世俗社会。升入孟家林大修院的修生,都到了情窦已开的年龄,但那里更加空旷寂寥。单身宿舍虽然内外都有游廊,但外廊之外还有院墙,院墙之外山峦空寂,连放牛的村姑也难得眺见一个;从内廊看去,偌大的庭院,走动的尽是黑衣男人的身影。

  在敬隐渔的小说《苍茫的烦恼》里,对王先生有一段描述,谨慎地把天主教改成了耶稣教,但我们还是能看出那是作者本人在修院亲身感受的写照:

  他说他自小多病,他的父母迷信耶教,因为爱他过甚,在教堂中许了一个愿:倘若儿的病好了,愿把他献与教会。到十四岁,他的病果然好了。父母便把他关到一个乡下的教堂里面,使他隔绝了红尘,终年看不见一个十岁以上的女子。他的衣食住都甚优美,但因为保暖空间,更觉得时间又长又重。经书的艺术虽可以缩短他的时间,却不能满足他的爱欲。

不过,尽管修生们一直处在极端险恶和无边寂寞的交替之中,身心都经受着痛苦的折磨,历届主教在年度教务汇报中却总是对白鹿乡大、小修院的教学情况深表满意。敬隐渔在修院的那些年也不例外:

杜昂《一九〇九年教务汇报》:"我要说,学生们的精神状态很好,各方面都令人满意。这里培养出的教士信仰都很虔诚。"

杜昂《一九一一年教务汇报》:"我们的两座修院在按部就班地运转,精神状况极佳,恪守特兰托教谕的各项规定。"

十六世纪中叶的特兰托主教会议,拒绝教会内部的宗教改革要求,重申基督教基本教义教规;还决定在各主教辖区建立修院,以培养教士、维护正统。杜昂主持下的川西代牧区白鹿乡修院,遵循的就是经过几个世纪实践已十分"成熟"的经院体系。院长和教师都是信仰坚贞的传教士;实行封闭式强化教学,纪律严格,所以尽管处在危机四伏、险象丛生的环境中,修院的教学"质量"还是得到了保证。

敬隐渔聪慧过人,更是受益多多。他在小修院四年、大修院三年,主要学习拉丁文、古希腊罗马历史和文化以及相关的经典著作。他在一九二三年发表的《罗曼·罗兰》一文中说,十年前,不满十三岁时,他就读过《希腊拉丁文学史》,知道荷马是弹着七弦琴创作出长篇史诗《伊利亚特》和《奥德赛》的。拉丁文虽早已被公认为"死去的语言",但罗马天主教廷却还奉之为"官方语言"。川西代牧区在中国腹地的深山修院里再造出一个拉丁语环境,把它"激活"。敬隐渔熏陶于其间,读拉丁文,听拉丁文,说拉丁文,一天数次用拉丁文祈祷,积年累月,这死去的语言渗入他稚嫩而又灵敏的感官,几乎成为他的第二母语。

敬隐渔对拉丁文之熟稔，在他的作品里得到令人信服的表现。

小说《嬝娜》中的黑发女郎晚霞经常面带愁容，主人公"我"便用拉丁文说她"好似 Sta Magdalena pœnitens（悔罪的玛德莱娜）"。《圣经》中耶稣的信徒、最早看到耶稣复活的玛德莱娜是否淫荡有罪还无定论，但她已成为悔罪女人的象征。敬隐渔用她来形容愁眉苦脸的晚霞，十分生动。

在同一篇小说里，主人公劝晚霞学习艺术，说"Vita brevis, ars longa（生命短而艺术长）"。这句拉丁文出自古希腊医生希波克拉托斯的名言：

艺术长

生命短

机会匆匆

经验危险

明断实难

敬隐渔把前两行拮取来勉励晚霞，非常贴切。

小说《玛丽》中 K 老先生的儿子在上海遇到一个"正人君子"，认出此人就是在家乡绑架过他的那个土匪头子，他不屑地说："Quoties inter homines fui, toties minor homo redii!（我每次从人群中回来，总觉得我的人格越低降了！）"这是古罗马悲剧作家和斯多葛派哲学家塞内加（Lucius Annaeus Seneca，公元前 1—公元后 65）根据古希腊神话改编的剧作中的名句。一位圣人到了人间，看到凡人中一些卑污的事，归来后发此感慨。敬隐渔用这句拉丁文表达主人公此时的心境，很准确。

为了表明自己不幸福，K 老先生儿子说："Stoiciens 派哲学枉博论痛苦是虚假，他们却不敢承认在 Phalaris 的铜牛腹内有幸福存在。何况我的痛苦远胜过 intra Phalaridis thaurum?"希腊南部阿克拉伽斯的暴君法拉利斯让人制作空心的铜牛，把要除掉的对手置于其中，以烈火烧烤，任其痛苦嘶嚎。K 老先生儿子用这个拉丁文记载的古希腊典故表明自己的痛苦犹有过之,令人震撼。

拉丁成语和典籍在作品中的灵活运用,是敬隐渔写到激动处的自然流露,它将中西智慧交融,时空距离拉近,精神境界广延,是中国文学中难得一见的奇景。

拉丁文是包括法文在内的罗曼语族的源头,拉丁文明对欧洲文明有深远的影响。白鹿修院的七年,为敬隐渔的西学修养打下了坚实的根基。

但拉丁文毕竟是死去的语言,古罗马文化毕竟和现实生活距离遥远,尽管已掌握得精深,已烂熟于心,总还有厌腻的时候。敬隐渔欣赏塞内加,并在作品和书信中不止一次地提及,但"百读不厌"也只能是相对而言。敬隐渔在《罗曼·罗兰》中有这样一段生动的描写:

> 我记得小的时候学 Seneca。学来学去,上课时作文,三四天不能缴卷;因为觉得这句话也无味,那句话也不重要,毕竟寻不出一句话说了……

感到在拉丁班课程中"学来学去"有很大局限的敬隐渔,却萌生了学习中文和中华文化的强烈需要,并且不失时机地付诸行动。

在如何对待中国本土文化的问题上,天主教会历来持保守态度。围绕是否要尊重中国人祭祖尊孔的风习,在华的欧洲传教士内部展开过激烈的"礼仪之争",从十七世纪上半叶起持续了近百年,最后罗马教廷在一七〇四年颁谕禁止中国礼仪,还是采取了否定的立场。敬隐渔做修生的时期,白鹿乡修院轻视中国本土文化教育的情况仍严重存在。敬隐渔初访罗曼·罗兰时对这一偏颇进行了尖锐的批评,所以罗兰在一九二五年九月十一日的日记中做了这番激愤的记述:

> 不幸的遭遇把这孩子交付给欧洲的教育家们,这些人都是些方济各会的会士,他们无疑都心肠慈善,可是他们头脑平庸,把他变成了一个失去根基的人,一个在自己的人民中形同外人的人。这些愚蠢的传教士不教他们的修生学习中文,而只教法文和拉丁文。他们虽不摈弃儒家文化,但是他们不让孩子们有任何机会去

认识它。敬隐渔后来不得不背着他们，自修中文。

一个未成年的孩子，不顾修院的戒律，"背着他们，自修中文"，这种为弥补对母语的缺失而求知若渴的自觉性，多么难能可贵！修院每周学习六天，上午授课，下午自习。敬隐渔完成作业以后，便抓紧时间在他那十平方米的单身宿舍里闭门学中文、练书法、读古今中文书。若有教师和同学来访，他还要巧妙掩饰。凭着高度的自觉，聪明的他中文修养日进一日。他那一手清秀的毛笔字，他的挥洒自如的中文写作能力，他作品中表现出的丰富的国学知识，以及他向人自夸的催眠术、看相、测字等国粹杂学，就是他在白鹿乡修院时期背着传教士打下基础的。

天主教川西代牧区费力办修院，是为了培养严重缺乏的本土神职人员，但结果并不如意。据统计，最后成为神职人员的修生只有百分之十左右。杜昂在《一八九四年教务汇报》中坦承：

  负责管理修院的两位同事对自己的学生十分满意；但这并不是说所有这些年轻人有朝一日都会成为教士。对他们来说，神学班结束时是最大的考验。必须承认，他们在备修阶段和外界的接触，以及他们在哪怕是最正直的人群里呼吸到的半异教的空气，总会让一些人离开我们。

"离开我们"的人中就有敬隐渔，而且他连高级拉丁班也只上了三年，就在一九一六年八月毅然离开白鹿乡修院，去了成都。他的离去不是像四哥显耀那样因为健康问题，不是因为学习欠佳，也不是因为"异教的空气"的影响，而是因为一个美好的理想在他心中升起。他不愿再背着传教士们学习中文，他憧憬着自由地用中文写作。另外，在学习法文的过程中，他已经被法国文学深深地吸引，希望进一步提高自己的法文修养，将来能够研究和翻译这多姿多彩的文学。

七年前，母亲为幼稚的敬隐渔选择了献身天主；而今，刚到理智之年的敬隐渔选择了返回尘世。这一转折，将让他走上一条迥然不同的人生道路。

第一部　奇特的出身

二〇一〇年十月二十三日,为了体察大小修院百年前的氛围,寻找敬隐渔这段历史的痕迹,笔者和夫人来到彭州市白鹿乡。震惊世界的二〇〇八年"五·一二"汶川大地震刚过去两年多。位于龙门山地质断裂带的彭州市是这次地震的极重灾区,白鹿乡的灾情尤其惨烈。鱼霞松在白鹿河上建的那座双孔拱桥,为当地民众默默效力了一个世纪以后,一个桥拱被完全震毁,只有另一个桥拱还坚忍地残存。孟家林山腰的大修院,近百年来历经大灾小难,半个多世纪以来缺乏修缮和维护,被这场特大地震夷为废墟;礼拜堂的白色大理石正面只有部分尚存,但也岌岌可危。

**作者夫妇在地震摧毁的白鹿乡"中法桥"前**

令人难以置信的是,在白鹿乡小修院原址建设的白鹿中心学校,靠近山脚的百余米长的三层教学楼,在这场大地震的瞬间被整个儿拱起三米多高,墙体裂痕累累,居然屹立不倒,近千名师生得以安全撤离!地震时六对新人和摄影人员共三十三人正在大修院拍婚纱照,有人两分钟前还在楼内化妆,顷刻间,礼拜堂正面的石块纷纷坠落,楼舍土崩瓦解,而在场者竟无一人伤亡!

　　人们是那么珍视和怀念白鹿乡领报修院这座饶有特色的历史遗迹,震后不久国家文物局就着手照原样在原址复建,而今它重又屹立在青山幽谷之间,引来络绎不绝的踏古寻踪的游人。

　　白鹿乡,神奇的土地!你是中法文化紧密接触的那段历史的见证;一百年前,一个天才少年就是从这里走向世界文坛!

## 第四章　悲欢成都

和每个学年结束时一样，一九一六年夏天也有一批修生离开白鹿乡修院。富人家的孩子回家养尊处优，穷人家的孩子去学一门行当糊口，唯独敬隐渔选择了去成都进修法文。这个十五岁的孩子，不急功近利，而是自觉地把目光投向更远。

在一九二八年九月十日给里昂中法大学校长的信中，敬隐渔说他"跟一位传教士学过三年法文"，说的就是到成都学法文这件事。这句话告诉我们，他是跟一位传教士进修法文，而且是学了三年，即一九一六年九月到一九一九年七月。

敬隐渔从八岁多做修生，都是修院管吃管住。到了成都，他既不求职维生，又没有经济来源，怎能读书深造？

正应了那句俗话：穷人的孩子早当家。敬隐渔年纪轻轻就表现出为生活和学习排难解困的能力。他身无分文，却做到了一般青少年做不到的事，把进修法文的事安排得妥妥帖帖。他在一九二五年十一月六日写给罗曼·罗兰的信中说：

> 我学法文时，一位天主教神父借给我各种费用，后来当了老师，我就还给他。不过无论是借还是还，都不用我操心（全由校长经办），所以我进步很快。

敬隐渔没有说出教了他三年法文的那个传教士的名字。但他的侄儿说：幺叔的法文老师是法国传教士邓茂德；邓说他幺叔很聪明，还多次鼓励他向幺叔学习；他父亲敬显耀和邓茂德关系密切，他一九四三年从邛崃到成都考信差时，就住在成都平安桥川西代牧区主教公署邓茂德处。

邓茂德(Georges Montel,1874—1963)出生在法国马恩省苏瓦松市郊的库尔迪索尔镇,是作家大仲马的同乡。与大多数自幼在教会修院读书的传教士不同,他读的是世俗的小学和中学,并且特别爱好文学。他一八九三年九月考入巴黎外方传教会的修院;一八九九年六月被授予教士圣职,七月动身来华。到川西后,他先在灌县学中文和传教。一九〇一年起任银家坝本堂神父。在这里,他曾抵抗义和团的围攻,保护了躲在他住处的六百名信徒。也是在这里,他开始热衷于教育。一九一四年,他辞去本堂神父的职务,在成都北郊的新繁建校,教授法文,直到一九一八年,学生有两百多名。他的办学意识也从普及宗教知识、为教会争取人心,逐渐转向培养中国社会所需的法语人才。

**法国传教士、法语教育家邓茂德**

川西代牧区主教驻地成都平安桥早有一所名叫圣心学堂(Collège du Sacré‑Coeur)的法文学校。杜昂《一九〇三年教务汇报》就说:"等校舍准备好,三位小昆仲会修士办的法文学校就要开学。"四川民众对法文学习相当踊跃,原来只奢望招五十人,结果收了一百。一九一四年第一次世界大战爆发,小昆仲会修士应召回国,这所法文学校才停办。

但 J.-M.普朗榭的《中国和日本传教团资料汇编》显示,从一九一五年起,在成都平安桥又出现一所直属天主教川西代牧区的法文学校(Ecole Française),可视为小昆仲会修士的法文学校的继续。法文学校一九一六年前由狄壁任指导神父;狄壁一九一七年转任平安桥天主教会修道院和医院的指导神父,法文学校负责人不再出现于代牧区人员名单,很可能由新繁法文学校的邓茂德兼任。邓茂德的名字一九一九年起作为平安桥天主教会法文学校负责人出现,不过已经不称指导神父,而称校长。指导神父变为校长,意味着由教会学校向世俗学校转型的开始。不久,平安桥法文学校改名为成都私立法文专门学校,仍由邓茂德任校长。

邓茂德在成都私立法文专门学校任校长的同时,还为四川几所高校授课。他的学生有的赴法勤工俭学,有的参加社会革命活动,有的活跃于外事、教育、邮政各界。他在中国从事法文教育近四十年,直到一九五二年返回法国。据他的家乡库尔迪索尔镇的乡亲说,在中国度过了五十三年的人生以后,他再也无法融入法国故土的生活。他特别思念川西的五谷杂粮。

离开白鹿修院的敬隐渔,上的是成都平安桥川西代牧区办的法文学校还是成都北郊新繁的法文学校,没有文献能够确认。不过,可以肯定的是,不论在其中的哪一所学校,敬隐渔都曾在邓茂德身边学习。邓茂德应该就是那个帮敬隐渔借还学习费用的校长。

敬隐渔在修院学了七年,又在成都深造三年,法文造诣正可谓"十年磨一剑"。这时候的敬隐渔,中文、法文、拉丁文的学养都已卓尔不群。

一九一九年八月,进修完法文,敬隐渔已经十八岁,又到了人生的一个关口。邓茂德校长对这位弟子十分赏识,希望他留在成都法文专门学校任教。但是,当时四川青年赴法留学、特别是勤工俭学的热潮方兴未艾,敬隐渔自然心动;新文学运动如火如荼,上海文坛充满生机,有志投身文学事业的他也心向往之,面对邓校长的盛意,他未免犹豫。不过,无论未来如何,他要先完成一个更迫切的心愿。

敬隐渔在修院七年,没有见过母亲。在成都进修法文的三年里,因为经济拮据,他也始终未能回遂宁家乡探母。但他对母亲的思念从未间断,总在心里把母亲呼唤。正像他对罗曼·罗兰说的:"我无须赞扬她的优点,既然每个人都热爱母亲。"可是,留存在他记忆里的母亲的形象还是十年前的容颜,她现在怎样了呢? 敬隐渔离家两年后就发生了辛亥革命。推翻几千年的封建制度是一次重大的社会变革,但随着清王朝的瓦解而来的却是愈演愈烈的争夺权力的军阀混战,四川是军阀恶斗最严重的省份之一。北洋军和滇黔川靖国联军一九一八年初的血拼尤为激烈。敬隐渔三年法文学成之际,战火纷飞,盗匪横行,民不聊生。敬隐渔不但思念母亲,更担心母亲的安危。一九一九年暑假,他终于踏上回乡探母之路。

敬隐渔在小说《玛丽》中对K老先生儿子返乡探母有一段感人至深的描写。透过K老先生儿子的形象,人们看到的是敬隐渔和母亲久别重逢的动人情景。

>我自三岁死了父亲,自八岁出外读书,隔绝了十年母亲的爱……那年暑假回家,满街的景物大变;我正在问燕子的旧巢,寻我的故居,忽然在一间小药铺面前,一位 mater dolorosa(痛苦的圣母)的活像吸住了我的眼光。我被一种不可思议的能力吸到她身边,问她可认识K老先生娘么。她停了针线,取下阔边眼镜,眼角边现出两条泪痕:"你问她! 你是谁? ……呀! 我的儿! ……"我们俩抱头痛哭。……梁上的燕子也在呢呢喃喃地嗟呀……

就是在这时,K老先生儿子才从母亲口中知道大哥死了,二哥也死了;自从辛亥革命以后,这么多年战火连绵,他家的境况也衰败了,只靠春哥好一时坏一时的医运勉强维持。

母亲哭干了眼泪,儿子也一起悲伤。在家住了几日,K老先生儿子再一次和母亲分别。但母亲生活的困苦让幺儿再也不能平静,他不能让春哥独自支撑残破的家庭,决定尽自己的一份孝心,便接受邓茂德校长的建议,签约教书。这既符合他的专长,也最为现实。敬隐渔在小说《玛丽》中写道:

> 我不得已,又离了衰迈可怜的她,才受了成都法文专门学校的聘……

敬隐渔在一九二四年十二月十日给罗曼·罗兰的信中说:"我十九岁就成为法文教师。"他从一九一九年暑假后开始在成都法文专门学校教书,那时他十八岁零两个多月,虚岁十九岁。在这一点上,小说和现实再一次契合。

敬隐渔在一九二八年九月十日给里昂中法大学校长的自荐信中说:"我在成都教过两年法文。"这就是说他在成都法文专门学校教书直到一九二一年暑假。

成都法文专门学校是一所以法文教学为主的中等专科学校。以敬隐渔的法文水平,在该校教法文胜任有余。他在日常生活中不喜多言,更不爱闲话搭讪;但是在课堂上,涉及西方的语言、文化和历史,他却像舌灿生花,能侃侃而谈。他对法文的讲解能够追溯到拉丁文甚至希腊文的源头。他讲课旁征博引,妙语连珠。敬隐渔老师的法文课,不是一般的精彩。

不过,成都法文专门学校办的是法文速成教育,学生多是打算出国留学或者在邮电局之类的部门求职的成年人,未必有那份心情欣赏敬隐渔的精彩讲解。更有甚者,见他年纪轻轻就执起教鞭,便本能地抱有不屑的偏见,无事生非。敬老师有些烦恼,但也无奈。

值得敬隐渔欣慰的是,终于可以靠自己的学识维生。领到薪俸,他除了还钱给那位天主教神父,还给母亲寄一些家用,为有养育之恩的"痛苦的圣母"减轻一点痛苦。

敬隐渔在一九二九年八月八日给罗曼·罗兰的信里说,母亲"在我十七岁时去世"。他没有说母亲是怎么死的。但是小说《玛丽》中对"K老先生娘"的死有比较具体的描述：

> 有一天我正坐在讲堂的教台上，闷对着几十个比我年长得多而欺负我的学生，忽接得春哥一封信：家乡城内打仗，母亲睡在床上，中了一个流弹……Illa meos prima qui sibi amores abtulit, Illa habeat secum servet que sepulcro!（首先获了我的爱的她，唯愿她留在心窝，而且保存在坟墓！）

透过这个在教台上接到春哥来信得知母亲惨死、用拉丁文哀嚎的K老先生儿子，我们看到的正是得知丧母而悲痛欲绝的敬隐渔。

不过，既然敬隐渔是回乡看到母亲的苦况以后才决定受聘教书，既然他是在讲堂的教台上得知丧母的噩耗，那么母亲就不是"在我十七岁时去世"，因为那时他还在进修法文。母亲的去世只可能发生在敬隐渔受聘后的第一个学期，即一九一九年九月到一九二〇年二月之间，那时他的实足年龄已经十八岁。

《玛丽》中K老先生儿子尽管万分悲伤，但教学任务在身，他只能隐忍着，等到放寒假再去给母亲上坟。

真是祸不单行！在回遂宁祭母的途中，K老先生儿子在D城被匪徒绑票！敬隐渔在小说《玛丽》中真切地描述了这次被绑票的事：

> 我恍惚还是被匪拉去，在鳖口沱崎岖的山寨上，绑着手躺在一个破庙中的颓废的古佛殿前，被晓风吹得战栗。几十个受苦的同伴们都坐靠着墙头昏沉地睡了。一个赤脚的褴褛的少年匪徒，擎着一支枪，也睡昏昏地把守着门口。殿外的黑白的曙光还把一线希望射进我的愁怀……我在山寨上只过了几天就有春哥把我救出来……

小说中K老先生儿子这次被绑的遭遇，同样是敬隐渔的亲身经历。一九二五年九月十日敬隐渔初访罗曼·罗兰时，向罗兰详细叙述过这次险遇。罗兰在当天的日记里做了笔录，从而让我们了解到更多的细节：

第一部　奇特的出身

到处都不安全。路上兵匪为患。(同样一些人,时而是兵,时而是匪。)五六年前,敬隐渔被土匪绑到乡下的一座庙里,关了一个星期。那些人拷打他,把他吊起来,把他的胳膊捆在背后,逼他缴一笔赎金,他缴不出。最后他实在痛得受不了,答应缴一千大洋,其实他并没有钱。(中国一块大洋等于十二法郎)。多亏朋友们出面相救,他才得以脱身。

一次又一次的重创让敬隐渔刻骨铭心,永远也难以抚平。好在还有两个哥哥的亲情,特别是自由而又活跃的春哥,这次敬隐渔被绑架能够保住性命,就多亏春哥搭救及时而又得力。

除此以外,敬隐渔还感念一个姑娘的温馨慰藉。在他身陷匪窟之际,是这个姑娘,一听到消息就带信来安慰他,劝他不要灰心。

敬隐渔和这个姑娘的恋情,在一九二六年十月十六日给罗曼·罗兰的信中凝聚为一句沉甸甸的文字:

我曾割断一桩情缘,至今悔恨不已。

敬隐渔在信中言简意赅,但是在小说《玛丽》中,K老先生儿子的一段爱情却写得细腻生动、真切感人,读者定然会由此联想到敬隐渔的那段情缘。

K老先生儿子和玛丽相识,是在他任成都法文专门学校教师第一个学期快要结束的时候。他不爱上街,见了陌生人也要脸红,喜爱远离尘嚣,星期日和假日,经常带一本书,到T园找个幽静的角落潜心阅读。一天,他改完了学生的作业,挟着一本中国古代文学史来到T园,在见山亭的一个石凳上坐下,朗声朗读。碰巧,玛丽姑娘也在那公园里游玩,和乳母走散了,一个人爬上假山来摘花,突然遇到了年轻的K,便和他坐在一块儿,品评起古文来。她称赞年轻的K有文学天才,渐渐地又问起他的身世,K老先生儿子便对她详述了一遍。三岁丧父,八岁离家,七年与世隔绝,十年隔绝了母爱,这样的身世即使不加文学渲染也足以催人泪下,何况玛丽是个善良富于同情心的女孩。两颗单纯的心深深地共鸣了。

K老先生儿子和玛丽在T园结识后不久就放寒假了。他因为常在T园读书,受了湿气,害了一场大病。学生都回乡度假了,玛丽便大着胆子到学校里来看他;见他昏倒在花园门边,忙把他扶到椅子上,又回家用饼儿包了一撮奎宁,煮了一碗醪糟给他送来。又有一次,玛丽坐在床边伺候他吃药,见他的被子上有血,就把他抱起来,把被子换了。还有一次,玛丽来敲门,他却无力起来给她打开。对于玛丽姑娘多情的表示,他总是那么腼腆而又拘束!

　　K老先生儿子遭绑架,玛丽不但托人带信劝慰他,而且在他回成都时,在东门外接他。他因为刚刚受了苦,更感到爱情的甜蜜,以前的拘谨也放松了一些。他们走到她母亲的园中,玛丽把他拉到柳荫底下,摸遍了他的全身,问他受伤了没有;抱着他的颈项,倒在他的肩上流泪。玛丽紧紧地搂着他,用温暖的面颊贴着他的脸。他感到天地万物都融化在他们的吻中了。

　　玛丽有乳母伺候,家里又有花园,境况不错。但这痴情的姑娘,不求荣华富贵,不嫌K老先生儿子是一介清贫书生,愿意分担他的苦难。月月红盛开的一天,他们坐在草堂寺一个僻静处的栏杆上,玛丽倚在他身旁,已经在轻声细语地筹划着他俩未来的经济。夕阳照着檐下藤上的月月红,映着她那花缎似的夹衫、浅黑的短毛褂、蛋形的脸庞,越显出她那洁白细腻的颈项、嫩红欲滴的面颊。他疲乏了,把左腕搭在她的肩上,嘴唇亲吻着她的秀发。K老先生儿子又把悲惨的身世述说了一遍。姑娘泪水扑簌,还宽解他。

　　月月红就是月季花,从五月开到十一月,花期很长。K老先生儿子和玛丽已经到了谈婚论嫁的程度,这段花下缠绵显然是他任教第二学年第二学期的事了。

　　这次草堂寺幽会分别之后,K老先生儿子进了城,遇到玛丽的一个叫黑娃的同乡,便拉他上茶楼去喝茶。他向黑娃打听起玛丽的往事来。他先问抚养玛丽的童姑。黑娃说童姑年轻时很美,也很冷静,把热烈追求她的少年们都委婉地拒绝了;独身到三十多岁,被情欲战败,爱上了一个乡下人；这还不算，那乡下人怕惹出事来，一逃了之，留下一个私生女。童姑实际上就是玛丽的母亲！黑娃还说，玛丽小时候也爱过一个乡下孩子！

如果童姑真像黑娃所说，那她真是个不幸的人。玛丽更是无可指责。然而K老先生儿子毕竟涉世未深，这些常人不以为怪的事，他听了却犹如五雷击顶。他踉跄奔逃，跑上城墙，险些儿跳下去。他从此就躲着玛丽了。

母亲已逝，春哥在母亲死后已迁往重庆行医，现在又遭到爱情的幻灭，K老先生儿子再也没有什么牵挂，当初的远大志向再次躁动于心头。他在成都法文专门学校教完第二个学年，就递交了辞呈。

《玛丽》中K老先生儿子的这段爱情故事，不但印证了敬隐渔所说的那桩割断了的情缘，也佐证了"我在成都教过两年法文"，并且透露了他毅然辞职的原因。

笔者并非不知道广为流传的这个有趣的传说：一九二〇年敬隐渔到过杭州，不但在《杭州学生联合会报》上发表过一篇关于一九一九年五四运动的文章，把五四运动誉为"民众运动之母"，而且曾和戴望舒等杭州文化界名人畅兴交游。笔者曾苦苦搜寻这份刊物而无获，但最后终于查明它创刊于一九一九年六月二十五日。根据《五四时期期刊介绍（下册）》刊载的部分目录，又得知这篇赞扬五四运动的文章题为《纪念辞》，发表于一九二〇年五月二日出版的该报第三十一期"'五四'号增刊"，不过作者署名"隐渔"，而非"敬隐渔"。这个被姓敬的"隐渔"显然另有别人，因为敬隐渔此时正在成都法文专门学校执教，既无时间也无缘由，千里迢迢去一趟杭州。至于敬隐渔和戴望舒结交等等，更是说事者一厢情愿的发挥。

且说K老先生儿子辞去教职以后，便为出川赴法做准备。他在给玛丽的信中用一大段文字回忆了临行前返乡、遂宁的头面人物除夕夜为他饯行的场面：

去年今夜，我正在家乡。我的朋友们在县署给我饯行，我和知事坐在上位；一个美好年轻的戏子给我斟酒；我面红耳热，多么高兴啊！忽然勤务兵递给我一封信；我认识是你的娟秀柔弱的字迹，忙推故离席，一个人偷到知事文案上去拆看。你信上说我不辞而别的缘故虽不曾告诉你，你自己也猜着了几分……你说童姑有点气愤我……你说你依旧爱我……你祝我将来娶一个比你美丽千倍的妇人……起初我还流了一腔热泪，但是不久我的乘长风破万里浪的野心就胜过了我的感情……几位政界的朋友见我十八岁就任了专门学校的教授，都称赞我少年英俊，都鼓励我到法国去学机械，他们供给我学费，又许我回国来当兵工厂的厂长……你知道我那时是极好名誉的……我想振兴全川的工业，我还想在我俩从前携手同游的公园壩中给我建立一座伟大的铜像……我将来的妇人，总不少一个督军省长的女儿……玛丽呀，于是我把你忘记了！……

K老先生儿子回乡受到隆重礼遇，这情况同样会发生在敬隐渔身上。一位名叫冉云耕的前辈，是四川保路同志会遂宁协会文牍部评议员、县议会议员、县教育会会长，和敬隐渔家是世交；在敬隐渔和他的合影上题着"使天下惊方不愧奇男子，诚信救国此之为大丈夫"的豪言。

K老先生儿子对深爱自己的姑娘满怀歉疚。敬隐渔也一样，数年后他还在给罗曼·罗兰的信中对自己狠心割断这桩情缘悔恨不已。

笔者珍藏着一本中华民国十六年二月上海商务印书馆再版的小说集《玛丽》，卷首有一幅青春少女的肖像，面庞柔美，气质清纯，神态端庄，梳理有致的短发又透着几分新女性的气质。肖像下方印着"悔怨清秋"四个字。这肖像是敬隐渔为了纪念昔日的爱人而特地公之于世的吗？她就是那个同情敬隐渔的身世、钦慕敬隐渔的文才、对敬隐渔情真意笃、即使敬隐渔对她负心仍旧无怨无悔的玛丽吗？我宁可信其为真，因为这肖像和小说中所描写的玛丽是那么形神肖似。

第一部　奇特的出身

秋清怨悔

**悔怨清秋似玛丽**

遂宁官宦朋友们对K老先生儿子的慷慨许诺,敬隐渔也同样领受过。不过,在留学法国的艰苦日子里,让他望眼欲穿的家乡许诺的奖学金,由于连年战祸而从来没有兑现。

K老先生儿子远行,最终目标是到法国去学机械。但他为什么去了上海并且留在上海呢,小说《玛丽》中没有交代。现实生活中的敬隐渔却是目的明确的:到法国去学机械,他必须在出国前先打些工科的基础,而恰巧不久前由中法两国合力在上海兴办了一所中法国立通惠工商学校(Institut Franco – Chinois d'Industrie et de Commerce),主要用法语教学,培养工程技术人才。敬隐渔离开四川来上海,就是为了去该校学习,作为赴法学习的过渡。

《玛丽》中 K 老先生儿子过了农历新年,便由一个护兵陪着,乘一叶扁舟流下重庆。当年从遂宁乘船去重庆,要沿涪江,经过潼南、合川,在合川钓鱼城附近入嘉陵江,经铜梁、北碚,抵达重庆,大约需三四天的时间。他去重庆,不但是为了乘坐去上海的轮船,还要在重庆逗留些日子,一面等待春水泛涨可以通航,一面也可以和最亲近的春哥聚一聚。

小说《玛丽》对 K 老先生儿子重庆小住的描述,是揭露和鞭挞丑恶社会现实的出色篇章。

在重庆,有朋友为 K 老先生儿子接风。他和一个阔朋友住在一个大旅馆,天天去某军部搓麻将,来往的都是些显贵。然而这种生活不久就让他厌恶了。重庆,长江上游的最大都会,比成都发达得多,但现代社会的痈疽也在这里暴露无遗。春哥住在下半城一个贫民窟中,那里有些瞎子、癞子、跛子、呻吟不断的褴褛的穷人,好像是下流社会秽滓汇集的渊渚。他虽然见了要发呕,但只为春哥,他还是天天去下半城。同样是在重庆,从上半城到下半城,却仿佛从一个世界到了另一个世界:

> 我要微服走去,免得认识我的阔人瞧见,又免得春哥处的贫民惊诧。我在街上看见高轿或肥马,都要转身躲避。自然和血统联合了人们,社会的阶级却把他们隔开了!我天天如此赳赳地由上半城跑到下半城,非常吃苦;渐渐我察觉了我的路上有一条万丈的深坑:那边是军人、政客、学阀、奸商……一天到晚吃大菜、拥妓女、吸鸦片、贩鸦片、赌博、欺诈、苛索,或是派护兵到僻街上去抢劫。无恶不作的他们是英雄、伟人,幸福的、高尚的社会;这边是漂零无靠的寡妇孤人,常与饥寒为友、以牢狱为家、与蛆鼠同朽的无辜的牺牲、不敢违法、谨守天主十诫的好人们,这些是卑贱的下等的社会……

这段文字的自传性是那么显而易见,已经很难说是 K 老先生儿子还是敬隐渔在看望春哥了;而 K 老先生儿子面对重庆社会现实的连番感慨,毋宁说是作者敬隐渔直抒胸臆,表达自己对社会不公的愤懑以及忧国忧民的心情。敬隐渔清醒地认识到自己属于被侮辱与被损害的人一边,他这一鲜明的阶级意识从此再也没有改变。

扬子江春水泛涨了,让我们跟随 K 老先生儿子,重温敬隐渔离川赴沪的行程吧。

那位阔朋友和贫寒的春哥把 K 老先生儿子送上轮船,这两个社会地位悬殊的人形同陌路。

自从发现了那万丈深坑,K 老先生儿子便自问:我是好人的后裔,为什么要费尽九牛二虎之力,跳到坑那边去做恶人的走狗?他对自己放弃了玛丽的爱而离川远行的选择产生了动摇。轮船即将起航之际,他几乎要对船工大喊:"快把船头转回上流,溯上成都,去见我的爱友!"

黄昏时分,船到巫峡。巫山奇形的曲线仿佛拉斐尔画中的魔鬼张开了筋健的赤膊,要攫住他抛下江去。他流尽了眼泪,昏沉地睡去。

第二天下午船到宜昌。他换了三等舱,一路上再也无心看风景,只顾昏睡,直到一天下午船工喊道:"黄浦……上海到了……"

# 第二部 奇特的才华

第二部 音楽的イド

# 第一章 "隐渔"辨析

和《玛丽》中的 K 老先生儿子一样,敬隐渔等到扬子江泛涨春水才在重庆乘轮船顺流而下,抵达上海时应该是一九二二年三月底,桃花绽开的时候了。

敬隐渔在四川时,如赵文所说,连天主教会中的人也"只知道他叫敬显达,而不知道敬隐渔"。可是,从他在十六里铺码头踏上上海的土地这一刻起,情况就截然相反了:人们只知道他叫敬隐渔,而不知道他叫敬显达。

"隐渔"这个名字究竟是怎么回事呢?

影响最广的诠释,莫过于法国汉学家米歇尔·鲁阿(Michelle Loi, 1926—2002)发表于《鲁迅研究月刊》一九九五年第六期的专文《关于敬隐渔名字的来源》。

米歇尔·鲁阿写道:"敬隐渔出生时,他的父母给他起的是另外一个名字。他十岁时父母双亡,后被一教会机构收留,在那里长大。敬隐渔这个名字是这个教会机构的神父给他起的受洗名。他很喜欢此名,便一直使用,并用来为自己的作品署名。"

米歇尔·鲁阿还凭着她对中西文化的深广学识,通过多方考证,论定敬隐渔这个"受洗名""对他的为人是很重要的说明",因为"鱼"在《圣经》中意义为"健康,痊愈,永生","这就象征性地说明,这个受洗的孩子,在天主教信仰中长大,他将会重见光明,即达到仰望真理的地步";"鱼"字还加上了"隐"字,有"郁郁寡欢,神秘,藏而不露"等意义,这"与敬隐渔其人及作为作家的其人的性情完全相符";神父们选用了"(耶)稣"名字中的"稣"字,其偏旁为"鱼",意义为"复苏,使之继续活下去",由此又产生了"继续活下去(复活),得到永生"的含义;"或者是加三点水,'(敬隐)渔',渔夫,这样,象征意义便更强了。作为翻译家的名字,真是精彩之极!"

米歇尔·鲁阿这篇专文经《鲁迅研究月刊》披载后,广被认可。有研究者甚至统计出《圣经》中直接提到鱼的地方有五十四处之多,证明她的见解精辟。

笔者一九八二年访问法国时曾有幸和米歇尔·鲁阿女士晤面,并在巴黎近郊奥贝尔维利耶市的一家咖啡馆露天座上长叙。上世纪五十年代末,米歇尔·鲁阿开始在法国著名比较文学家艾强伯(René Etiemble,1909—2002)指导下准备关于西方诗歌和中国新诗歌关系的论文答辩。后来陆续发表了《墙上芦苇:受西方文学影响的中国诗人》《中国人民诗人》等专著。六七十年代,她积极投身社会活动,是法国毛主义运动的活跃人物。她个人和以她为核心的巴黎第八大学鲁迅研究小组,对鲁迅作品在法国的翻译和研究起到过推动作用。她自然也关注鲁迅作品的法文译者敬隐渔。戈宝权让笔者翻译的里昂中法大学协会雷宾会长给罗曼·罗兰的那封信,就是米歇尔·鲁阿从罗兰夫人那里取得,提供给他的。我在里昂市图书馆看到了这份文件,页边还留有米歇尔·鲁阿记述此事的亲笔旁注。

不过,我不得不遗憾地说,在敬隐渔名字的来源这个问题上,这位治学严谨、知识渊博的学者陷入了误区。

基督教家庭的孩子都有一个受洗名,与家庭的姓氏组合成完整的姓名。这受洗名通常由父母在圣人列表中给孩子选取,包括《圣经》中的各位圣人、被教廷祝圣的人以及教会认为深受天赐真福者,例如约瑟、大卫、保罗、彼得。这个传统在一百多年前敬隐渔出生的那个年代还是十分严格的。

羔羊、鱼、鹈鹕、凤凰、公鸡、母鸡、鹰、鹿、蜗牛,在基督教《圣经》提到的吉祥动物中,鱼的确占有一个显耀的地位。《新约》约翰福音第六章,耶稣将五张大麦饼和两条鱼祝谢繁衍,不但让五千民众吃饱,还有剩余；因为这一奇迹，民众要拥他为王。鱼于是成为最早的基督徒感恩的象征，希腊文"鱼"（ICTUS）字便是由表示信仰的祷词"耶稣基督，上帝之子，救世主"几个词的词首大写字母构成。不过在基督教教徒选取受洗名的圣者列表中并没有"鱼"，更没有"隐渔"。

再说，洗礼是基督教徒一生中所行的第一个基本礼仪，本意是为了洗净原始的罪恶；如果没有特殊的原因，孩子出生后，行洗礼把原罪涤尽早早宜善。像敬隐渔父母这样虔诚的教徒，这件大事肯定在敬隐渔出生后不久就给他办妥了，绝不会拖延到敬隐渔十岁后才由神父去代劳。

敬隐渔确实有一个受洗名，但不是"隐渔"，而是"让-巴蒂斯特"（Jean-Baptiste），它取自基督教圣人施洗者约翰的名字。施洗者约翰是基督教最受尊敬的圣人之一，具有大祭司的身份，耶稣就是由他在约旦河畔施洗的。敬隐渔翻译的鲁迅《阿Q正传》在《欧洲》杂志发表时，译者署名J.-B. KinYnYu，这里的J.-B. 就是"让-巴蒂斯特"的缩写。米歇尔·鲁阿是读过这篇译文的，却忽略了这个细节。

戈宝权在《〈阿Q正传〉在国外》中就已指出："他的名字前面的J.-B.，是他的天主教教名Jean-Baptiste的缩写，意译即为'施洗礼的约翰'。"

敬隐渔的受洗名是"让-巴蒂斯特"而非"隐渔"，这是很清楚的。不过需要说明的是，作为一般教徒的受洗名，其原意已经消失，不宜再作意译。

"隐渔"既然不是教会神父起的洗名，又是什么呢？

它是敬隐渔给自己起的一个代替"显达"的新名字。和米歇尔·鲁阿说的相反，"隐渔"和基督教《圣经》毫无瓜葛，而是一个典型的中国名字，中国文化的产物。"隐"者，归隐、隐居也；"渔"者，钓鱼、捕鱼也。史上的有识之士，或功成名就，急流勇退；或愤恨官场丑恶，不愿同流合污，常以隐退为出路。隐退到哪里呢？或隐于山林，或退于田园，做的无非是渔、樵、耕、读。因而常有人以"樵隐""渔隐"等为名号表露心迹。"隐渔"的意义同此。南宋胡仔,自号苕溪渔隐,编有《苕溪渔隐丛话》;明朝唐寅、王紱都作有《溪山隐渔图》。在字的取法上,一"显"一"隐",敬隐渔遵循的是反义相对的规律。不过,对于敬隐渔弃"显达"而取"隐渔",也不必做过多的解读,毋宁说是随着思想的成熟,他觉得"显达"有些俗气,而"隐渔"更符合他自命清高的文人情调。

其实,敬隐渔不但改了名,还给自己取了字,那就是"雪江"。小说《玛丽》中,童姑对"我"说:"雪江,你要爱我啊。"在敬隐渔的另一篇小说《苍茫的烦恼》中,王先生对主人公"我"说:"雪江,你不知稼穑艰难,谋生不易,你在人间终是一个爱狂的小孩子。"在两篇情节互无关联的小说里,主人公都叫雪江,绝非偶然,它表明"我"还有一个字叫雪江。

敬隐渔后来写了一首词牌为《忆秦娥》的自况诗词,其中有这样几句:

隐渔翁,少年独钓千江雪,千江雪,寂寞声色,谁识豪杰?

少年隐渔独钓于无垠雪江之畔。诗人把自己的名隐渔和字雪江巧妙地融入了一幅画面。

笔者还认为,隐渔和雪江这一名一字是在四川时就起了的,所以《玛丽》里的童姑才叫在成都教书的K老先生儿子"雪江",只不过那时敬隐渔还没有发表作品,这些名字没有机会公之于世罢了。

总之,觉得"显达"有些俗气的他,以"隐渔"的名字登上了上海滩。

## 第二章　上海工专学生

辛亥革命后的十年间,帝国主义列强对华的侵略和经济扩张从未停止,以他们为靠山的各系军阀的争斗绵延不断,中国被不同派系的军阀轮番统治。一九一二年到一九一六年袁世凯把持北京政府;一九一六年到一九二〇年皖系军阀揽政;之后直奉军阀联合击败皖系,开始了直系军阀的统治时期。敬隐渔到来时的上海,密布的外国租界俨然是国中之国,上海滩成为官僚买办的地上天堂,民族资产阶级在夹缝中艰难求生,随处可见的当铺是民众苦难的见证。

通过《玛丽》中的 K 老先生儿子,敬隐渔抒发了自己初来上海的亲身感受。K 老先生儿子乘船刚进黄浦江,在绵风凄雨中望见江边朦朦胧胧矗立着高楼大厦的黑影,就立刻联想起穿过巫峡时巫山奇形的曲线,像拉斐尔画中魔鬼伸出劲健的赤膊要把他抛下江去,顿生恐惧。但悔之晚矣,船到十六铺码头,他只能缓缓登岸。

K 老先生儿子初见的上海,黄埔江岸上汽车、电车如虎狼般凶恶、猿猴般哀鸣,驱逐着在泥浆中蠕动的无数苦力车夫。这是野兽的崖窟! 如果说在重庆他只是那万丈深坑的旁观者,那么现在他就是身处这野兽的崖窟了。

敬隐渔离开四川来上海,是为了投考中法国立通惠工商学校。该校原是一批德国医生和教授一九〇七年在上海法租界创办的德文医学堂。为扩大德国在华影响,一九一二年德政府出资建工学堂,与之合并,定名为同济医工学堂。一九一七年第一次世界大战期间,上海法租界当局借口该学堂是德国产业,为避免其制造武器,对其强行接管。在该校基础上,经数年策划,一九二一年三月成立了中法国立通惠工商学校,由中法两国分担费用,校长也由两国各委派一人担任,中方校长张宝熙,法方校长梅朋(Charles B. Maybon,1872—1926),校址在上海辣斐德路一一九五号。学校设工、商两科,课程均仿照法国同类学校,并以法文教授。毕业的学生,除由中国政府择优录用外,有志深造者还可派往法国或比利时的高等理工大学深造。该校原为中等技术学校,一九二四年初升格为职业专门学校,停办商科,改名上海中法工业专门学校(Institut Technique Franco‑Chinois de Shanghai)。一九二九年改中文校名为中法国立工业专门学校。一九三一年又把中文校名改为中法国立工学院,直至一九四〇年停办。校园今天已成为上海理工大学的一部分。

敬隐渔一九二四年十二月十日寄给罗曼·罗兰的信里,对上学的事写得十分明确:

> 我二十一岁来到上海,在中法工业专门学校继续我的学业。

由此看来,敬隐渔在一九二二年来到上海后就入校学习,应该没有疑问。那时他恰好二十一岁。

上海中法通惠工商学校校门

但是,中法国立通惠工商学校一九二二年招生考试一月份在北京、上海、汉口和广州四个考点举行;学校设的奖学金也在一月份通过考试核定;新学年已在三月一日开学。扬子江春水泛涨时在重庆登船的敬隐渔,到上海时已近三月底了,他显然错过了招生考试,更无法得到一份奖学金。敬隐渔来到上海后是否立刻入学,不能不让人产生疑问。

何况敬隐渔在小说《玛丽》中的记述让人相信他并没有及时入学,而是流落在上海滩,熬过一段凄苦悲凉的人生;即便过了第一个农历新年之后才入学,这时的敬隐渔也还不满二十二岁。

K老先生儿子的这段困苦时光是这样度过的:

他到上海后,先在一家旅馆住下,去戏院、游戏场玩了几天。但他很快就厌恶了,慨叹自己梦想中的物质文明原来不过是粉白的坟墓,在它炫华璀璨的外表下掩埋着骇人的罪恶和平民的血泪;

他在法租界一条僻静的街上租了一个三层楼上的亭子间,关了门,没日没夜昏沉沉地睡了一个多月。他穿着褶皱不堪的西装,走到外滩的法国公园躲避尘嚣,从此每天带着一两个面包在那里待到半夜;

他的旅费用完了,一位自称同乡的文先生请他到平民女学校去教法文。这些好奇的穿红着绿的女子不像是平民,他还不甚愿意受聘。谁知过了几天,她们倒嫌他的声望不够。他的衣食于是无着;

他又渴又冷。经常从早到晚不粘一粒饭。他在上海整日奔波,寻不得一个钱,遇不见一个相识。这些人都去逛游戏场,或是去餐馆了;

他走过红庙,只见香烟如缕,周遭是辉煌的霓虹灯光、塞满街头的流水般的汽车,身边拂过的是云裳花容、紫罗兰的芬芳、温柔的接触。而他,可怜的沦落者,只有躲不开的烦恼,按不住的嫉妒;

他跑到跑马厅旁边,一股鸡肉的香味钻进他的鼻孔,继而是烧牛肉、炒蛋、白兰地……阔人们又在划拳、碰杯。他忍不住痛苦,亡命般地奔回破屋,险些儿被汽车轧死;

他在文先生家遇到一位某军长的代表王君,此人竟是那年他遭绑票时,在微白的曙光里点绑票人数的土匪头子王大爷,如今戴上了一层最讨厌的官场假面具罢了。在四川,坏人毕竟是赤裸裸的坏人;而在上海,即如这个绑架过他的王先生,摇身一变成了达官贵人,坏人都有冠冕堂皇的伪装;

官场如此,文场也如此。那位文先生,因为曾到美国留学,又是某学会的会员,创作和翻译的小说每千字要值十元;而这种不通的创作和自哄哄人的翻译,他自信一天可以写好几万字! 不过,当他回去译了一段小说,满怀希望送到文先生手上,文先生竟燃着了香烟,把他的稿子烧了!

就是在这新年夜的陋巷的爆竹声中,他给心爱的姑娘玛丽写信:

> 上海的闸北荒弃的一隅,一个厕所似的陋巷中一间四面通风的过街楼,龌龊凹凸的楼板上拖着那两条黑而臭的破被,已给那邻妇洗衣的浊水,从土墙的裂洞溅进来打湿几大团了;一位颓丧的少年蹲在地下,把一双枯手伸到一张歪斜的竹凳上,对着右邻的皮匠敬神的摇曳的烛光,用铅笔蘸着眼泪在给你写信啊! 今夜我的左右邻居,和我同住的一位平常死尸一般倒在地下吸鸦片烟的褴褛的老者,他们都出去烧香去了。这荒墓似的破楼之中,只剩下我一个恨人对着满夜的岑寂。我好像是从坟墓中遥遥地和你对谈。

上海的新年爆竹虽然比不得四川令人惊恐的枪声,他却情愿处身在激烈的战场中间:那里受苦的人多着哩。至于此地,他一个人潦倒在玻璃世界之中,真是太难堪了! 他痛恨这世界:

> 倘若我要学医,我将要发明一种猛性的毒药,掷到海水中,毒尽一切众生……倒不如仍学机械,造一颗绝大的炸弹,把地球一下炸毁……

在残酷的现实和无情的命运的重压下,他彻底绝望了,他对玛丽

## 第二部 奇特的才华

倾诉道：

> 我如今认识了万恶的社会把我俩分开，认识了残暴的流弹杀了我的母亲，比"二直线只相交于一点"，比 cogito ergo sum（我思，故我在）的定理还真了又真，然而我的幸福在哪里？……耶教枉是对我说：你在世间受苦，你在天堂上享福。我却只见下地狱的尽是受苦的平民。这热闹的黄埔也淹没了多少自杀的平民呢！……我身不自主，走近了黄埔江边……

假如把《玛丽》分为四川纪事和上海纪事，敬隐渔在四川纪事中所写的每一个事件，几乎都能在敬隐渔的书信和罗曼·罗兰的日记中得到印证；而上海纪事中 K 老先生儿子抵沪后这段极度苦难的经历，敬隐渔在其他文字中却从未直接提及，不能排除有一些虚构的成分。不过，和当年绑架过自己的土匪头子狭路相逢、到平民女校教法文、自信一天可以写好几万字，K 老先生儿子只可能是敬隐渔，上海纪事也包含着相当浓厚的自传成分。

敬隐渔在一九二五年十二月三十一日从里昂写给罗曼·罗兰的信中忆及往昔时写道：

> 这里过新年寂静无声。但在中国，鞭炮震耳，张灯结彩，是那么热闹，仿佛万象更新！我从九岁那年就再也没有在自己家里度过一天这样隆重的日子，而总是在全然不同的情况下"inperegrinatione"①。我有时混迹于达官贵人之间，或可谓光彩；有时栖身穷窟，与乞丐为邻。

如果说遂宁官宦朋友们除夕夜在县署为 K 老先生儿子饯行；在成都某军部叉麻将，来往的都是显贵，是敬隐渔"混迹于达官贵人之间"的写照；那么，"栖身穷窟，与乞丐为邻"，只可能是敬隐渔初来上海这段时间里的境遇，就像《玛丽》所写的 K 老先生儿子那样，在"荒墓似

---

① 拉丁文，漂泊无定。

的破楼"里,和"吸鸦片烟的褴褛的老者"同住一室。

在《玛丽》的上海纪事部分里,并没有正面提到 K 老先生儿子在上海上学的事,只是在他表达与万恶的社会誓不两立时,无意中透露:"倒不如仍学机械,造一颗绝大的炸弹,把地球一下炸毁"。

尽管无法确知敬隐渔来沪后是立刻入学还是先过了一段近乎流浪的日子,但可以肯定,抱着当兵工厂厂长的志向进入上海中法通惠工商学校的敬隐渔,选学的是工科而非商科。正如他在一九二五年五月十八日从上海写给罗曼·罗兰的信中所说:

> 中法工业专门学校存在已五年。现任校长是薛藩先生,他在去年接替梅朋先生。学校里主要教数学和技术科学。

要学的科目有法语、代数、几何、三角、物理、化学、自然史、绘图和工厂实践。每周三十三节课。每月都有考试。学校要求严格,学生连续两年年终考试不合格就失去学籍。

敬隐渔在白鹿乡修院七年和成都进修法文三年,学的主要是文科。这么多的数理化课程,要听懂课,要完成作业,要成功地通过测验和考试,他得比其他学生付出更多的努力。一向聪明好学的敬隐渔,在上海工专再一次获得成功。一九二八年九月十日,他为报考里昂中法大学,在给校长的信中写道:

> 我在上海中法工业专门学校获得高中教育证书。我有与法国政府颁发的业士学位同等的文凭。

这就是敬隐渔在上海工业专门学校学习,并成功地完成了学业的证明。

敬隐渔学习好,人缘也好。学校有中法教员数十名。敬隐渔不但和中方人员关系好;由于自幼习惯了和法国人相处,他和法国校长、教员也很熟。尽管学校设有负责分发信件的监督处,敬隐渔一九二四年六月三日和十二月十日给罗曼·罗兰的信,均附言"回信请寄上海中法工业专门学校范赞博士先生转交"。范赞(Auguste – Louis – Marie

Vallet)教授一九二五年寒假离职。敬隐渔一九二五年五月十八日给罗曼·罗兰信的附言改为"回信请寄上海中法工业专门学校校长薛藩转交"。薛藩(Henri Civet)校长当仁不让地接替范赉博士为敬隐渔收转信件!

上海中法工业专门学校图书馆法文藏书之丰富,是校长们在工作年报中常引为骄傲的。虽然面对的是工科师生,但法国人一向重视全面的文化熏陶,图书馆的法国文学书也不少,让敬隐渔读个尽兴。老师和同学们知道敬隐渔法文好,喜爱文学和写作,手里有好的法文书也愿意借给他分享。工专学生敬隐渔没有停止过提高自己的文学修养。

但是,学习工科,将来当兵工厂厂长以报效祖国,其实只是敬隐渔在时代潮流影响下一时的冲动,而他深心喜爱的是文学,从来都是文学。制造武器固然可以增强国力,但中国革命的曲折经历表明,革命要成功,国家要强盛,必须用新思想新文化来更替旧的思想和文化。一九二一年一月由郑振铎、沈雁冰、周作人等牵头的文学研究会,同年六月以郭沫若、成仿吾、郁达夫等为主的创造社,相继成立,成为新文学运动的两支生力军。敬隐渔为校园外蒸蒸日上的新文学运动所感染,被充满生机的上海文坛所吸引,和创造社建立起越来越密切的联系,多姿多彩的作品相继在创造社的刊物上发表。他终于认定,自己是为文学而生,文学才是自己的归宿。正如他在一九二四年十二月十日给罗曼·罗兰的信中宣布的:

最近,由于健康原因,我放弃了学业,迈入我喜爱的文学生涯。

上海工专学生敬隐渔没有虚掷光阴。这段学习弥补了他知识储备的欠缺,让他的文化底蕴更加全面和丰富。

但工专学生的经历在敬隐渔一生中毕竟只是一段插曲。从现在起,他下定决心走憧憬已久的文学之路,全身心地投入文学事业。

## 第三章　创造社中坚

　　郭沫若、郁达夫、成仿吾等几个二十余岁的旅日学生一九一八年起酝酿、一九二一年六月成立的创造社,第一份刊物《创造》季刊一九二二年三月十五日在上海创刊;一九二三年五月和七月,创造社的《创造周报》和《创造日》相继面世,季刊、周刊、日刊同时编发,盛况空前。

　　从一九二三年七月二十一日《创造日》第一期上的处女作《破晓》,到一九二四年五月十九日《创造周报》第五十二号上的小说《玛丽》,在不到一年的时间里,敬隐渔在创造社这三份刊物上紧锣密鼓地发表了十三篇作品,其中五篇连载数期,不但数量可观,而且体裁变幻,显示出他多样的文学才能。正如创造社元老郑伯奇(1895—1979)在一九五九年发表的《忆创造社》中,谈到这时期的创造社时所说:"除了创造社的三个主要作家[①]和新加入的邓均吾经常撰稿以外,还有不少青年作者,如敬隐渔、王以仁、倪贻德等,也团结在这些刊物的周围,不断发表作品。这时候可说是创造社的全盛时期,也是前期创造社最活跃的时期。"

　　创造社的灵魂人物郭沫若是四川乐山人。那个时代交通不畅,在外地遇到同乡,那份感情比现在浓烈得多。敬隐渔首先和创造社走在一起,与这层乡谊不无关系,但根本原因还在于他和创造社的志同道合。郭沫若一九二三年五月二十七日在《创造周报》第三号发表的宣言式文章《我们的文学新运动》中大声疾呼:"中国的政治生涯几乎到了破产的地位。野兽般的武人之专横,破廉耻的政客之蠢动,贪婪的

---

[①] 指郭沫若、郁达夫、成仿吾。

外国资本家之压迫,把我们中华民族的血泪排抑成黄河扬子江一样的赤流。""我们反抗资本主义的毒龙。""我们的目的要以生命的炸弹来打破这毒龙的魔宫。"这掷地有声的呐喊,在视军阀、政客、外国势力横行的社会为魔窟、希望造个巨大炸弹将之毁灭的敬隐渔心里,必然激起强烈的共鸣。

工专学生敬隐渔,处女作《破晓》能够发表在一九二三年七月二十一日《创造日》的创刊号上,表明在这之前他和创造社已有联系。事实上,他不仅和郭沫若结识,而且和郭沫若接触频繁。当时还是穷学生的郭沫若,和家带眷住在民厚南里东五弄一二一号。徐志摩一九二三年十月十一日陪胡适拜访他,找了很久才找到。郭沫若来开门,手抱襁褓中的幼儿,赤着脚,敞着旧学生服;房间狭窄,陈设杂乱,小孩掺杂其间;厨房里传来他日籍妻子的阵阵木屐声。就是在这里,每逢周日,敬隐渔必来,和兄长般的郭沫若欢谈到夜深才离去。正因为和敬隐渔有过密切的接触,郭沫若在一九四七年十月一日发表的《一封信的问题》中,谈到敬隐渔时写道:

> 他的天分高,后来便受了天主教的严格的教育,法文和拉丁文的教养都很深。我们在办《创造周报》的时候,他到了上海,住在徐家汇的一座天主教的学堂里面。他用法文翻译了我的《函谷关》和《鹓鶵》都先后登在《创造周报》上,因此便常到我寓里来。后来他竟成了创造社的中坚分子,自己也写小说,仿吾是十分激赏的,曾夸示为"创造社所发掘的天才"。

郭沫若显然把中法合办的工业专门学校误为徐家汇的一座天主教学堂了。但有意义的是,这位创造社掌门人肯定了敬隐渔天分高,亲口确认了敬隐渔在前期创造社的中坚地位。

当然,敬隐渔在创造社的中坚分子地位,归根结底还是由他在创造社刊物上发表的一系列优秀作品奠定的。

一九二三年七月,学期考试结束,从古罗马转攻数理化的敬隐渔考试过关,如释重负。放暑假了,他终于可以一发按捺已久的文学豪兴。他的处女作《破晓》就这样一挥而就。

《破晓》是一首爱之歌。诗人在人生旅途上辗转求索，身心交瘁，但总得不到爱的眷顾：

> 晓风吹得我战栗，
> 我的头发沾满了露珠，
> 我在崎岖的路上走乏了。
> 我向泉水照了我的容貌，
> 憔悴，大不似从前美好。
> 人们谁问我的心事？

但诗人仍然渴望着，鼓起所有的力量敲击爱之门。在这天将破晓之际，也许爱的光明就在前头：

> 山上撷采的花都已变成了苦茨，
> ……………………
> 我的爱，你快来把门儿打开！

虽是一首小诗，但真诚炽烈的情感迸发，让人读来仿佛听到震撼人心的敲击命运之门的乐音。诗人渴慕在修院常梦、在成都错失、在纸醉金迷的上海再难寻获的异性的真爱；诗人更追求人间的大爱，因为他形只影单，有才无命，境况凄凉。

《破晓》是一首自由体诗。好的自由体诗，应该是美的意境和美的韵律兼而有之，这首诗做到了。爱的求索之坚忍不拔，在短短几行诗中得到充分的抒发，既形象又生动。诗句随兴挥洒，不拘一格，但内在的节奏感鲜明而又谐和，在效法欧洲自由体的诗行中回响着中国古诗词的铿锵。《创造》季刊还在一九二四年二月二十八日第二卷第二期上转载了这首诗，并在按语中说："好作品不厌重登"。

敬隐渔小试身手就获此成功，自然得到鼓舞。一个法国朋友有法文版罗曼·罗兰的《约翰－克利斯朵夫》(*Jean－Christophe*)，敬隐渔借来，课余废寝忘食地读完，激动不已，便情不自禁地翻译起来。翻译的过程更加深了他对罗兰别具一格的小说艺术的领悟,一九二三年七月二十五日,《破晓》发表四天后,他又完成了长篇评论《罗曼·罗兰》(*Romain Rolland*),其中一些例句就摘自他的译文。《创造日》同年八月八日至十一日的第十六期至十九期连载了这篇评论。

需要说明的是:敬隐渔是把 Rolland 译为"罗朗"、把 Jean 译为"若望"的,他的译法更接近法语的发音。但鉴于"罗兰"和"约翰"的译法早已约定俗成,本书统一为"罗兰"和"约翰"。不过,小说《约翰-克利斯朵夫》的主人公全名是 Jean-Christophe Krafft,Jean-Christophe 是复合名,按通行的翻译规则应译为"约翰-克利斯朵夫",约定俗成的"约翰·克利斯朵夫"会让读者误以为约翰是名,克利斯朵夫是姓,其实他的姓是克拉夫特(Krafft)。所以本书统一为"约翰-克利斯朵夫"。

敬隐渔这篇《罗曼·罗兰》虽然以作家的名字为题,但通篇评说的是罗兰的代表作《约翰-克利斯朵夫》,而且"只从它的艺术方面讨论"。

**敬隐渔《罗曼·罗兰》**

敬隐渔说他评罗曼·罗兰只是凭自己的经验,"不偏,不觉,不盲从别人,不拾人牙慧"。这篇评论确实是有感而发,反映出敬隐渔审美味觉的细腻和思想感应的敏锐。

文章认为罗曼·罗兰是描写的天才。他不注重事实,只注重描写,但不是为描写而描写。他不是写景,是写"动",但看他的文字却是句句写景。他不是写景,是传播他的主义和思想,但看他的文字却是句句写景。他不是传情,是分析人的性质,是批评艺术和社会,但看他的文字却句句是传情。

文章称道罗曼·罗兰描写中的情与景、情与事的自然交融。罗兰写景兼能写动、写情,并且能把死物如声色、阳光、钟铃等写得栩栩如生。他将情节、性格、心理、景状的描写和自己的思想批评熔于一炉,让人辨不出究竟是文字还是哲学或是艺术最引起你的兴味。

文章特别欣赏罗曼·罗兰这部小说充满的音乐精神。翻译《黎明》时,不觉音乐的爱如瀑布一般,不知从哪一个洞源,忽然喷涌而出。

为了阐释罗曼·罗兰文笔的艺术特点,文章先后引出大仲马、荷马、维吉尔、卢梭、贝纳尔丹 – 德 – 圣皮埃尔、雨果、福楼拜、都德、乔治桑、莫泊桑、巴尔扎克、伏尔泰、莫里哀、拉布吕耶尔、塞内加、西塞罗、博须埃、费纳龙等古希腊罗马和法国大作家做对照,显示出作者开阔的文学视野。

敬隐渔还以自身为例,说明这部小说给人的教益:"书中的主人公不是克利斯朵夫,乃是生命;Romain Rolland 写生命直像活泼地一个人在纸上跳跃一样。我到如今不知什么是生命。……如今看约翰 – 克利斯朵夫小孩子时代的生活倒比我自己经过的事情明白多了,更觉得有意思;方才知道了一点人与生命的观念。"

《罗曼·罗兰》这篇文章对《约翰 – 克利斯朵夫》的艺术分析、对罗曼·罗兰写作特点的阐发,充满新意和创见,早早地为罗兰研究树立了一个良好的范例。

一九二三年八月二十三日,敬隐渔的名字又在《创造日》第三十期出现,这一次他向读者呈献的是一首外国诗歌——法国诗人拉马丁(Alphonse de Lamartine,1790—1869)的《孤独》的译文。

　　《孤独》出自拉马丁的诗集《沉思集》。这部诗集标志着法国浪漫主义诗歌的开端。整个诗集犹如一部心灵的日记,反映了诗人的感情、特别是他爱恋茹丽·夏尔夫人的感情经历,诗集中的《湖》与《孤独》同为法国诗歌史上脍炙人口的名篇。诗人二十六岁那年在萨瓦省布尔热湖畔的埃克斯温泉城养病,和茹丽邂逅,双双坠入情网,常在湖边携手散步。在《湖》中,茹丽病卧巴黎,已不能前来和他相聚,诗人独自在湖畔踟蹰,惆怅地回忆一年前散步的情景,请求湖水永远保留那幸福的瞬间。而写《孤独》时,心爱的人已于八个月前去世,诗人登临山顶,俯瞰大地,河水滔滔,平湖入眠,明月高照,远钟叮咚,但大自然一切的美都不再能让他心动:

　　　　但是我的魂儿不觉此美景,
　　　　不感快乐与欢悦;
　　　　我瞰此地球如偶游之灵;
　　　　生者的阳光死人不受其热。

　　　　由此峰至彼峰我枉劳目送,
　　　　自南至北,自西至东,
　　　　我阅遍了无穷的宇宙,
　　　　我说:"无处幸福肯与我相从……"

　　诗人祈愿飞到另一个世界,重见他的爱人,哪怕像一片枯叶被狂风席卷而去:

　　　　奈何我不能跨上曙光之车,
　　　　飞到,我愿中的对象啊,你的面前?
　　　　在此流放之区我何尚延住?
　　　　世界和我无处相联。

> 每逢林叶在草坪干落,
> 秋风突起,掠它出谷中,
> 我呢!好似凋枯的残叶,
> 和着残叶掠我去呀,你暴烈的狂风!

敬译《孤独》忠实地再现了拉马丁原诗的意味和风格,敬隐渔本人的爱情失落和诗人气质似乎也融入译文,读来悲怆而又酣畅。

《孤独》的原文是工整的亚历山大体,即十四音节诗体。中文和法文是差异很大的两种语言,翻译法文格律诗,兼顾内容与形式固然好,但不宜强求,还是要以达意传神为主,形式尽可能接近为辅。敬隐渔很好地处理了格律诗翻译中的这种微妙的关系。

不过,《孤独》的法文原诗每节四行,共十三节,而《创造日》刊载的敬隐渔的译文却只有十节,第七、八、九节被略去了。略去的三节语言上并无特殊难度,敬隐渔能够译得同样好。他略去三节未译,可能由于《创造日》篇幅所限,不得已而为之,也可能是有意而为。在第一至第四节里,诗人作了四幅美景的描绘,然后在第五和第六节发出"不感快乐与欢悦"的慨叹。第七到第九节,诗人又做起景物描绘,并且一节节地重复着"与我何干""我毫无所求"。这是诗人思绪的延伸、意念的扩展,但敬隐渔却可能认为有些累赘。他在翻译中对原作加以"精炼"的倾向,这时已见端倪。

一九二三年八月二十六日,敬隐渔的《译诗一首(唐人金昌绪的〈春怨〉)》在《创造周报》第十六号发表。金昌绪的原诗是:

> 打起黄雀儿,
> 莫叫枝上啼,
> 啼时惊妾梦,
> 不得到关西。

一首短短的五言绝句,把深闺中的女子思念远征夫君的心绪表现得生动感人。敬隐渔的法文译文也准确而又明快,很好地再现了原诗活泼朴素的语言风格和鲜明的民歌色彩。

敬隐渔原只想利用暑假略试文笔，但他一发而不可遏止，又一鼓作气翻译了莫泊桑的短篇小说集《山鹬的故事》中的四篇作品，从一九二三年八月下旬到十月下旬，在《创造日》上几乎绵延不断地连载了两个月之久。揭露重钱财胜于骨肉情的《海上》、控诉无良夫君的《遗嘱》、描绘轻佻风情的《莫兰这条猪》、叙述非洲奇遇的《恐怖》，四篇小说各异其趣，都是莫泊桑小说中的佳品。四篇译文总体忠实而又清新，其中《莫兰这条猪》译得最为传神达意。敬隐渔称得上我国翻译史上莫泊桑小说的早期重要译者之一。

莫泊桑小说的翻译波仍在《创造日》上延续，一九二三年九月二十三日《创造周报》第二十号又发表了敬隐渔的《诗一首（自译）》。这是一首怀念母爱的小诗。慈母的爱是最纯洁的爱，可惜这世界太龌龊，这母爱已随着母亲的去世而永远消失。同一首诗，中法两种文本，法文在前，中文在后。这一次是敬隐渔翻译自己写的诗：

　　自从孩时，我看见了你，
　　啊！纯洁的爱啊！在母亲慈祥的眼底，
　　此外，这龌龊的世上，
　　不再见你的足迹！
　　未必你沉入了坟墓，
　　永远陪伴着伊？

敬隐渔以这首小诗，配上他自己的译文，开创了一个用中法双语自创自译的先例。

郭沫若说敬隐渔翻译过他的《鹓鶵》和《函谷关》。我们所见却只有敬译《函谷关》——*La Forteresse de Han Ko*，载于《创造》季刊一九二四年二月二十八日第二卷第二期。故事主要是关令尹和老聃关于《道德经》的对话。关令尹把《道德经》看得比生命还重要，读后觉得世界那么美，到处充满了爱，但一回到现实，就恨不得将这世界打碎。老聃西去沙漠回来，他的青牛只剩下牛尾。他醒悟到自己是个伪善者，一面高谈道德，一面万事都从利己出发。最后他从关令尹那里要回《道德经》,扬长而去。

敬隐渔的法文译文一如既往地准确、流畅,不过他将原文删去了五分之二;关令尹的话如实照译,老聃的话却只保留了最重要的一段。

登载于一九二四年三月九日《创造周报》第四十三号上的《〈小物件〉译文的商榷》,是敬隐渔的一篇翻译评论。《小物件》(Le Petit Chose)是一部自传性小说,作者是法国作家、中国读者熟知的短篇名作《最后一课》的作者都德,译者是李劼人(1891—1962)。李劼人这位植根于四川大地的作家,以其长篇小说三部曲《死水微澜》《暴风雨前》《大波》展现了甲午战争到辛亥革命这一时期中国社会的历史画卷。他同时又是一位勤奋的翻译家,译品多,且尽选名家杰作。《小物件》出版于一九一九年,是他的第二本译作。

翻译评论是困难而又棘手的工作。正常、有益的翻译评论,需要评者的与人为善和被评者的虚己受人。现代文学史上因翻译评论意气用事而引致的争端屡见不鲜,郭沫若等创造社同仁和胡适、茅盾、鲁迅等,围绕翻译《浮士德》是否"切要"、"宁信不顺"还是"宁顺不信"、创作是"处女"而翻译是"媒婆"等问题的几次论战,就是突出的例子。这些争论,固然引起了人们对翻译质量的关注,但也招致许多无谓的纠纷。

敬隐渔这个后生评论李劼人译《小物件》时的与人为善、以理服人,与这些大师们的意气用事形成截然对照。

《〈小物件〉译文的商榷》开篇伊始的一番话,既显示出敬隐渔只讲学问不虞私情的耿直性格,也表达了他对评论对象的尊重:

> 昨夜自友人处携归的 *Le Petit Chose*[①] 的李译本今天东一篇西一篇大略看了一阵。未加批评以前我先当求译者劼人君原谅。劼人君我本不认识;但他的两位兄弟却与我相识很久。希望他不要怪我不去批评别人,偏只批评他译的书;须知道在我所见的法

---

① 即《小物件》。

文文学译本中、此书译笔算是很有希望的……

《小物件》原文有这样一句话：

> Je suis très fort des reins, je n'ai pas des ailes
> En pelure d'oignon comme les demoiselles……

李劼人译为："我的腰肢很强健，我啊！虽没有那样的翅子葱皮似的懒得像那般姑娘。"

敬隐渔指出：Demoiselle 是一种蜻蜓类的飞虫，也有"姑娘"的意思，这里却是"飞虫"才合原文。敬隐渔还指出：（一）原文中没有"懒"字；（二）"葱皮似的"与"姑娘"没有关系。原文的意思是：蝴蝶请斑蝥上它的背上，自夸翅子有力，不像蜻蜓的翅子如葱皮一般薄弱。

李劼人将"lyrique"（抒情的）误为"lyre"（七弦琴）。敬隐渔不仅挑出了这个错儿，而且耐心地讲解起"lyre"的来龙去脉。古希腊诗人是弹着 lyre 讴唱的，但后来 Lyre 这个东西与诗人分离了，"切不要联想到一个诗人必定有一把弦琴才好"。

敬隐渔指出李劼人将 Angelus① 错译为"午祷钟声"：

> 那时已是八九点钟，为什么还有午祷钟声呢？原文不是午祷乃是一段拉丁经：Angelus Domini nunciavit Marioe（主之天使报告了马利亚）这一句是一个人念，随着铛铛的铃声，每天要念三次，早上六七钟，十二钟，晚间七八钟……宗教家称为"三钟经"或"三中经"，我许久未念这一段经也忘记了，又简称为"三祷经"。

能把三钟经是怎么回事说清楚，不但要通晓拉丁文，还要熟知天主教宗教礼仪，恐怕只有敬隐渔做得到了。

《小物件》里这样的翻译硬伤，敬隐渔举了七处之多。但他的语气却总是那样委婉。他甚至鼓励译者："我希望中华书局把这译本重校对一下，再版时，加以更正，此书还可以成为法文文学译本中一本很看

---

① 指三钟经。

得的书"!

《〈小物件〉译文的商榷》这篇评论不但显示了敬隐渔法文知识的深广,更表现了他性格的坦荡和心地的和善。

翻译评论家敬隐渔不仅艺高一筹,而且与人为善,果然取得了理想的效果。李劼人也正是一个虚怀若谷的人,他对敬隐渔的批评不是耿耿于怀,而是从善如流。二十年后他重译该书,得益于敬隐渔和其他人的意见,大有改进。他的译本《小东西》于一九四三年由作家书屋再版。他在这年七月所写的《〈小东西〉改译后细说由来》一文中回忆道:由于出版社怕修版费钱,甚至在十三年[①]时,敬隐渔先生(真可惜此公竟死去了!)给我指摘出的一处绝大错误,也只好任之,一直到今日才得更正。敬先生所指摘的,为第二部第八章,一个蓝蝴蝶的奇遇中,蓝蝴蝶所唱的一句:"我的腰肢很健康,我呵!虽没有那样的翅子,葱皮似的一如那般蜻蜓。"当年译至这句 Comme les demoiselles,只知道 demoiselle 一字义为姑娘闺秀,便不再去翻翻字典,而竟意会之为"葱皮似的嫩得像那般姑娘",本已不通了,却因《红楼梦》上,有这么一句赞颂美人的造语,谓为水葱似的娇嫩,倒也勉强通得下去,不料我原稿上的"嫩"字,稍为写得潦草,排字先生和校对先生遂一再误为"懒"字,这一下:"葱皮似的懒得像那般姑娘",真就太不成话了。所以敬先生一连来了三个不可解,而校正曰:"译者乃不知 demoiselle 一字,尚解为蜻蜓。这真指教得万分对。"

批评者敬隐渔的良善和被批评者李劼人的谦逊,促成了翻译的改进,这是我国翻译史上一个美好的先例。

可惜,创造社三刊齐发的兴旺景象并没有持续多久。由于不满《创造日》思想倾向的激进,《中华新报》的老板撤回了对这份文学副刊的支持,《创造日》在一九二三年十一月二日首先停刊。《创造》季刊和《创造周报》由泰东图书局出版,书局经营不善,经济每况愈下。

---

[①] 指一九二四年。

郭沫若在《创造十年》中感谢泰东老板给了他们表现自我的自由,但也大吐苦水:"他知道我们都穷,自然有一碗饭给我们吃,时而也把些零用钱给我们用。但这些饭和这些钱是主人的恩赐,我们受着他的买活便不能不尽我们的奴隶的劳力。我们不曾受过他的聘,也不曾正式地受过他的月薪。我们出的书不曾受过稿费,也不曾算过版税。"郭沫若有很重的家累,成仿吾和郁达夫没有其他职业,专凭老板的高兴,或多或少地施舍一点零用钱,当然不是长久之计。在《创造日》停刊前,郁达夫就在一九二三年十月应聘去北京大学教书。一九二四年二月二十八日《创造》季刊出完第二卷第二期便寿终正寝,郭沫若也在四月初去日本求生。只有成仿吾独立支撑着《创造周报》,四月二十七日出了第五十号,至少还要再出两期,让它坚持到周岁。但是好的稿件已难以为继,为了筹组这两期的内容,成仿吾把重望寄托在敬隐渔身上。

"不曾受过稿费,也不曾算过版税"的人中,自然包括敬隐渔。恐怕他连零用钱也没有得到过,一直以来都在为自己心爱的创造社和心爱的文学不计报酬地写作。在《创造周报》生命的最后关头,他更是当仁不让。时间紧迫,写稿如救火,《创造周报》第五十一号在一九二四年五月四日出刊,他在这一期上发表的小说《苍茫的烦恼》搁笔于四月二十七日,仿佛急不可待的排字工人就站在他身后。五月十九日,他的又一篇小说《玛丽》在《创造周报》终刊号问世。

《苍茫的烦恼》中的"我",因病在山中疗养,初见一远亲女子真如,虽长得不甚美丽,但她的线条、神情、音容笑貌都吸引着"我"。真如小学毕业去成都读女子学校,"我"热恋她,和她通信,但真如却只谈学校的事,不谈心灵,令人失望。"我"走进山下一人家,晚饭后向王先生吐露心中的烦恼,王先生也将自己的痛苦经历告诉"我"。王先生饱经沧桑,也热爱过名誉、金钱、美人和艺术;但已到中年的他,精力早已衰了,爱泉早已干了,自认是生存竞争的战败者。"我"怜惜王先生似活着的尸体,反觉自己爱情的烦恼富于生趣。

《苍茫的烦恼》中的"我"虽然名叫雪江,到山中休养时带着一本法国数学家和哲学家笛卡尔的书,带有敬隐渔身世的几缕踪影,但整体上这是一篇文学创作。在一个精心构思的环境里,有对爱情的思索和人生的探讨,质朴的故事后面给人哲理性的启迪。在写作技巧上,精彩纷呈的景物描写尤其值得称道:

> 悬崖上吊着雪白的瀑布,从峻峭的青苔石上蜒蜿下去,打在几十丈下的一个碧潭中,溅起一片白的水花,恰像天鹅的沐羽。

> 天上的垂云好像小学生染污了的课本;笼罩满山的灰暗而有韧性的暮霭被一颗闪闪的灯光点破。

> 朝阳还未东升;但是玫瑰色的光芒已浸遍了高山。无人采撷的粗大的野花,顶着五彩璀璨的露珠,有一种可怜而可敬的美。……

如前所述,《玛丽》是以作者自身经历为基础创作的。这篇小说篇幅不算大,内涵却十分丰富。它描述了一二十年代之交,一个青年知识分子从四川到上海的一段人生;而他的个人命运和那个时代的环境又是那么密不可分,透过主人公的经历,小说呈现出当时中国社会的一个缩影:主人公丧母、被绑、出川学工,背景是四川军阀恶战、盗匪肆虐、生灵涂炭的社会现实,以及在四川青年中特别强劲的向西方寻求革命真理和科学技术以复兴中华的时代潮流。他在重庆和到上海后的亲历,揭示出中国腹地和半殖民地的上海滩普遍而又严重的社会两极分化。这一切不但写得真真切切,而且浸透着作者作为被侮辱与被损害者的鲜明的阶级意识。它像一纸檄文,对那个不公不义的世道作了无情的揭露和控诉。

《玛丽》在写作艺术上也达到了很高的成就。虽然是敬隐渔写的第二篇小说,创作技巧却已炉火纯青。

《玛丽》无论是描绘人物还是景物,都显示出不凡的功力:

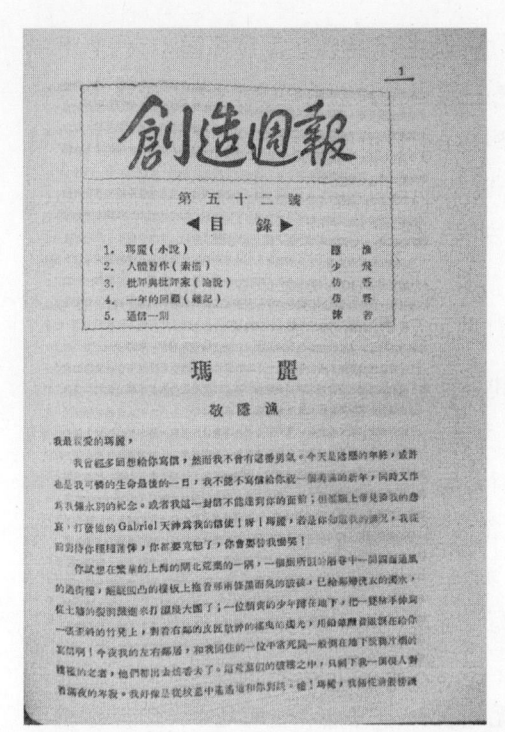

《创造周报》第五十二号《玛丽》

童姑的容貌虽然老皱了,但详察她的曲线,可猜出她的青春是美丽的;细视她那紧闭着的富于表现力的嘴唇,可想见她在生命的路上遇了的是刺多花少……

渐渐秋满了公园,碧绿的草坪铺上了金毯,我的黑西装也变成了污黄色。凋叶逐悲号的秋风飘荡,我的枯瘦的影儿也在秋水里战栗。红鱼儿一对对游泳到我影边,吹碎着日光,在笑我的孤独。

《玛丽》既是纪实的,又是抒情的,二者的结合迸溢出强烈的感染力:

我又关门沉睡;腰睡痛了,又到法国公园,呆坐在池边,看那皓月朗星,等到天明……我生恨上海,我更不愿到巴黎,我倒想脱

> 离这万恶的世界……

> 黄昏时分,船到了巫峡。斜阳挂在秃壁一般嶒崚矗立的巫峡山顶上,船头翻开红浪,渐渐插入山影。山眉间的栈道小得和山石参差的曲线相衮……左峰岭上吐出一弯新月还没有光辉……我愿变成那高峰上迅过的燕子飞回你身边……呀!玛丽!除了你以外,世间是多么空虚啊!

《玛丽》的不拘一格,尤其表现在时序和空间上频繁的穿插变化:除夕夜在上海贫民窟给玛丽写信——刚才在红庙和跑马场的见闻和感受——去年今夜的县署饯行——重庆的小住——初到上海的孤独困顿——在D城被绑——成都T园结识玛丽——母亲惨死遂宁——在上海走投无路——再叙D城被绑——除夕夜写信到黎明。这种时空的颠倒腾挪,随着主人公写信时的思绪回转,显得跌宕起伏而又自然酣畅。

敬隐渔的小说《玛丽》,无论就其思想性和艺术性而言,都称得上新文学运动时期一篇当之无愧的杰作。

两篇原本为救场而作的急就章,不但没有让成仿吾失望,而且让他大喜过望。《苍茫的烦恼》和《玛丽》被分别置于《创造周报》最后两号的卷首,让这份刊物收场得十分体面。在一九二四年五月十九日出版的《创造周报》第五十二号的终刊感言《一年的回顾》中,成仿吾欣喜而又骄傲地夸赞道:

> 在我们这一年——很长很长的一年的工作之中,我们深幸得到了几个同心的朋友,他们给我们出了不少的力气,他们是一个维系我们的希望的星斗。他们之中,我们尤其感激倪贻德、周全平、淦女士和敬隐渔四位。这四位好朋友的作品虽然还不能就使我们满足,然而他们是以一日千里之势在向完善之势猛进,他们的成就一定不小。敬隐渔君富有天才,一向没有时间,不曾创作小说,这回因《周报》就要停办,尽数日之力写了两篇;他的国文虽

然远不及他的拉丁文和法文,然而毕竟才高,出马便已高人一等。

以创造社三个刊物为平台,敬隐渔的作品已经有外国文学作品评论、外国文学翻译评论、外国诗歌翻译、外国小说翻译、中国诗歌翻译、中国小说翻译、中法双语诗歌对照、中文诗歌创作;而今,他又在中文小说创作方面一鸣惊人,"出马便高人一等",成仿吾称他为天才,绝非夸大之词。

郭沫若也夸赞敬隐渔"天分高";与敬隐渔同时期活跃于创造社的周全平在《关于这一周年的〈洪水〉》中甚至称敬隐渔为"我们的天才"。敬隐渔才智过人是一致公认的。

可是,成仿吾说敬隐渔的中文"远不及他的拉丁文和法文"。果真如此吗?

笔者研读和比较过已发现的敬隐渔的全部文稿,包括中文和法文的创作、翻译和书信。我要说,就像他能够直接以法文写作一样,敬隐渔完全能够直接以中文写作;敬隐渔的中文和法文同样好;他用中文写作、翻译,和用法文同样出色;他对塞内加、西塞罗、笛卡尔、伏尔泰和对孔、孟、老、庄同样熟悉。中西兼长,相倚为强,这才是敬隐渔天才之所在。

《创造周报》停刊,但创造社的精神火种未灭。一九二四年五月下旬,创造社和成仿吾从民厚南里六九二号搬入贝勒路的一间市房。周全平在《关于这一周年的〈洪水〉》中说:"伴随他的有我们的尼特[①]和我们的天才——敬老先生隐渔。"成仿吾和这几个年轻人一有机会就在这里相聚。面对一捆捆余稿,他们决定办一份《洪水》周刊,因成仿吾即将去广州教书,便由留在上海的周全平、倪贻德、敬隐渔、严良才四人办这件事。一九二四年七月二十四日,成仿吾还从澳门写信给"贻德,良才,隐渔,全平",问他们的生活情况,以及《洪水》出刊的经济准备。郭沫若在《学生时代》一书中也说:《洪水》创办的"主持者是

---

[①] 尼特,即倪贻德。

周全平、敬隐渔、倪贻德诸人"。

　　《洪水》在一九二四年八月二十日创刊。周全平在该期《撒旦的工程》一文中宣称："彻底的破坏，一切固有势力的破坏，一切丑恶的创造的破坏，恰是美善的创造的第一步工程！"《洪水》的立意比创造社开创之初还要鲜明和激进。可惜由于江浙两省军阀间混战的爆发，也许更多的是由于它的激进倾向，该刊仅出一期就夭折。但敬隐渔仍坚持在创造社。张资平在《曙新期的创造社》一文中说，他一九二四年秋去上海，还会见了包括敬隐渔在内的几位社友。

　　分尝着清汤面，贡献着闪光的才华，敬隐渔就这样一直和创造社同甘苦共命运。

## 第四章  两地书

　　敬隐渔并没有因《创造周报》停刊而搁笔。一九二三年七月他就在《罗曼·罗兰》中告诉读者，他正在翻译"《黎明》这卷小说"。《约翰－克利斯朵夫》全书共十卷，《黎明》是第一卷。在接连不断为创造社的三个刊物供稿的同时，他一直在进行这部长篇小说的翻译，而且第一卷已经完成。为《创造周报》应急的两篇小说脱稿以后，他又开始第二卷《清晨》的翻译。

　　敬隐渔翻译罗曼·罗兰的巨著《约翰－克利斯朵夫》并非偶然。他在访问记《蕾芒湖畔》中详细追述和剖析了促使他挑起这副重担的历史和思想的缘由：他属于和二十世纪同龄的一代青年，在这个世纪的头二十年里见证了剧烈的社会变迁。他们目睹了辛亥革命和封建帝制的覆灭，几千年帝王统治的强权被推翻，麻木人民的孔子崇拜被破除，迷信的黑幕被掀开，慵懒的长梦被惊醒。拿破仑曾说："中国是一只睡狮，一旦它醒来，整个世界都会为之颤抖。"他们这一代青年真以为这只睡狮醒来了，中华民族重生了。岂料，在废墟上滋生的却是金钱的饥渴、疯狂的欧化、外国的侵凌和压迫、此起彼伏的内乱。离开幼稚的梦想，面对的是可怕的现实。是随波逐流，追逐那不义的西方文明？还是重新套起孔道或者耶教的枷锁？或是遁入虚无之雾？这一代青年面临严重的精神危机。敬隐渔深陷上海这恶魔之窟，也在苦闷中彷徨。

　　就在精神濒于崩溃的时候，敬隐渔读到了罗曼·罗兰的《约翰－克利斯朵夫》的法文原作，立刻在约翰－克利斯朵夫身上找到他理想中的新人的榜样。正如他在《蕾芒湖畔》中所说："他也有弱点、有迷惑、有堕落，但他的奋斗精神愈挫愈锐，竟胜了私欲，胜了世俗的妄谬、人生的痛苦,得享灵魂的和平自由。"约翰-克利斯朵夫和他是那么亲近,对他来说是那么意义重大,他才下决心翻译起这部小说来。

敬隐渔对约翰-克利斯朵夫的欣赏和钦佩,自然延及《约翰-克利斯朵夫》的作者罗曼·罗兰。他知道罗兰的非战思想曾在欧洲引起轩然大波,并且这争论仍在继续。他在《罗曼·罗兰》的开头就说:"罗曼·罗兰的批评在欧洲差不多成了一种比欧战更厉害的争端,恍惚是几百年前的宗教问题一样,断不是我这一篇说得尽的。"可是,随着《约翰-克利斯朵夫》翻译的进展,他对罗兰其人的了解不断加深,对罗兰的仰慕与日俱增。罗兰主张各国人民互相和平友好,《约翰-克利斯朵夫》的主人公、德国音乐家约翰-克利斯朵夫和他的契友、法国青年奥里维,就是他笔下法德两国人民友爱的缩影。一九一五年度的诺贝尔文学奖授予罗曼·罗兰,以表彰"他的文学作品中的高尚的理想和他在描绘各种不同类型人物时所具有的同情和对真理的热爱",他当之无愧。罗兰因在欧战中发表《超乎混战之上》而不为许多人理解;但他不屈不挠,几乎是孤独地坚守自己的理想。欧战挫伤了和平的希望,但反战、非暴力、全人类和平友爱的理想长存。在敬隐渔心目中,罗兰已经成为大爱大勇的化身。

敬隐渔在《蕾芒湖畔》中说:"翻完了第一本《黎明》,因读作者的传,才知道他①效托尔斯泰所为,给凡景慕他的人们,他都愿意通信。于是我放胆给他写了信。"敬隐渔所说的那部"作者的传",就是一九二四年四月出版的《小说月报》"法国文学专号"上发表的《罗曼·罗兰传》,由沈雁冰的胞弟、作家和翻译家沈泽民(1902—1933)根据奥地利作家、罗兰好友斯特凡·茨威格(Stefan Zweig,1881—1942)的《罗曼·罗兰,其人及其作品》写成。

一八八六年,二十岁的罗曼·罗兰第一次接触到托尔斯泰的作品,便对托翁顿生崇拜之情,视之为时代青年的导师。一八八七年三

---

① 指罗曼·罗兰。

第二部 奇特的才华

月他还在笔记中宣称："我欣赏什么？我对艺术的希求是什么？托尔斯泰和瓦格纳。"但就在这不久后，他读到托尔斯泰刚发表的论文《那么我们该怎么办？》。长居外省的贵族托尔斯泰，一八八二年人口普查时回到圣彼得堡，目睹大城市劳苦民众的贫困，大为震惊，对这不平等的社会现实深感绝望。在这本小册子里，他甚至把文学艺术也视为邪恶世道的帮凶，连莎士比亚、贝多芬等罗兰敬仰的文学艺术大师也全盘否定。这让罗兰大惑不解。一八八七年四月十六日，巴黎高等师范学校学生罗兰给托尔斯泰写了第一封信，陈述自己的疑惑。沈泽民在传记中详细描述了罗兰怎样在他的屋顶小阁中写这封"寄到远在云外的俄国"的信；又怎样在半年后的一天，回到住处，看见桌子上有一个小包件，那就是托尔斯泰写给素不相识的青年学生罗兰的回信。托尔斯泰被罗兰的来信感动得热泪盈眶，在这篇三十六页的法文长信中反复向罗兰阐释自己的艺术观。沈泽民写道："这些主义都是托尔斯泰说过多少遍的，唯其中含着那样为迷惘者指导的热心，所以更能使人感动。就在这一点上，已比任何言辞更深地感动罗兰了。……从这一天起，他自己也变成一个大扶助者了。"

敬隐渔就是读了沈泽民的这篇《罗曼·罗兰传》，对罗兰和托尔斯泰通信的事印象深刻，才在罗兰的榜样鼓舞下"放胆"给罗兰写信的。

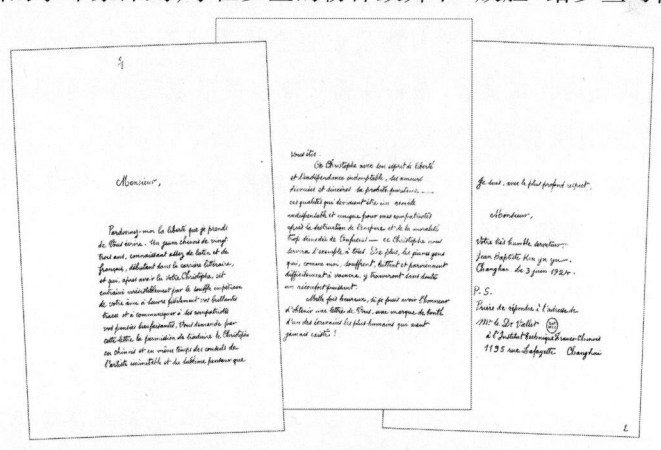

**敬隐渔一九二四年六月三日写给罗曼·罗兰的第一封信**

83

敬隐渔给罗曼·罗兰的第一封信写于一九二四年六月三日,那时他还在上海中法工业专门学校读书,但已经是创造社刊物上的一名活跃作家。信是用白色拍纸簿写的,信文不长,天头和两边留得较宽,一共写了三页;法文写得十分工整,没有半点涂改,看来是先打了草稿然后誊抄的。因为是第一次给心目中的伟人写信,敬隐渔未免有些拘谨,没有尽情展开来写。但两个至关紧要的内容却表达得情真意笃:衷心崇敬罗兰;请求罗兰允许他翻译《约翰-克利斯朵夫》。

这封开启了一段非凡友谊的信,笔者现将它全译如下:

先生:

  请恕我冒昧地给您写信。一个二十三岁的中国青年,通晓拉丁文和法文,初试文学生涯,读了您的《约翰-克利斯朵夫》,受到您心灵的猛烈气息的不可抗拒的驱动,希望忠实地追随您的足迹并向同胞们传达您裨益良多的思想,写这封信,请求您允许他将《约翰-克利斯朵夫》翻译成中文,同时请求您这位不可企及的艺术家和崇高的思想家不吝赐教。

  这个克利斯朵夫,具有自由不羁和桀骜不驯的独立精神,对爱情忠实而又诚挚,像清教徒般的廉洁。这些优秀的品质,对摧毁了帝制和过于陈腐的孔道的我的同胞们,正可作为不可或缺的唯一的良药。这个克利斯朵夫将会成为我们所有人的榜样。此外,像我这样在受苦、在奋斗而又难以战胜厄运的年轻人,也无疑会从中获得莫大的安慰。

  如能得到您的一封回信,一个前所未有的最仁爱作家的慈祥的表示,我将万分荣幸!

先生,

  我谨向您致以最大的敬意。

您谦恭的仆人

让-巴蒂斯特敬隐渔

一九二四年六月三日于上海

附言：

　　回信请寄：上海辣菲德路一一九五号

　　中法工业专门学校

　　范赉博士先生代收

　　敬隐渔把信寄出了，但他仍然忐忑不安。罗曼·罗兰当时住在瑞士腹地蕾芒湖畔山村似的小城维尔纳夫(Villeneuve)，可是在沈泽民写的传记里找不到罗兰的住址，敬隐渔很可能是把信寄到法国的某个地方。它能寄到罗兰手中吗？虽说罗兰效仿托尔斯泰，常和自己的仰慕者通信，但他能了解一个远在中国的陌生青年的感情吗？罗兰忙于源源不断的文学创作，能有闲暇给他回信吗？

　　敬隐渔的这封信居然到了瑞士维尔纳夫小城西端的奥尔加别墅。那时从上海至法国马赛的邮轮正常情况下须航行三十五天，邮件再从陆路转往瑞士维尔纳夫需要两天。敬隐渔六月三日寄出的信，罗曼·罗兰七月十七日收到，中间显然几经辗转。但它终于寄到了罗兰手中。

　　罗曼·罗兰称奥尔加别墅为他的"维尔纳夫隐庐"。奥尔加别墅虽然僻静，住在这里的罗兰却不是真正意义上的隐士。他的心始终连着世界。就是在这里，他和主张暴力革命的法国作家巴比塞(Henri Barbusse,1873—1935)进行了激烈的论战；就是在这里，他和世界各地的志同道合者保持着密切的联系，精心构造着他的思想的统一阵线。欧战以来一些西方知识精英的沙文主义言论，例如德国作家托马斯·曼(Thomas Mann,1875—1955)对战争的讴歌，已经令罗兰彻底失望；他把希望的目光转向了东方，特别是印度，并且写了《甘地传》，推崇主张非暴力的"不接受运动"的甘地。他有几位日本友人，也有几部作品被翻译到日本。唯独中国这个东方大国，对他来说还是个空白；他正苦于和这个东方大国缺乏联系的纽带。突然接到敬隐渔的这封来信，仿佛这个巨大的遗憾在瞬间得到了弥补，一架通向中国的桥梁突然呈现在眼前。他兴奋，他惊喜。

罗曼·罗兰在一九二四年七月十七日的日记中写道：

>我经常和日本的知识分子联系，我的作品在那里已经多次出版。中国的情况则不同，它对我来说是遥不可及的，虽然我很想了解它。毕鲁科夫①对我说过，托尔斯泰也常表示同样的遗憾。
>
>所以，我很高兴接到一个二十三岁的中国青年作家的来信，他叫敬隐渔。

罗曼·罗兰写给别人的和别人写给他的重要信件，他都会抄录在日记里。写了上面这段激动的文字以后，罗兰紧接着把敬隐渔的来信一字不漏地照抄了下来，可见他多么重视。

不仅如此，在抄录的敬隐渔信文下面，罗曼·罗兰又情绪高昂地写道：

>各个人种团结起来！——我立刻就给敬隐渔回信。

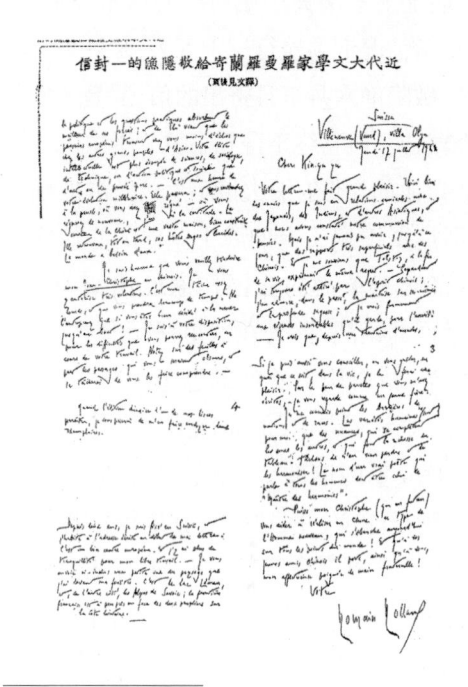

**罗曼·罗兰给敬隐渔回信**

---

① 保尔·毕鲁科夫(1860—1931)，俄国人，托尔斯泰的朋友和秘书。著有《列夫·托尔斯泰，生平和创作》，俄国革命后流亡瑞士。

**罗曼·罗兰果然立刻就给敬隐渔回了信：**

亲爱的敬隐渔：

你的信使我很快愉。多年以来，我和日本人、印度人及亚洲其他民族已有友谊的交际，已互相观察了我们的思想的通融。但是至今我和中国人的关系只是很肤浅的。我记得托尔斯泰在他生命的末时也表示这宗遗恨——可是中国人的精神常常引起我的注意；我惊佩它以往的自主和深奥的哲智；我坚信它留给将来的不可测的涵蕴，——我相信，近三十年来，政治和实行的问题消磨了它最好的精力；因此欧洲的思想家在你们中间发生的影响远不及在亚洲其他民族。你们优秀的知识界在尚务科学、社会学、工业，或者政治的社会的设施远过于艺术，或是纯粹的思想。——这是你们百世的变迁之时，此时要过去了；你们又将回到你们从前所极盛，将来——我信必能——复盛的思想。中国的脑筋是一所建筑得好的大厦。这里面早晚总有它的贤智而光明的住客。这样人是世界所必需的。

你要把《若望-克利司多夫》①译成中文，这是我很高兴的。我很情愿地允许你。这是一件綦重的工程，要费你很多时间，你总要决心完结才可以着手！——你若在工作之间有为难的地方，我愿意为助。你把难懂的段节另外抄在纸上，我将费神为你讲解——若是在生活上无论何事我能够为你进言，或是指导你，我很愿意为之。以你给我写的一封短信，我视你为一位小兄弟。

我不认识国际和种族的栏隔，人种的不同依我看来正是些近似的色彩，彼此相互成全面凑成画片的丰美。我们努力不使漏落一点，我们以此作为音乐的调和！向你们众人宣言的一位真正诗人的名字应是"和音之师"。

唯愿我的克利司多夫（昔曾有此一人）帮助你们在中国造成

---

① 此乃罗翁生平第一杰作。即《约翰-克利斯朵夫》。

这个新人的模范,这样人在世界各地已始创形了!愿他给你们青年的朋友,犹如给你一样,替我献一次多情的如兄如弟的握手。

你的<br>罗曼·罗兰

我的书的中文译本出版以后,请你给我寄两册样本来。

两年以来,我住家在瑞士,住址在信首已写明了。这是欧洲一个好中心点。我在这里为我自由的工作,更觉得清爽。——信封内,我给你寄来自我窗中所眺风景的小照片一张。这是蕾芒湖,那边是撒弗阿①的亚尔伯山②;法国的边界差不多就在那远处两株柏树对面。

瑞士<br>一九二四年七月十七日

敬隐渔一直期盼着罗曼·罗兰的回信。但是,托尔斯泰是在半年以后给罗兰回信的,敬隐渔万没有想到罗兰接到自己的信会当即作复。八月下旬的一天,当上海中法工业专门学校的范赉博士把罗兰的回信转交给他时,他真是喜出望外。

罗曼·罗兰能够给他回信,敬隐渔已经觉得非常荣幸。罗兰在信中宣称视敬隐渔为"小兄弟",表示"若是在生活上无论何事我能够为你进言,或是指导你,我很愿意为之",这更让从童年起就失去亲情、缺乏人间关爱的敬隐渔感到无比温暖。在坎坷的人生道路上,他凭着自己的聪明才智,一程程地孤身奋斗,至今仍前途莫测。忽地,罗兰这封信就像太阳释出的一道光芒,照亮了一片看不见的云翳。

敬隐渔请求罗曼·罗兰允许他翻译《约翰-克利斯朵夫》,也得到

---

① 法国的萨瓦省。
② 阿尔卑斯山。

慷慨的回应。罗兰不但允许、而且"很情愿地允许"他翻译自己的这部巨著，只要中文译本出版后"给我寄两册样本来"就行了，版权的事全不计较。不但如此，罗兰还主动提出愿为敬隐渔解答翻译中的疑难。文学大师无保留的支持，更加坚定了敬隐渔翻译《约翰－克利斯朵夫》的信心。

不过，罗曼·罗兰也提醒敬隐渔：这项巨大的工程需要费很多的时间，你可要做好充分的准备。也许就是罗兰的有力支持和明智的提醒，促使敬隐渔在不久后毅然放弃了在上海中法工业专门学校的学业，集中精力于文学事业，从而改变了他的人生道路。

总之，从这第一封回信起，罗曼·罗兰就不仅是敬隐渔文学事业的导师，而且也是他的人生导师了。

罗曼·罗兰这封热情的回信，敬隐渔不知读了多少遍。不仅如此，他还拿给创造社的朋友和其他志同道合者分享。大家都为罗兰的高尚品格所感动，表示乐于成为这位崇高画家画作上的色泽、和谐大师乐曲里的音符。

敬隐渔深知罗曼·罗兰这封信的深广含义，它既是写给他个人的，也是写给他这一代中国青年乃至全体中国人民的，应当把罗兰的友谊心声传达给广大公众。于是他把这封信译成了中文，交给《小说月报》发表。我们上面读到的罗兰一九二四年七月十七日给敬隐渔的回信，就出自敬隐渔本人的译笔。

但是，敬隐渔弃学从文，意味着他失去上海工专的奖学金和物质生活的基本保障，而必须以写作维生了。他更加勤奋地工作，译完了《约翰－克利斯朵夫》的第二卷《清晨》，又翻译了法国作家法朗士（Anatole France, 1844—1924）的小说《李俐特的女儿》。

正因为忙于伏案翻译，敬隐渔直到十二月十日才再次给罗曼·罗兰写信。

敬隐渔已经不再泛泛地称呼罗曼·罗兰"先生"，而是改称"我亲爱的导师"。称呼的飞跃标志着感情的飞跃，是第一次通信两颗赤诚的心就深深相印的自然结果。

敬隐渔首先抱歉隔了这么久才写信,因为"挣钱维持生计很艰难"。不过他告诉罗兰:"我刚刚译完《黎明》和《清晨》。我已经把第一卷卖给一家叫商务印书馆的小书店。"

敬隐渔不再那么拘束,他逐渐展开了和罗曼·罗兰深度的思想交流。他告诉罗兰,在有增无已的欧洲工业和政治影响下,大部分中国人失去了对艺术和纯思想的兴趣,痴迷于欧洲发明的奢侈品和杀人工具,而这些东西只是"一小撮资本家和军阀用来发横财或者镇压不幸的穷人的"。他热切地希望"这段革命快些过去,自私的政治、投机意识、所谓现代文明的腐败奢华,全都随之而去"。

既然罗曼·罗兰愿意在翻译工作上帮助敬隐渔,敬隐渔就恭敬不如从命,请罗兰为他翻译的《约翰－克利斯朵夫》写一篇前言,他会把它翻译成中文,放在第一卷《黎明》之前。他现在只有《约翰－克利斯朵夫》法文版的前两卷,请罗兰给他寄来后面的八卷。他甚至请求罗兰把小说中他不懂的斜体字和德文段落译成法文。

既然罗曼·罗兰把自己当作了朋友,为了让罗兰更好地了解自己,敬隐渔便讲述了自己的家庭情况和个人经历,以及目前在上海举目无亲的处境,还作了一幅精神的自画像,连自己的性格缺陷都坦诚相告:

> 我直到现在都还不怎么了解人情世故,虽然身居著名港城的中心,却过着近乎僧侣的生活。我生性少言寡语,有点阴郁孤僻,只有为数很少的朋友。我也写些小说,其中有些还颇受同胞们的欣赏;但是有些时候,我会陷入病态的倦怠,感到心灰意冷。我多么缺乏约翰－克利斯朵夫身上那令人欣赏的充沛的活力啊!

敬隐渔像一个孤儿,难得遇到待他如亲人、让他感到亲情温暖的罗曼·罗兰,便紧紧抓住罗兰,再也不愿放松。他像撒娇的孩子似的请求罗兰"常给我写信"。

敬隐渔还附寄了一张近照给罗曼·罗兰。照片上,二十三岁的他，浓眉大眼，五官端正；工整地系着领带，虽然衬衫和西装都比较旧。照片背后用法文写着："J.–B. 敬隐渔，一九二四年于上海"。

敬隐渔的这封信，一九二五年一月二十日寄到奥尔加别墅。罗曼·罗兰在这一天的日记中写道：

  J.–B. 敬隐渔，去年夏天从上海写信来请求我允许他翻译《约翰–克利斯朵夫》的那个中国青年，十二月十日回复了我去年七月的信。他法文写得很完美，那是一种不久前的稍显过时的法语，夹杂着远东人惯常的表示彬彬有礼所用的有点老套的比喻。他对我讲述了自己生活的若干细节。

罗曼·罗兰还把敬隐渔来信中关于家庭情况、个人经历以及他深受《约翰–克利斯朵夫》影响和激励的几段话，全文抄录在日记里。

热心的罗曼·罗兰不但给敬隐渔回了信；敬隐渔请他办的事，他也都一一满足。亲爱的导师给敬隐渔的大量信件，敬隐渔都视若珍宝，悉心收藏。令人惋惜的是，这些珍贵文献，除了罗兰给敬隐渔的第一封信和为敬译《约翰–克利斯朵夫》写的《约翰–克利斯朵夫向中国的弟兄们宣言》，由敬隐渔译出并且发表过，因而得以保留，其余的都随着敬隐渔的失踪而荡然无存。

所幸，敬隐渔给罗曼·罗兰的每一封信，都对罗兰来信中的一些内容做出具体的回应，我们总能对罗兰来信有个大致的了解。

敬隐渔给罗曼·罗兰的第三封信写于一九二五年五月十八日，翌日付邮。

敬隐渔对"您的来信和您赠给我的两本《约翰–克利斯朵夫》"表示十分感激，可见罗曼·罗兰应他的请求给他寄来了书。

敬隐渔感谢罗曼·罗兰的教诲，表示将尽可能按照去做，"也像您一样去缔造我的和谐，即文学作品，不管我的生活多么艰难"。可见罗兰针对敬隐渔谈到的性格弱点，帮他做了分析，并以自身为例，言传身教。

敬隐渔肯定："我给您写的每一封信都是我的风格。"并且表示：

"尽管您称赞它的纯正,但我写作缓慢,词汇缺乏,让我感到很吃力。因此,我还需要多多磨练。"可见罗曼·罗兰称赞了敬隐渔的法文,并询问这些信是否都是他亲笔所写。

除了对罗曼·罗兰第二封来信的反馈,敬隐渔还告诉罗兰:他翻译的《约翰-克利斯朵夫》第一卷《黎明》即将发表;他正在翻译第三卷《童子》。

更重要的是,敬隐渔向罗曼·罗兰预告了自己即将的法国之旅:

> 我正在准备去法国,学习法国文学二到三年。我的几个同学已经在那里。据几个朋友提供的情况,即使继续翻译《约翰-克利斯朵夫》,我也必须在法国过节俭的生活。尽管此行有种种风险,但我很高兴能多看到一个国家,多学到一点东西,以丰富我的阅历。我将有幸去瑞士拜望您。我将荣幸地聆听一个伟人说话,他的作品已经教给我热爱生活!

对自幼学习法国文学、而今又以文学为生的他来说,赴法进修法国文学,身临其境地熏陶深造,可以说势在必为。

从白鹿修院到成都,从成都到上海,充满好奇心和求知欲的他,习惯了到外面的世界闯荡,他相信法国会更精彩。

对于衷心敬仰罗兰、通过两地传书已经视罗兰为导师的他,前去拜见罗兰是不可抗拒的心灵的召唤。

尽管欧洲之行的道路会十分艰难,但他已做好了吃苦的准备。

> 《约翰-克利斯朵夫》的作者,蕾芒湖,巴黎,这一切令我向往。由于我没有家,始终生活在外人中间,没有亲情,形只影单,漂泊无定,被人冷落,哪里能得到同情,哪里能做些有益的事情,哪里就是我的家……

一九二五年六月二十五日,罗曼·罗兰收到敬隐渔这封信。不难想象,得知这个中国青年像孤雁归巢一样即将到来,蕾芒湖畔的亲爱导师是多么激动!

## 第五章　文研会准会员

敬隐渔在一九二四年十二月十日写给罗曼·罗兰的信中还殷切地请求罗兰"常给我写信",只有留沪之心而毫无赴法之意;时隔五个多月,发生了什么新情况,让他毅然做出新的决定呢?

在成都时敬隐渔就有赴法留学的志向,但那时多是公派留学,没有他的份儿;他只能走自费留学的路,前提是必须具备一定的经济条件,而这恰恰是他缺少的。创造社时期,他基本上是在无偿写作,幸亏有一份上海工专的奖学金才免得挨饿,留学的事想也不用想。

创造社几个刊物的停刊反倒给敬隐渔开了一条活路,他跟商务印书馆出版的《小说月报》搭上了线。他在一九二四年十二月十日给罗曼·罗兰的信里说,他把《约翰-克利斯朵夫》的第一卷《黎明》的译文"卖给一家叫商务印书馆的小书店"。这还是第一次听他说用自己的文字"卖"了钱。一九二五年一月出刊的《小说月报》第十六卷第一号同时推出他提供的《近代大文学家罗曼·罗兰给敬隐渔的一封信》手迹和他的译文以及他翻译的法朗士小说《李俐特的女儿》,可见他这次"卖"的还不止是《黎明》。

罗曼·罗兰和敬隐渔的通信在《小说月报》发表不但在中国文学界轰动一时,而且成为中外文学交流史上一件影响深远的事。

早在一九一九年十二月,《新青年》杂志第七卷第一号就发表过中国共产党早期活动家张嵩年(1893—1986)翻译的罗曼·罗兰的《精神独立宣言》;张嵩年还在"注语"中对罗兰和他的"大小说"《约翰-克利斯朵夫》做了精辟的介绍。沈雁冰在一九二一年一月《小说月报》第十二卷第一号"海外文坛消息"栏,简介过罗兰的剧本《利吕里》、文集《先驱》和诗体小说《彼得和绿茜》。同年,沈雁冰在第十二卷第七号同一栏目撰文,介绍了两本国外研究罗兰的书。《创造周报》在一九二三年六月三日出版的第四号,发表过成仿吾译的罗兰的《〈悲多汶传〉序》。一九二四年四月《小说月报》又出版了包括沈泽民《罗曼·罗兰传》在内的《法国文学专号》。中国文学界和中国读者对罗曼·罗兰及其作品的了解在逐渐增进。

但是,在罗曼·罗兰和敬隐渔通信之前,人们只是遥望这位欧洲文学和思想的巨人,像旁观者一样谈论他笔下的克利斯朵夫这个德国人的艰苦奋斗,好像这一切和中国人无干。罗兰和敬隐渔通信的发表,一下子把罗兰及其《约翰-克利斯朵夫》和中国读者拉近:原来罗兰一直心系中国,对中国人怀着兄弟般的感情;原来克利斯朵夫的心灵和中国青年相通,他们的命运有着许多共同之处。

敬隐渔翻译的法朗士的小说《李俐特的女儿》,别具特色。它的故事不见于基督教经典,而是取自古代犹太人的传说。根据这一传说,上帝用泥土造成的人的始祖亚当,在夏娃之前还有过一个叫李俐特的女人,她像亚当一样是出自泥土,而非像夏娃那样是取亚当的一条肋骨造成;她也没有像亚当、夏娃那样偷吃过知善恶树的禁果,因此她不会死,也不负有原罪。《李俐特的女儿》的主人公阿利前来向神父萨弗拉克忏悔,自己在即将成婚之际爱上了挚友保尔的女人莱拉,而这莱拉也是保尔从其挚友那里夺来的。莱拉在阿利身上遍播淫乐的毒种;她没有常人的道德观念;她戴着一个纪念她的爱母的红土徽章。阿利为莱拉毁了婚约、负了挚友,莱拉却离他而去。神父写过一本书,力证亚当在夏娃之前有过一个女人,此说遭到主教的谴责。现在他发现莱拉就是李俐特的女儿,不负原罪,故而胡作非为。神父正志满意得,不料阿利向他出示了莱拉留下的字条:"我的上帝,你许我将死,裨我可以享生。上帝,你赐我以悔,裨我能够寻乐。上帝,你令我与夏娃的女儿们平等!"像法朗士的许多作品一样,这篇小说颇富哲理性,耐人寻味。

翻译《李俐特的女儿》这类小说需要掌握丰富的古代历史和宗教知识,这在当年的译者中不可多得。敬隐渔的译文笔墨纯净、细腻入微,是一篇高难度的精彩译作。

正因为"卖"出了《黎明》、罗曼·罗兰的信和《李俐特的女儿》的译文,让敬隐渔看到了以文维生的可能,他才在"最近"毅然决定"放弃了学业,迈入我喜爱的文学生涯"。但这也只能维持他暂时的生活,他更多感受到的还是"挣钱维持生计很难"。留学的事,依然免谈。

不过,敬隐渔得了些稿酬,终于可以犒劳一下自己了,一九二五年四、五月间,他和周全平到杭州西湖优哉游哉地住了一个多月。他的一篇题为《嫏娜》的小说就在这期间写成,末尾注明"自西湖滨,一九二五,四,十二,夜"。

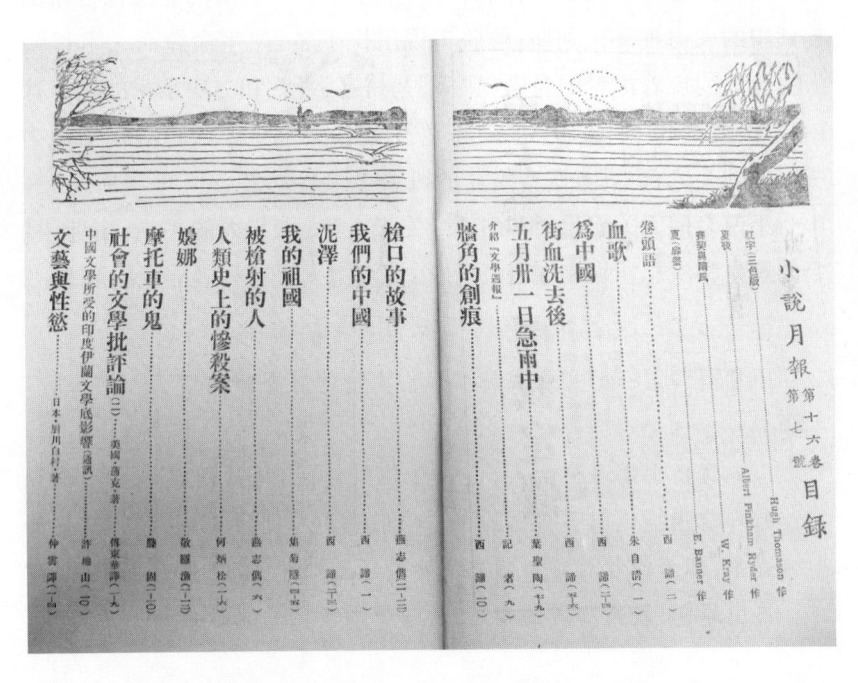

载有敬隐渔小说《嫏娜》的《小说月报》第十六卷第七号

《嫏娜》发表于一九二五年七月十日出版的《小说月报》第十六卷第七号。敬隐渔在小说之前引用了罗曼·罗兰的一段话:

> 克利斯朵夫的灵魂似百灵鸟。她虽然自知不久必要坠落，而且坠落不止一次；然而她也知道她必能不畏劳苦地重开光明之域，唱着她的高歌，俯向天光以下的众生而述说。

这段话取自《约翰－克利斯朵夫》第九卷的结尾。一个巴黎的艺术家朋友来访问退隐在瑞士山中的克利斯朵夫。他曾是克利斯朵夫艺术的知音，但现在已无法理解他新的作品。而克利斯朵夫知道，创造之火总会重新燃起，他感到它在整个大自然中弥漫。罗曼·罗兰的精神已经无时不萦绕着敬隐渔，《嬢娜》冠以罗兰小说中的这段话，就是敬隐渔以克利斯朵夫自况，表达一种对未来的信心。

《嬢娜》主人公"我"是个读书人，"写小说的"。他说自己有"好比托尔斯泰的志愿，终没有勇气实行"；他形容一个魁梧的老汉像古希腊神话中的大力神赫丘利斯；他脱口说出拉丁名言"生命短而艺术长"，人物身上闪现着作者的身影。"我"是房客，喜欢和二房东家的三姐妹闲嗑牙，尤其和中年的大姐亲昵，像个现代贾宝玉。敬隐渔在小说中所展现的文笔，也真有些曹雪芹的风致。

小说看似无关宏旨，但在"我"关于人生、人与人的关系、事业、社会的观察和所思所言中，颇袒露出敬隐渔本人一些积极向上的观念：

> 我是安于清贫的，并且我不以银币的重量来称我的朋友。反而贫困和柔弱的相怜成就了我们交情的媒介。

> 我怪上海多少女人，俭饮食住以修装饰，只图在许多不认识的人前张扬她们不自然的美。你们既无军阀的势力，又无不平的资本，却为何甘心自加物质文明的压迫？至于我，最幸福的，是我自由遐想，脱离物质的拘束，放浪于形骸之外的时候。

> 也怪不得那些养而不教的少年。只因社会制度的不良，他没有受优等教育的机会。

除银币的多寡以外,他们有什么可以不平等的?穿草鞋的脚比龌龊的灵魂谁为高尚?……须知人生的意义,不只在乘汽车,赶时髦的装饰……

西湖之行还引出一桩小小的纠纷:同为文学青年的毛一波在《时事新报》的《学灯》副刊上撰文说,他在西湖游玩时亲耳听见过"周全平敬隐渔二君互相商量如何出单行本卖几个铜板"。周全平在一九二五年十月十六日出版的《洪水》第一卷第三号上对此做出了激烈的反应:"本也想不卖钱,可是房子不能白住,菜饭不能白吃,虽然不穿丽服,布店也照旧不肯白剪的。"

不过,毛一波说周全平、敬隐渔他们要"出单行本卖几个铜板"却是实情。敬隐渔在西湖滨写成的《嬛娜》,除了在《小说月报》上刊登,果真不久后就和他的《养真》《玛丽》《宝宝》等篇汇成一本小说集,以《玛丽》为书名,作为"文学研究会丛书"的一种,由商务印书馆印行。

正因为小说集《玛丽》和译文《约翰-克利斯朵夫》第二卷《清晨》又一次"卖几个铜板",让敬隐渔攒起了一笔旅费,并且让他相信自己到法国也能以文维生,敬隐渔才在五月十八日的信里向罗曼·罗兰宣告即将的欧洲之旅。

郭沫若在《一封信的问题》中说:敬隐渔是"得到了罗兰的劝诱和资助而游学法国"。持这种说法的还不止郭沫若一人。现在我们知道了,其实,敬隐渔是自力更生,以自己的写作和翻译的所得筹足旅费的。若说资助,《小说月报》和文学研究会功不可没。

上世纪二十年代的中国,各种风格和倾向的文艺刊物为数不少,而创造社中坚分子敬隐渔,却转向了《小说月报》,难免引起一些人的联想。尽人皆知,《小说月报》是文学研究会的代用机关刊物,而创造社和文研会有过多次公开争拗,关系颇不和睦。

郭沫若就是对此有所不满的一个,他在《一封信的问题》中不无怨尤地说:"敬隐渔赴欧洲以后,创造社的刊物上便不再见他的文章,而他的文章却每每发表在文学研究会有关的刊物上……"

敬隐渔转而在《小说月报》发表作品，固然因为它的出版者商务印书馆经营有方，稿费有保障，但根本上还是由于他对文研会和《小说月报》的认同。

文学研究会成立于一九二一年一月，先于创造社，是我国新文学运动最早的著名文学团体。鲁迅虽未入会，但是文学主张与之相近，是它的热情支持者。在郑振铎起草的《文学研究会简章》中明确提出"以研究介绍世界文学、整理中国旧文学、创造新文学为宗旨"，这和敬隐渔的文学理念不约而同。就创作倾向来说，在创造社的浪漫和文研会的写实之间，敬隐渔本来就更接近于写实。

自从一九二一年一月由沈雁冰接任主编，《小说月报》以崭新的面貌出现，并成为文学研究会的代用机关刊物。它恪守《改革宣言》为自己规定的"将于译述西洋名家小说而外，兼介绍世界文学界潮流之趋向，讨论中国文学改进之方法"的方针。它在大力译介西方文学的同时，给予被损害民族文学和苏俄文学深切的关注。它对法国文学的介绍也很出色，热情推崇法国自然主义文学，及时翻译诺贝尔文学奖得主法朗士的作品，报道国外研究罗曼·罗兰的成果，不久前又编辑了"法国文学专号"。这一切都深得敬隐渔由衷的赞赏。

敬隐渔在创造社的出色表现，《小说月报》编者早就看在眼里，对他的作品自然张开双手欢迎。

自从创造社刊物停办，或者说自从敬隐渔正式弃学从文，他的所有作品，无论是创作还是译作，不是在《小说月报》发表，就是作为"文学研究会丛书"出版。在活跃于创造社之后，敬隐渔又经历了一个与文学研究会密切合作的时期。

与"没有固定的组织"的创造社不同，文学研究会创立伊始就有固定的组织，其《简章》规定："凡赞成本会宗旨有会员二人以上之介绍经多数会员之承认者得为本会会员。"身为书记干事的郑振铎甚至为限制会员资格定出明确而严格的条件："非（一）本人对于文学极有研究，（二）全体会员都略略看过他的作品或知道他的人的，绝不介绍。"

## 第二部 奇特的才华

敬隐渔没有履行过入会手续,但是,他与文研会有共同的文学理想;他在文研会的代用机关刊物《小说月报》上发表有影响的作品;他的小说集《玛丽》作为"文学研究会丛书"出版;而按照《文学研究会丛书编例》规定,"著作者须以稿费百分之十,捐入本会为基金",他为文研会的基金做出过实际贡献;《小说月报》主编郑振铎一九二七年访法,在巴黎亲切会见的熟人中就有敬隐渔;一九三五年出版《中国新文学大系》时,敬隐渔的作品《嬛娜》被编入文学研究会分支、即茅盾(沈雁冰)编选并作序的《小说一集》……

在肯定敬隐渔是创造社中坚的同时,我们有充分的理由说,敬隐渔又是当之无愧的文研会准会员。笔者相信,倘若郑振铎在世,一定也会欣然赞同。

一九二五年五月十八日敬隐渔给罗曼·罗兰的信发出后不久,震惊中外的"五卅"反帝爱国运动在上海爆发,并很快席卷全国。帝国主义列强的镇压愈残酷,中国人民反抗的烈火燃得愈炽烈。六月下旬起,英国和日本的船只开始避开上海。上海开往马赛的法国邮轮也随时有可能停航。

敬隐渔五月十八日给罗曼·罗兰的这封信,六月二十五日递送到奥尔加别墅。七月底,罗兰的一封来信也寄达上海。不过,双方都来不及也不需要作复了。

一九二五年八月一日,敬隐渔登上了前往法国马赛的昂热号邮船。

# 第三部 奇特的贡献

# 第一章　从上海到维尔纳夫

法国邮船公司的 N 线又称远东航线,来往于法国马赛和日本横滨之间。从横滨回程的船,途中停靠神户、上海、香港、西贡、新加坡、科伦坡、亚丁、吉布提、苏伊士城、赛义德港,最后到达终点马赛。当年中国人去法国,大多走海路,乘这家公司的邮船。盎特莱蓬号(André Lebon),波尔多斯号(Porthos),阿托斯二号(AthosII),昂热号(Angers)……这些法国邮船的名字都是赴法留学和勤工俭学的中国青年十分熟悉的。文学研究会主将之一郑振铎一九二七年五月去法国作文化之旅,乘的是阿托斯二号。中国现代文学的另一位名人巴金一九二七年一月赴法留学,乘的就是昂热号。

昂热号在这条航线上算是一条较小的船,但也有一百五十一点七米长,十七米宽,七千六百马力,航速十七节。船上有一等舱位一百五十一个,二等舱位一百四十二个,三等舱位八十个,四等舱位四百五十个。这条船的历史很不寻常。它本是一艘德国邮船,一九〇七年四月二十五日出厂,原名"艾尔柯纳角号";第一次世界大战期间被德军征用;战后于一九二一年归属法国,以曼恩－卢瓦尔省省会昂热的名字命名,行驶于远东航线;一九三九年四月二十四日,它在一个拆船厂正待拆解,突然葬身于一场火灾。

前往法国是一次真正的远行,对出发者中的许多人来说也将是一次时间漫长的旅行,前来送行的亲友总是特别多。握手,叮嘱,呼唤,挥泪,场面动人。一九二五年八月一日这一天,或许有一两个创造社的年轻伙伴把敬隐渔送上船,但他举目无亲的凄凉此时此刻最是伤情。

然而,当昂热号于当日十九点十五分离开十六铺码头、沿黄浦江缓缓驶向吴淞口的时候,敬隐渔这个无家可依的青年,注视着眼前掠过的高楼大厦,想得更多的是他挚爱的祖国。停在江上的外国军舰让他感到丧权辱国的心痛;夜色中更加黑暗的上海依然是金钱的天堂、权势的魔窟,不久前的"五卅"惨案,爱国青年在那里曾喋血街头。他似乎在向祖国发临别的誓言:我虽将浪迹天涯,但我会时刻挂记着您,为您的复兴而呼号。

郑振铎和巴金一九二七年去法国都留下了旅行杂记。他们坐的都是三等舱。不过三等舱的条件也因船而异:阿托斯二号的三等舱有四个铺位,设备齐全,郑振铎满意得出乎意料。昂热号的三等舱有八个铺位,浴室没有窗户,巴金直呼进去就像进了蒸笼或者下了油锅。敬隐渔没有说过他坐的是几等舱,想必也是三等:一等二等他坐不起;四等是留给领取定量配给的人和外国打工者的,他不可能坐。昂热号船长在一九二五年九月七日的航行报告中说,这趟横滨至马赛的航班共载三等舱旅客一百一十二人次,五十五人去马赛。敬隐渔就是其中之一。

从上海到马赛,同一条航线上的旅客经过的地方一样,所见所闻也大抵相同:香港街市繁华;西贡到处花木,充满阳光,但是炎热而肮脏;新加坡像中国的租界;科伦坡庙宇辉煌;吉布提有乞讨的黑娃潜海捡钱;苏伊士城有运河开凿者法国人勒赛普的铜像⋯⋯当然,还有印度洋上的日出、惊涛骇浪和无边寂寞、地中海岸边喷发的维苏威火山⋯⋯

但是,旅途是否轻松愉快,游玩是否尽兴,除了经济条件,还要看身体是否适应海上航行。巴金第一晚有些头晕,第二天就习惯了,在甲板上生活得很愉快,上岸观光、购物、饮食不亦乐乎,还能写一些旅途印象。郑振铎有点晕船,吃些药也就好了,不但能写游记,还能为报纸副刊撰稿。敬隐渔则不然,他属于那些严重晕船的人,在整个航程中都为之所苦,所以仅仅在八月九日,昂热号停泊西贡港期间,给罗曼·罗兰发了一张明信片：

> 昨天，我到了西贡。这是个美丽的国度；不过天气太热；人懒惰。我从上海出发前收到您的信和第三本《约翰-克利斯朵夫》。我将于九月五日抵达马赛。

昂热号一程程前进。船长的航行报告记录了一路上的重要情况：昂热号驶离上海码头后，在克诺尔浮标附近锚泊，等待海水上涨；八月二日四时二十分开航，晴朗，东南风，碧海无垠；八月五日十二时驶离香港，晴朗，轻微西南风；八月十二日五时十五分驶离西贡，轻微西南风，强逆流；八月十四日十五时四十五分驶离新加坡，马六甲海峡晴朗、平静，孟加拉湾相当凉爽；八月二十日零时驶离科伦坡，温和的西南季风，很凉爽，海浪汹涌，剧烈摇晃；八月二十七日十四时十五分驶离吉布提，轻微西北风，碧海无垠；八月三十一日十时十五分驶离苏伊士城；九月一日五时十五分驶离赛义德港；九月三日二十一时三十分至二十三时四十五分，穿过麦西纳海峡，海峡入口处，狂风大作，波浪滔天，盖过甲板；九月四日五时三十分，葡萄牙籍旅客拉兰达·奈依瓦太太在北纬三十度零四分、东经十四度零九分处产下一女婴。

船长先生大概为这件喜事乐坏了，以致把纬度写错，因为按照他写的方位，婴儿出生时，昂热号不是航行在地中海，而是在利比亚的沙漠！

不过，昂热号并没有按照日程表的预计在九月五日抵达马赛。船到马赛港外已是九月五日二十一时四十五分，天色昏暗，无法引领入港，只得先锚泊在马赛西北端，在大海和山丘之间一个名叫埃斯塔克的小港过一夜；九月六日早上六点，才在迎面山上圣母院塔顶的护婴圣母雕像注视下进入著名的老港。

在船长看来，晕船呕吐根本算不上事儿。他在航行报告中欣慰地宣称："整个航程中乘客健康状况普遍良好。"

当年到法国学习的中国青年在马赛登岸后，通常当天就乘火车径直前往巴黎或者法国中部的大城市里昂，因为巴黎有许多著名的高等学府，而里昂有建于中国境外的独一无二的中法合办大学——里昂中法大学。和敬隐渔同船的留学生很快都乘火车去了巴黎或里昂。但敬隐渔受一位马赛中国同胞盛情邀请，要在这儿逗留一天，第二天再走。到了朋友家，尽管他身体还很不舒服，他做的第一件事就是给罗曼·罗兰写信：

> 我已于今天上午到达马赛。直到现在，晕船一直困扰着我，因此我在漫长的航程中都没能给您写信。尽管这样，这次旅行还是很有趣的，看到了许多优美的名胜和新奇的事物，给我留下美好的印象。一位同胞留我在他这儿住一天。我明天动身去里昂，在一个朋友那儿过几天，然后就到瑞士来拜望您。

敬隐渔要先去里昂，因为里昂是从马赛前往瑞士的必经之地。他果然在九月七日到了里昂。不过他是那么急于见到仰慕已久的伟人，他把"几天"压缩到最少，九月九日就以一封只有一句话的短信向"最亲爱的导师"宣布："我明天乘七点钟的火车来瑞士，希望明晚就能见到您。"

去日内瓦的火车一天有三趟，敬隐渔乘的是早上七点十五分从里昂佩拉什火车站始发的一趟。列车行驶几公里以后，就从罗纳省进入安省；后半程都穿行于汝拉山区，林茂壑深，驶过许多桥梁、栈道和隧道。里昂到日内瓦一百六十二公里的路程，竟然走了五个多小时。下午一点四十分，他在日内瓦转车前往洛桑。在洛桑，他等了两个半小时才登上一列停经维尔纳夫的慢车。不过，从日内瓦开始列车便沿着蕾芒湖新月背部似的北岸蜿蜒前进，山清水秀，犹如柳暗花明。尼庸、莫日、洛桑、佛威、蒙特勒，越接近维尔纳夫，敬隐渔的心情越激动。傍晚六点半，他终于在维尔纳夫下了车。

维尔纳夫的法文名字 Villeneuve 虽然意为"新城"，实则是一个历史悠久的小镇，此时约有两千居民。敬隐渔说它是"古老的乡场"，定然是联想起白鹿乡修院对面古老的河坝场。他走出车站，前面不远就是蕾芒湖，在火车上隔着树帘隐隐约约的湖光，此刻在他的眼前袒露无遗。他后来在散文《蕾芒湖畔》的开篇对初见的蕾芒湖有一段精彩的描绘：

> 我到新村下车。脱卜脱卜的车声载着最后的搭客驰去既远，忽然是一片寂静和旷阔。刚才隔着树帘瞥见的一线湖光，竟完全露出它的镇静光明的景象了。平湖面上，扬着佛式的澄清，伟大和自然的感觉。庄严的亚尔伯山脉被翠烟笼罩，下边照在碧湖里，上边剪断苍天，觉得人性的私欲都踏在足下了。

**从维尔纳夫岸边眺望蕾芒湖（本书作者摄）**

敬隐渔惋惜许多游人止步于蒙特勒；而维尔纳夫这蕾芒湖东北端僻静的一隅，好似桃花源，只有倾慕自由和罗曼·罗兰这位自由使徒的人才来问津。触景生情，他紧接着写道：

> 凡读过《尘嚣以上》[①]和《约翰－克利斯朵夫》的"新生"者，必

---

[①] 即《超乎混战之上》。

要说这湖山的美景恰配得它的高标出尘的住客,罗曼·罗兰。

由阿尔卑斯山脉和汝拉山脉南北环抱的蕾芒湖,不仅风光绮丽,而且是欧洲浪漫主义的故土。佛威和维尔纳夫这两个小城,同属瑞士法语区的沃州(Vaud),都位于蕾芒湖畔,佛威在蒙特勒市的西侧,维尔纳夫在东侧。卢梭的小说《新爱洛依丝》的主人公朱丽叶和圣普乐的故事就发生在佛威。小说结尾,朱丽叶奋不顾身跳进湖里救落水的幼子、最后自己溺亡的动人场面,就发生在维尔纳夫西面不到两公里的希雍堡附近。佛威又是《忏悔录》中的华伦夫人(Françoise – Louise Warens,1700—1762)的故乡。华伦夫人在卢梭青少年时对他善加呵护和引导;在他成年后又委身于他,以除去他占有其他女人的心念,对卢梭的成长影响甚大。卢梭在《忏悔录》中满怀感激之情的描绘使她垂名后世,佛威这地方也随之扬名:

> 日内瓦湖的景色和湖岸的绮丽风光,在我心目中老有那么一种难以形容的特殊魅力,这种魅力不只是由于风景之美,而是由于一种我自己也说不出的、使我感动、使我兴奋的更有意味的东西;每当我来到沃州这地方的时候,就引起我许多感想,使我思念到:这是华伦夫人出生的地方;除此以外,我觉得还有一种比所有这一切更神秘更强烈地使我心情激动的原因。我一定要在这湖畔有一处果园,而不是在别处;我要有一位忠实的朋友,一个可爱的妻子,一座小屋,一头乳牛和一只小船。

卢梭甚至在《忏悔录》中向世人进言:

> 我真愿意向一切有鉴赏力和富于感情的人说:"你们到佛威去吧,看看那个地方,观赏一下那里的景色,在湖上划划船,请你们自己说,大自然创造这个优美的地方,是不是为某个朱丽叶、某个克莱尔和某个圣普乐创造的……"

在蒙特勒和维尔纳夫之间的希雍堡,建在蕾芒湖中的一个小岛上,犹如中国古时的水寨,坚固、古朴,离湖岸不远,原有一道吊桥和湖岸相连,为法国的萨瓦家族在十三世纪所建,扼蕾芒湖北岸的要冲,同时用作关卡、碉堡、武库和监狱。自十三世纪起,瑞士中部和东部一些城邦在和奥地利哈布斯堡家族的斗争中结成不断扩大的联邦,但包括日内瓦和蕾芒湖以北的西部地区仍然在萨瓦公爵的控制之下。十六世纪起,这一地区趁宗教运动之势,争取政治的解放。日内瓦附近圣维克多修道院院长弗朗索瓦·德·博尼瓦尔(Francois de Bonivard,1493—1570)因反对萨瓦家族霸权而两度入狱;第二次就被监禁于这希雍堡的地牢,达六年之久,传说连石头地面都被他踏出了脚印。

一八一六年,英国诗人拜伦来蕾芒湖畔寻访《新爱洛依丝》主人公们的遗迹,参观希雍堡时灵感突至,当晚在旅馆里写下题为《希雍的囚徒》的长诗,不但让博尼瓦尔的名字永留后世,也为这片蕾芒胜地更添一重魅力:

> 自由!独立灵魂的不朽精神,
> 你在地牢中更加光彩照人。
> 因为在这里,你栖居于人心,
> 那不会被它爱降服的人心。
> 你的儿子们戴着脚镣手铐,
> 身陷暗无天日的潮湿地牢,
> 但这苦难奠定祖国的胜利,
> 自由的英名随风翱翔天际。
> 希雍,你的监狱是一块圣地,
> 你可怜的地面,是一个祭坛,
> 博尼瓦尔曾经在上面踩踏,
> 就像在田野里把脚印留下!
> 请当心别把这些脚印抹掉!
> 它们在呼吁上帝惩罚残暴。

在开浪漫主义先河的卢梭的感召下,从十八世纪末开始,许多欧洲人到这里来发思古之幽情。德拉克洛瓦画了与拜伦这首名诗同题的油画；歌德、雨果、大仲马、安徒生、陀思妥耶夫斯基、托尔斯泰、库尔贝、显克微支……接踵来到蕾芒湖畔，在这里流连。

一九一四年七月三十一日，罗曼·罗兰怀着同样心情在蕾芒湖畔度假时，正是在佛威火车站的布告板上看到大战爆发的消息。九月十五日，他在《日内瓦日报》上发表了振聋发聩的政论《超乎混战之上》。一八八三年雨果下榻维尔纳夫的拜伦旅馆，附近民众得知消息，聚集在旅馆前向他欢呼，年轻的罗兰恰好在那里，看到过年迈的诗翁，给罗兰留下难忘的印象。一九一六年罗兰又曾重游维尔纳夫，在拜伦旅馆小住。一九一九年五月，旅居瑞士的罗兰因母亲病危赶回巴黎。一九二一年夏初重返瑞士，先下榻维尔纳夫的拜伦旅馆；十月初便定居在近旁的奥尔加别墅。从那里，隔着三株杨树，能看到明镜似的蕾芒湖像微微飘荡的浮云。罗兰一八九二年和出身上层的犹太姑娘克洛蒂尔特·勃莱亚结婚，因意趣不合，一九〇一年离异，此后一直鳏居；母亲也已去世，一九二二年四月，他便把父亲艾米尔（Emile Rolland，

罗曼·罗兰故居奥尔加别墅

1836—1931）、妹妹玛德莱娜（Madeleine Rolland，1872—1960）从法国接来做伴。他们就住在离奥尔加别墅不远的一座房子里。

敬隐渔在镇上唯一的港口旅馆订好了客房，就径直前往罗曼·罗兰的住处。奥尔加别墅在镇子西边，去那里还要走一大段路。但敬隐渔并不觉得远。他从来景仰伟人，然而只能远远地向他们致敬；这一次在伟人中竟得到一位朋友，而且此刻就在前面，他步履轻松，好生欣喜！

时近黄昏，夕阳晚照，一片宁静。敬隐渔爬上一条幽僻的山路，忽地看见青葱柔软的斜坡上那简洁的奥尔加别墅。那是一幢一底一楼带顶室的普通的乡间住宅，楼前一块小园子；乡村常见的篱笆围墙；挨着小路的一侧有一个柴扉。按照乡间的习惯，柴扉旁挂着一个信箱。

多少个日夜梦寐以求，不辞艰辛地远涉重洋，就是为了这一天。可是等到梦想就要实现，敬隐渔反而难以置信，仿佛是在梦游，直到他定睛看清了信箱上写着的名字：罗曼·罗兰。

## 第二章　奥尔加别墅的倾谈

一个年轻的女仆把敬隐渔引进小客厅。客厅一角摆着一架钢琴，那是视音乐如生命的罗曼·罗兰不可或缺的东西；中间有一张长桌，上面堆满了书。

**罗曼·罗兰在奥尔加别墅弹钢琴**

罗曼·罗兰是个极勤劳的笔耕者。他很忙。他正在几管齐下地写几部作品：《大革命戏剧》的序曲《花团锦簇的复活节》，又一部巨型小说《欣悦的灵魂》的第三部《母与子》，和他称之为"忏悔录"的回忆录《内心旅程》。但是他知道敬隐渔今晚到访，正殷切地等候着他。敬

隐渔还在观赏小客厅,罗兰已闻声而至。敬隐渔在发表于一九二六年一月的《小说月报》的访问记《蕾芒湖畔》中写道:

> 顷刻,轻轻地,笑融融地进来了伛偻、清瘦、劲道的诗翁。他显乎有四十余岁。在奥妙的眉毛底下,眼光灿亮,透过眼镜。它们时而活活地表现他灵魂的动,时而远远地去了。有时一丝微笑如清风一般拂过他脸上的和平。他的口自然宏辩的,却腼腆开言,显乎他是修身养性素有功夫的。他轻轻地说话,声音和蔼而清澈。

敬隐渔以敏锐的观察、饱蘸着情感的洗练的笔墨,把平和、睿智的罗曼·罗兰活灵灵地表现在动态之中,音容笑貌和性格内涵都跃然纸上。这正是他仰慕已久的罗兰。

罗曼·罗兰表示很高兴接待一位中国朋友,他钦佩中国以往的修养和明哲。

罗曼·罗兰的父亲和妹妹也来了。父亲艾米尔快九十岁了,他只在吃饭时才过来。他不甚言语,习惯了和自己养的两个猫儿做伴。妹妹玛德莱娜比哥哥小六岁。她和蔼而博学,是获得英文教师资质的,翻译过英国作家哈代和印度诗人泰戈尔的作品。不过她现在用许多时间来帮助哥哥的大业,承担起哥哥的秘书的角色。随着父亲和妹妹的出现,气氛更加活跃。敬隐渔不但看了客厅和书房,而且还看了罗兰的小小的寝室。寝室墙上挂着甘地像,床头是一张托尔斯泰像和一张耶稣复活的画。法国人一般不让来客参观卧室,敬隐渔受到了特殊的礼遇。

晚餐时,老老少少四个人围成一桌,轻松愉快,就像家庭聚餐。法国人习惯边吃边聊。罗曼·罗兰和他的家人对敬隐渔本人和他的国家兴趣浓浓,想知道的事情很多,敬隐渔俨然成了主讲。

敬隐渔在这次访问后即兴书写的《蕾芒湖畔》,主要向读者介绍主人罗曼·罗兰。现在,让我们翻开罗兰档案,通过罗兰一九二五年九月十日的日记,看看八十多年前的这个星期四的晚上在奥尔加别墅做

罗曼·罗兰和父亲艾米尔、妹妹玛德莱娜在奥尔加别墅花园里

客的敬隐渔。

  年轻的中国人、《约翰-克利斯朵夫》的译者敬隐渔来访。他从上海直接抵法。他离开时日本和英国军警刚杀害了一些支持罢工运动的中国学生，那里一片混乱。他几天前才在马赛下船，在欧洲第一个访问的就是我。

  罗曼·罗兰对敬隐渔的到访感到特别地高兴。这个年轻的中国人，怀着朝圣者般的热忱，不远万里，专程来访，非比寻常。罗兰甚至掩藏不住自豪之感。

  谈话当然从敬隐渔的自我介绍开始。他虽然年轻，但他的身世丰富而又曲折。他在主人一家关切的目光下娓娓而谈，比《玛丽》中的描述还要细腻、生动，尽管罗曼·罗兰日记对敬隐渔个人情况的记录高度精练：

第三部　奇特的贡献

　　他个子矮小,样子聪慧,不欢快,有点身体不适。越洋旅行期间他饱受其苦。他很早就失去双亲,童年没有欢乐。从八岁到十六岁,他在一座天主教修院接受教育,那修院在山上,十分偏僻;后来,他到上海在中法工业专门学校读书。

　　他是少有的通晓法文和拉丁文的中国人(特别是知识分子)之一,但他不会英文。他说在中国很难找到法文书籍;是一个法国伙伴借给他,他才偶然读到《约翰－克利斯朵夫》。我的作品中他只读过这一部和《超乎混战之上》。

**敬隐渔与罗曼·罗兰在奥尔加别墅(高连华作)**

　　敬隐渔从四川到上海,阅历可谓全面,观察可谓真切;他所提供的中国内地和沿海最大都会的情况——西方教会的影响,战乱的频仍,无政府状态,落后的生产力,对罗兰都很有认识价值:

　　　　中国天主教徒不多而且几乎都是从贫穷和没有文化的农民

115

中吸收的。由于英美教会组织强大，耶稣教徒要多得多而且影响大得多。他所描绘的当前中国的图像令人绝望地阴暗，无一丝光明。这和当代日本的闪亮的光明线条、心的温暖是多么不同啊！的确，敬隐渔观察到的是被战争弄得最混乱，被外国污染最严重的省份。战乱绵延，无休无止，没有从中走出的希望。北方各省相对平静一些。可是在共和国的其他地方，在政治和精神方面则是完全无政府状态。政治和物质的考虑压倒其他的一切。对外国人不再像从前那样仇恨了。人们害怕外国人，可又欣赏他们，而在上海，人们尽量利用之，人们陷于金钱的狂热。人民绝对地文盲。另外，工人很少，工厂很少：大量的是农民，或者小手艺人。交通不便。铁路很少。常用的运输方式仍然是人力车和轿子。大多数中国人从来没有见过汽车，也没有见过铁路；连牲口拉的车都少见。更多的是比牲口还要多和便宜的扛夫。

为了说明战乱造成的无政府状态，敬隐渔还回顾了他在从成都回遂宁给母亲上坟的路上被土匪绑票的往事。

接着，敬隐渔又着重介绍了中国意识形态方面的现状：

中国的思想和艺术，处于完全停滞的时期。民国成立以前，在很长的时间里，只不过是一种古籍的考证，甚至不再努力赋予过去的经典作品以新的生命，而只满足于评点和"净化"。自那以后，中国对现代的思想和形式跃跃欲试；不过它还处在咿呀学语的阶段。连语言也需再造：过去的语言，晦涩而又简略，无法表达现代生活的多姿多彩（？）（过去语言的异常含糊，也许是故意的，以致孔子的一些词句能有七十种不同的含义）。思想极度苦闷。孔子，不久前还是圣人（他的思想是支持帝王统治的理论），今天却是所有古老思想家中最被唾弃的。敬隐渔现在专注于佛教教义的思考。他写小说和诗歌。但在中国文学中，最好的，或者说不算最坏的，似乎是评论。看不到任何令人感到温暖和鼓舞的精神光亮。只有刚刚去世的孙中山，是人民的最高的良知。但他的

第三部 奇特的贡献

光芒太局限于政治。

在蕾芒湖畔的静谧中,在这个星期四的温馨的夜晚,一个中国青年和一位举世闻名的思想家和文豪,就这样开怀畅叙。敬隐渔能够和心仪的伟人近距离接触,自然心情激动。罗曼·罗兰面对这个已认作小兄弟的中国青年,听他用熟练的法语滔滔不绝地讲述遥远东方的事,所讲的一切又是那么新奇而现实,对自己了解那个"遥不可及"的世界是那么有益,也异常的兴奋。

这顿晚饭吃了很长时间,他们谈到了许多话题,但还远未尽兴,约定明天再叙。

敬隐渔乘着月色沿蕾芒湖踱回维尔纳夫镇。九月的蕾芒湖,和风朗月,充满诗意;湖面寂静,只有一阵阵瑟瑟的秋声掠过。这不禁让他想起这年四、五月间在杭州西湖小住的情景。那时他常常在月夜,由一叶轻舟逐波流光把他送回岳坟,沿途看着愚鲁的土人和铜臭的游客,看着那平湖秋月尽被外国某资本家占去,看着那些被天子利用的可怜的古往爱国英雄的青塚,不胜感慨。刚下火车,进入维尔纳夫这清凉世界时,他原以为终于远离了被英政府恐怖的上海,远离了亚洲、非洲被猛爪分裂的大陆。可事实上,他永远是那个忧国忧民的敬隐渔。

第二天,敬隐渔再访罗曼·罗兰时,向罗兰献上了在杭州西湖岸边买的古画。敬隐渔虽然年纪轻轻,看待事物却有着历史的深度和宏观的视野。说到这些古画,他认为中国往昔的艺术不过是知识阶级的消遣,今日革命的时期到了,必须赋予它应有的重要性。它是人类的尊荣和安慰。它使陆地动物长翅高飞。它把人生的愁惨和单调变成甜蜜的梦、超逸的出神。它能断私欲的铁链,破狭窄的时间和空间的牢狱。把这些中国古老艺术珍品献给罗曼·罗兰这样的伟人,才是物尽其用,适得其所。

和煦的秋日照临奥尔加别墅,东西方两代文人又接着促膝叙谈。在一九二五年九月十一日的罗曼·罗兰日记里,中心人物依然是稀客敬隐渔。罗兰先为他笔下的敬隐渔肖像进一步勾线着色：

> 敬隐渔在维尔纳夫度过了十一日的白天。他二十五岁，但他看上去更年轻。他说他没有病，但他肉体上和精神上都感到异常的疲倦，严重时，令他不堪忍受。可怜的小家伙好像极度地孤独。

就是在这天的谈话里，敬隐渔批评了他以前所在的天主教修院排斥中国文化教育的做法，讲述了他自学中文所做的努力。不过，关于传统的中国文化，他远非盲目肯定。他告诉罗曼·罗兰，在新文化运动破除了孔子迷信以后，当下人们对儒家持批判态度，而推崇佛教，虽然他们并不理解佛教的真谛：

> 当前对儒教的反动，是因为直到帝制垮台前，它对中国思想施加的专横霸道，那时，没有任何其他学说被官方容忍；考试时，任何考生在作文中引用一句佛教或道教的话，就不予录取。现在，道家只保留了很少的生命力；它好像只通过吸引某些业余爱好者和爱发反论的头脑而浮浅地残存。佛教很受青睐，但大众对它的了解只是些迷信的形式，它歪曲了佛教的真谛；而在一部分知识精英看来，与其说它是一种宗教，毋宁说它是最高的智慧。保存了宗教火种的信仰佛教的大人物少而又少。

罗曼·罗兰特别关注外国哲学在中国的影响。敬隐渔向他介绍了唯心主义和唯物主义在中国的斗争：

> 柏格森的哲学中国人是知道的；但是目前，欧亚的唯心主义并不被看好；最新一轮的较量是在它和唯科学主义派之间进行的，后者得益于更现代和更灵活的武器而取得了胜利。他们在讨论中使用活的中国语言，而唯心主义者使用死的语言，不便于表现精神的细微差别。因此，当泰戈尔来时，唯科学主义者就放出风声，说中国的唯心主义者们召唤他来支援了，使它遭到重创。甘地及其学说在中国毫无影响。相反，可以看到很多列宁的画像；共产主义者，虽然人数不多，在中国南方很活跃。

## 第三部 奇特的贡献

午饭后,主人陪客人外出散步。天上染着猫儿眼色和金色。翠微间青草的清香仍是阳春天气,汝拉群山的绝顶上已蒙了一层初雪的轻纱。出了家门向左拐,罗曼·罗兰用手杖指着二百米外蕾芒湖边的一座四层楼房,告诉敬隐渔,那是拜伦旅馆,自己年轻时在那里见过高龄的雨果。走到湖边,罗兰又指着兀立在远处湖水中的希雍堡,对他说那就是拜伦在《希庸的囚徒》中描写的水寨;更远些就是佛威,卢梭浪漫主义杰作《忏悔录》的背景所在。罗兰又遥指蕾芒湖对岸,紫气围绕的阿尔卑斯山下一个法国和瑞士分治的小村庄,欧战时他的家人曾到那里和他隔桥相会,一座小桥把世界分裂……

二人一边散步一边继续交谈。说到卢梭,罗曼·罗兰很自然地问起卢梭以及西方文学在中国翻译的情况。罗兰在这天的日记又写道:

> 我陪敬隐渔在奥尔加别墅周围散了一会儿步,我远远地指给他看卢梭赞颂过的那些地方。卢梭的作品只有《社会契约论》被译成中文。现代的法国作家中翻译较多的是吉·德、莫泊桑和阿纳托尔·法朗士(敬隐渔翻译过后者的一篇作品)。但是一般来说,我们的文学作品都是通过英文转译的。德国文学也一样。

听敬隐渔说中国文化遗产没有得到很好地传承,罗曼·罗兰深感痛心。和他所了解的印度、日本相比,他为中国的落后而震惊:

> 最令人难过的是,得知今日中国似乎不仅丧失了对思想的兴趣,也丧失了对语言——它过去的艺术语言的兴趣。(例如,在音乐方面,人们已经不会读古老的曲谱。剧院,糟透了,演的总是那几出老戏,原有的音乐遭到歪曲,几近消亡。不过在北京,对古代音乐的感情保留得尚好。)现代中国背负着一个腐烂中的死人般的伟大的过去,它深感屈辱,正设法摆脱它,却又无以取代。与之相比,印度显得多么光彩照人,在那里,光荣的过去始终栩栩如生,深入人心;而日本,它的美学和道德激情是那么震撼人心!这真是多少世纪积累下来的巨大灾难。整个人民都要重新开始。

119

这次倾谈给罗曼·罗兰提供了很多信息，更坚定了他的基本信念。他在一九二五年九月二十五日给他的朋友俄国作家高尔基写信，还激动地称道自己最近和中国人的"饶有兴味"的会晤，并且说：

> 欧洲并非被敌对的东方毁灭。它在自我毁灭，把地球其余的广大地区都发动起来反对它。至于它的文明，它正扮演着英国传教士手中的《圣经》的角色，有意无意地充当着银行和大公司的代理人，剥削世界。它剥削不了多久了！

罗曼·罗兰同样关心敬隐渔的当前和未来，而且具体入微。他最关心的是敬隐渔去哪里落脚。敬隐渔向往的一直是巴黎，历史悠久、文化活跃、学子云集的巴黎。按理说，完成了蕾芒湖畔拜师的心愿，他就要去巴黎学习。可是，他最后听从了罗兰的建议，决定安身在里昂。罗兰在这天的日记中又写道：

> 敬隐渔即将定居在里昂，那里生活不像巴黎那样昂贵，而且有一个人数相当多的中国移民群体。他将在那里完善自己的法国文学的知识，争取通过博士论文，同时完成《约翰－克利斯朵夫》的翻译，商务印书馆给他的报酬相当优厚。（法文大本书中的）四卷他已经翻译了两卷，第一卷现在正在上海发表。

罗曼·罗兰主张敬隐渔在里昂就学的理由，在这篇日记里只提出两条。还有他当时没有明言但同样看重的一点，那就是里昂风气淳朴，而繁华的巴黎充满诱惑，他担心西方文明的美酒会让这个稚嫩的青年人受到毒害。

敬隐渔告别时，罗曼·罗兰以他的《甘地传》《爱与死的游戏》以及末卷《约翰－克利斯朵夫》相赠。不过，敬隐渔带走的不仅是几本书，更有罗兰一家的亲情。蕾芒湖畔之晤，让年轻的中国客人终生难忘，从此他不但称罗曼·罗兰为"我亲爱的导师"，还把罗兰的父亲称作"您的老爸爸"，把罗兰的妹妹称作"您的妹妹小姐"，不知不觉中和他们亲如家人。

当两颗心灵互相吸引，思想和情感深度交融，一切都是那么自然。无须任何请求和承诺，敬隐渔从此成了罗兰的弟子和被保护人。罗兰的关怀，将在敬隐渔此后的人生中，无论是顺利还是艰难的关头，都产生重大的影响。

敬隐渔在《蕾芒湖畔》中谦虚地说："我料到这恐怕是第一回才自神秘的极东，自古老的中华诱来了一位青年拜访。"笔者阅遍罗曼·罗兰日记和书信，可以肯定敬隐渔的确是造访奥尔加别墅的第一个中国人。梁宗岱（1903—1983），汪德耀（1903—2000），阎宗临（1904—1978），这些同代的知识精英到法国留学都先于敬隐渔，有的甚至早了数年，然而他们都是受到敬隐渔蕾芒湖畔拜师的启发和鼓舞，才循着敬隐渔的足迹相继拜访了罗兰。

二〇一一年九月二十三日，为了寻找逝去的时光，笔者和夫人来到瑞士维尔纳夫。现代的电气化"火车"不再发出脱卜脱卜的声响。走出车站，仍旧是一片柔和的静谧。步行三五百米，穿过滨湖路来到湖边，一幅壮阔的中国山水画似的天下罕有的美景豁然展现在眼前：蕾芒湖这欧洲西部最大的内陆湖泊，从我们脚下伸向无垠。它由阿尔卑斯山无数条融雪的激流和汹涌的罗纳河水汇注而成，但它却碧水如镜，波浪不兴，真正是有容乃大。举目远眺，湖对岸，阿尔卑斯山脉千峰峥嵘，山头白雪皑皑，山腰云雾缭绕，雄奇险峻中蕴含着坚忍高洁。而这一切又都倒映在清澈的湖水中，仿佛在和我们亲近。联想起敬隐渔在《蕾芒湖畔》中的描写："庄严的亚尔伯山脉被翠烟笼罩，下边照在碧湖里，上边剪断苍天"，我慨叹八十多年的光阴并未让大自然的容颜稍改，也为敬隐渔的神来之笔历久弥新而心折。身临其境，我更能够领悟敬隐渔的话："这湖山的美景恰配得它的高标出尘的住客，罗曼·罗兰。"

我们沿着坡路几经转折，再经几个中学生模样的年轻人指点，终于看到一块路牌："罗曼·罗兰林荫路"。奥尔加别墅就在这条路的九号。瑞士人民以罗曼·罗兰的名字命名他生活、写作、战斗过的街道，是对这位卓越人物最好的纪念。我们熟悉《小说月报》一九二六年发表敬译《约翰-克利斯朵夫》时所配的奥尔加别墅的图片，急于见到那山村农家似的园地和小楼。

**本书作者在奥尔加别墅大门前（陈绪光摄）**

  我们来到罗曼·罗兰林荫路九号。昔日"乡式的篱落"已经被修剪得十分工整的高高的绿篱代替，"半掩的柴扉"已经变成关得严严实实的宽大铁门，两扇门做成一宽一窄闭合的黑色郁金香花瓣的形式，宽的一扇上画着几支白色的郁金香。门左边嵌着一块醒目的标牌："罗曼·罗兰别墅"。别墅今日的主人是一位法国实业家。我们正在大门前拍照，来了一位邮递员，告诉我们别墅的主人目前不在这里。我们围着高高的绿篱徘徊，通过绿篱的间隙从几个角度向里面探望。是它，是它，虽然经过装修，有些改变，我们还是认出了昔日的它！双层的小楼，屋顶有一个老虎窗……啊，终于见到了你，奥尔加别墅！

  我们依依不舍地离开奥尔加别墅，感觉中，仿佛刚从昔日那座朴素的山村住宅中走出来。像当年罗曼·罗兰陪伴着敬隐渔一样，我们顺坡路而下，不出二百米，越过拜伦林荫路，就到了昔日的拜伦旅馆。那座原建于一八四一年的旅馆，后来又接待过访问罗曼·罗兰的尼赫鲁和泰戈尔；一九二九年改为中学；一九三三年毁于火灾。我们看到的楼房是按原样重建的，现已改为老人之家，但雨果在阳台上向欢呼的人群致意的场面永远留在维尔纳夫的史册。从那里向右方眺望，希雍堡屹立在水中，我们索性再接再厉，去抚摸一下相传拜伦参观时在地牢石柱上留下的印记。从希雍堡出来，我们再向西行，走到佛威，重温卢梭和华伦夫人的故事……而在这令人心旷神怡的漫步中，我眼前不断闪现的是，拿着手杖的欧洲长者罗曼·罗兰和中国青年敬隐渔一边并肩漫步，一边亲切交谈的身影。

## 第三章　里昂的良好开端

　　里昂位于法国东南部的罗纳省，罗纳河和索恩河的交汇处。公元前三世纪，罗马人就在索恩河右岸的福尔维耶尔高地上安营扎寨，大剧场、音乐堂、渡槽等遗迹今日犹在，人称古城。公元三世纪，人类开始在高地脚下沿河修建老城。随着人类活动的蔓延，城市越过索恩河，扩展至两河之间的半岛；进而又迈向罗纳河左岸，形成了大里昂。两条大河让里昂自古成为包括瑞士蕾芒湖和法国东南部在内的广大地区的动脉。十九世纪里昂又成为连接巴黎和地中海沿岸的铁路交通枢纽。直到二十世纪末，里昂一直是仅次于巴黎的法国第二大都会。

　　丝织发源于中国，虽然先传到意大利，却从十六世纪起在里昂获得蓬勃发展，里昂也就成为"丝绸之路"的终点。半岛北面的橙红十字区曾经丝织厂林立，橙红的屋顶蔚为特色；隔索恩河与之相望的高地上的古城，自十七世纪起兴建了不少修道院，所以法国历史学家米什莱（Jules Michelet，1798—1874）称古城为"祈祷的里昂"，而橙红十字区为"劳动的里昂"。

　　丝织业让里昂和中国建立起一种特殊的文化联系。十九世纪末，里昂工商会两次派团前往中国考察。工商会还附设了陈列所，展览中国商品。工商会不但自己设有中文实用科，而且支持里昂大学于一九一三年开设了中国文学科。一九一二年，吴稚晖、李石曾、蔡元培等有识之士组织俭学会，掀起了赴法勤工俭学运动。一九二一年，他们又与一批法国政要通力合作，创立了里昂中法大学。

　　敬隐渔实现了蕾芒湖畔拜师的夙愿，回到里昂。他前一次到里

第三部 奇特的贡献

昂,是为了在这里转道去维尔纳夫拜访罗曼·罗兰,从瑞士回来后再去巴黎落脚。而这一次,他却遵从亲爱导师的建议,要留在里昂进修法国文学了。

里昂中法大学虽然在里昂,但那里的学生主要是国内派来的官费生,而且大部分是广东中山大学和北京中法大学派来的进修生,近乎这两个学校的海外部。来自上海的文学青年敬隐渔是无权成为该校学生,无权享受那些优厚待遇的。他将一面学习一面写作和翻译,这是他特有的勤工俭学。

敬隐渔从维尔纳夫回里昂后,便在第五区特里翁街六十四号的一套房子里租了一个房间。这条街在福尔维耶尔高地上,向北,走过两个古罗马剧场,就是建于十九世纪的辉煌壮观的福尔维耶尔圣母大教堂;向南,不远处就是里昂中法大学所在的圣伊雷内堡。特里翁街六十四号是一座十分普通的四层楼房;敬隐渔的房间虽小,但很干净,而且带家具;月租一百法郎,不算贵。房东佩盖尔先生是一位银行老职员,他和老伴以及他们年轻的女儿,全家人对敬隐渔都很和善。敬隐渔就这样在里昂顺利地安了家。他心情不错,又时值金秋,感到周遭是一片壮阔的光辉与祥和。

敬隐渔从维尔纳夫回到里昂就想给罗曼·罗兰写信,除了要报个平安、把住址告诉罗兰,还要向他详述自己在法国最初生活的种种感受。可是,一个多月漂洋过海、备受折磨的旅程之后,紧接着又是瑞士之行,他已经筋疲力竭,一回到里昂就开始头痛,写信的事也就搁置下来了。

罗曼·罗兰却一直牵挂着敬隐渔。不仅罗兰,敬隐渔一去而渺无音信,罗兰全家都为之不安。这个人生地不熟的年轻人怎么啦?他是在里昂,还是去了巴黎?他遇到了什么困难?玛德莱娜小姐甚至找到一个在里昂的中国人,托他打听敬隐渔的下落。一九二五年九月三十日,这位同胞终于找到了敬隐渔。

罗曼·罗兰和家人真心实意的关切给了敬隐渔勇气和力量。他

125

振作精神,当日就写了一封信给"我最亲爱的朋友和我最尊敬的导师"。他告诉罗兰自己身体不适;和大师分别近二十天来,他在安排新生活和熟悉新环境的同时,已经完成了访问记《蕾芒湖畔》的写作;但他仍觉得不够勤奋,责怪自己懒惰。在上海时他曾在信中向罗兰坦承:"有些时候,我会陷入病态的怠倦。"他惊醒地发现自己有旧病复发的苗头,并且庆幸罗兰的关心让自己重新获得激励。他兴奋地写道:

> 我看得出你们是多么关心我,而我是多么缺乏勇气。今天,我重又开始我的文学工作。由于有了意志力,头痛好些了,厌倦,懒惰,这一切恶魔都退却了。我感受到世界大战得胜者们一样的愉悦。尽管离开了伟人、日内瓦湖和杭州西湖十分遗憾,但我正努力适应这里的生活,既然环境要求我必须这么做。

不过,他也毫不隐瞒,去巴黎还是留在里昂,自己仍然有些犹豫。他写道:

> 请告诉我您的看法(我一定会遵照您的意见去做)……我是不是最好去巴黎(等我筹备了足够的钱);在学习文学的同时,我是不是还应学习我感兴趣的绘画或者其他什么科目……

接到敬隐渔这封信,得知他已经在里昂安身,罗曼·罗兰那颗悬着的心放了下来。但他为敬隐渔操心的事还刚刚开始。他很快就给敬隐渔回信,体谅敬隐渔的处境,为他多方着想,向他提出一系列的建议。敬隐渔在十一月六日给罗兰的信中对此一一做了反应。导师和弟子之间的互动,向我们透露了敬隐渔这一个多月来的不少情况。

在奥尔加别墅初次会面时,罗曼·罗兰就注意到敬隐渔"肉体上和精神上的异常的疲惫";得知他回里昂后就开始头痛,以致影响了情绪,连写信的精神也没有,罗兰对他的身体状况更是担忧,叮嘱敬隐渔一定要去看病。敬隐渔果然照办了:"遵照您的建议,我去看了医生。我的健康明显地见好。悲观的情绪也随病而去。"

罗曼·罗兰能够理解敬隐渔在里昂和巴黎之间的犹豫,但是他仍然主张敬隐渔定居里昂,并且循循善诱地陈述了留在里昂对敬隐渔学习和工作的好处。敬隐渔终于想通了,而且付诸了行动。他专程去巴黎让中华民国驻巴黎总领事馆开了一份中国公民身份的《登记证明》,出具的日期是一九二五年十月二十二日。十一月五日,敬隐渔去里昂大学文学系注了册,做文学学士学位。他在第二天写给罗曼·罗兰的信中说:"去听课,每天都得先下山再上山。"从福尔维耶尔高地下来,最长的一条通道有八百级阶梯;下了山,要穿过索恩河、半岛、罗纳河,才能到达罗纳河左岸的里昂大学。回家还要走同样远的路。但是为了学习,敬隐渔把这一切都视若等闲。

当时在法国上大学,一年的生活费和学费需八千到一万法郎,相当于一个中国平民家庭五六年的生活费。而敬隐渔毫无家庭依靠;家乡城市许诺的每年两三千法郎的奖学金,由于战乱也无法兑现。如何解决他的生活难题,罗曼·罗兰也替他想到了:敬隐渔在学习的同时应该写作维生,他有这个能力,这也有助于他的提高。但罗兰全无私念,他并不催着敬隐渔翻译自己的《约翰-克利斯朵夫》,而是从整个文学事业的需要出发,从发挥敬隐渔作为中国作家和翻译家的特长考虑,建议敬隐渔把工作的重心放在向法国读者介绍中国当代文学。敬隐渔完全同意导师的看法,并且立刻开始搜集资料,他在这封回信中说:"您要我写的中国当代作家评论,我稍后就着手,现正等待原著。"

在等待中国当代作家原著的同时,敬隐渔也没有闲着。玛德莱娜小姐托人找到敬隐渔以后,罗兰马上把他的住址转告一位叫罗尼格的瑞士出版家;这位出版家很快就来信向敬隐渔约稿,而且敬隐渔已经及时交稿。敬隐渔告诉罗兰:"我答应给罗尼格先生写的文章,已于十几天前完成并寄往瑞士。"

罗曼·罗兰担心敬隐渔随时会陷入生活难以为继的困境,主动提出要给他经济上的帮助。所以敬隐渔在回信中写道:"您愿意帮助我,我十分感谢,不管怎么说,我接受您的帮助,因为事实上我目前需要帮助。"不过敬隐渔并没有依赖之心,他说:"我正在尽力恢复健康和正常的生活，我将可以用自己的写作维持生活。"

敬隐渔是个苦命人，但他得到大文豪罗曼·罗兰的知遇，又是个幸运儿。身体、学习、工作、生计，罗兰对他的呵护是那么周到，不是亲人，胜似亲人。敬隐渔也不辜负罗兰的期望，从此，在福尔维耶尔艰难的坡路上，里昂第五区的居民每天都可以看到这个清瘦的中国学子下山又上山的身影。在学校图书馆和他的单间居室里，他不倦地埋头读书和写作。

十一月二十六日，敬隐渔又写信告诉罗曼·罗兰，几天前他搬到了大地路五十五号。新居仍在第五区：

房屋周围的安静把我吸引到这里来。一片片干而硬的枝茎织成的网，一个个鲜花点缀着的坟墓，一座有轨电车正在驶过的桥划断远处的群山……不过不久浓雾就把这一切遮蔽……

这封信还汇报了他近二十天的所思所为：

他发现，每当他要写一封重要的信，便有一种人们称为失写症的奇怪现象。为此，他养成了一个习惯：每次写信以前读书。就这样，他读了很多书。

他认为自己意志薄弱，容易放任自流，因而最近读了几本意志心理学方面的书。他相信能够战胜自己。

他觉得自己知识欠缺，计划用几年的时间静心思考和读书，假期里穿插一些有益的旅游，等把自己充分武装起来再进入世界的尘嚣。

他感到写作是自己迅速进步的最好方式。他计划对中国思想的演进做一个全面的研究，在此基础上写一些评论文章和一些中国当代作家的介绍，首先是翻译他们的作品，希望罗曼·罗兰帮他修改和提高。

罗曼·罗兰显然已经兑现了在经济上援助敬隐渔的诺言，给他汇了钱。敬隐渔在这封信里感激地表示："我感谢您在金钱上和精神上的帮助。您向我提到的圣弗朗索瓦的话，对我很有教益。"

弗朗索瓦·德·萨勒（François de Sales，1567—1622）是宗教领袖

和作家，在瑞士法语地区和法国萨瓦地区的影响尤其深远，今日安纳西湖边仍矗立着他的巨型雕像。他的名言很多，罗兰提示的是哪一句话，不得而知。不过我们知道他有一句名言是："唯有你自己能战胜你的敌人。"罗兰在慷慨资助敬隐渔的同时，或许就是用这句名言来激励敬隐渔自强不息。从一开始，罗兰给予敬隐渔的就是大爱，而非溺爱。

大地路的那间房冬天比较冷，敬隐渔在十二月十五日搬到同一区的圣亚历山大广场一号。迁入新居第二天，他写信给罗曼·罗兰倾诉自己的一个烦恼：他正在作一篇罗兰建议他写的文章，突然打住了，因为中文让他感到困扰。古文优雅而又简练，很适于描写性的诗歌和讲究词采的短文；但是要用来翻译哲学作品或者欧洲文学，就显得不够灵活和丰富。白话文更丰富些，因为它是活生生的语言，但是有些太简单，因为它是为了让民众都能够了解而造出来的。敬隐渔认为必须改造语言的成分，必须创造对其成分进行改造的综合方法。他对罗兰说，他原以为这是办不到的，至少在二十世纪看不到希望。但是，几天前，他正躺在床上，一个突如其来的想法闪过他的脑海，他认为这改革是可能的了。他立刻行动起来，通宵阅读有关中文词源学的研究著作。为了完成这项重任，他还打算学习希腊文、梵文和音乐。他希望能够在不久的将来用经过革新的中文继续翻译《约翰－克利斯朵夫》。

智慧的长者罗曼·罗兰一眼就看出了问题。年轻人思想活跃是好事，但改造一种语言谈何容易，绝非一个人力所能及，更不是三年五载即可奏效。罗兰认为敬隐渔头脑发热了、认识偏执了，于是回信毫不客气地批评了他，及时为他指点迷津。

罗曼·罗兰的话无论说得多么严厉，敬隐渔都听得进去，因为他知道罗兰所做的一切都是为他好。他猛然醒悟，在十二月三十一日给罗兰的信中连连检讨：

> 我衷心感谢您中肯的意见。我上一封信是在异常兴奋的状态下写的；如果等几天，我就不会寄出了。我那时以为三四年即可成功，而没有看到假设和现实之间的巨大距离：要赋予一种语

言以生命,是需要几个世纪的时间的。

　　我不该用一封不恰当的信打扰我的大师(他很忙);请您原谅。时而兴奋时而消沉令我苦恼,这可能是由于我身体病弱。所幸,尽管脚步踉跄,我还是在一点点地进步。

　　我在继续翻译《约翰-克利斯朵夫》和那篇中国小说,虽然要花一部分时间在学业上,速度慢了些;为了两种语言都能取得进步,这些工作也很有必要。

　　法国人注重过圣诞节,新年相对冷清,这和中国人过元旦张灯结彩、鞭炮震耳的情景形成鲜明对照。离乡背井、独守空室的敬隐渔,不由得想起自己凄凉的身世。伤感之余,他在信中对亲人般关爱他的罗曼·罗兰说:"但可以自慰的是,我在您的心里得到了一个位置。"

　　在这新年的前夕,敬隐渔特别地发备,居然如有神助一般把"那篇中国小说"的翻译最后完成了。他在已经写好的给罗曼·罗兰的信上又加了一个"附言":

　　我把今天完成的两篇译稿交给您,请您改正和批评。其他作家作品的翻译,我稍后会寄上。

　　一九二五年十二月,对敬隐渔来说还有一件大事,那就是他的小说集《玛丽》,作为"文学研究会丛书"的一种,在上海由商务印书馆出版。

　　小说集《玛丽》共收四篇作品:《养真》《玛丽》《嬢娜》和《宝宝》。《玛丽》《嬢娜》两篇与《创造周报》和《小说月报》上发表的原文几无变化。《养真》则是由

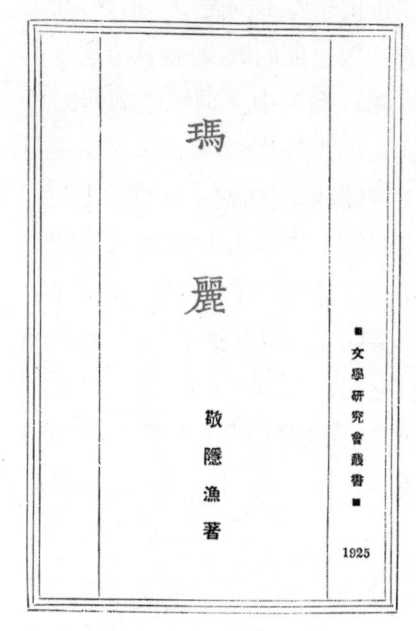

"文学研究会丛书"之一小说集《玛丽》

《创造周报》发表的《苍茫的烦恼》修改而成,增添了约三分之一的篇幅。主要对原稿中的王先生作了重新塑造:十四岁被关进教堂、被战乱弄得家破人亡、被不卫生的恶习害得病弱无能的王先生,在《养真》里变成了学贯中外的北京大学教授,因言论乖张引起学生不满,回到四川,虽隐居乡野,仍喜爱议论时政,小说更多了一层现实和政治的色彩。《宝宝》未曾在刊物上发表过,应是专为这本小说集而作。"她"一边教导着儿子长大要出人头地,一边回忆着自己的人生。她年轻时容貌姣好,嫁给一个富家子弟,有过一段好时光,母亲和妹妹也都来依傍她;后来丈夫家败,生活困窘,她反倒来依靠交了好运的妹妹。她常和丈夫吵闹。几十天前,丈夫失踪不归,她深悔不知珍惜。故事真诚感人。

《小说月报》在介绍小说集《玛丽》的广告中说:

> 此为敬隐渔君的创作集,共含《玛丽》《嬛娜》《宝宝》等数篇。敬君以婉妙细腻的文笔描写近年来青年两性烦闷之心理,失意的情绪充溢在这本集子里。

其实四篇小说题材各异,内涵丰富;更不消说这只扇贝里还包含着《玛丽》这颗闪放异彩的文学珍宝。小说集《玛丽》作为"文学研究会丛书"出版,进一步确立了敬隐渔作为二十年代中国文坛新进作家的地位。

岁末回顾,一九二五年就这样在学习进步和写作丰收中度过。敬隐渔心情愉悦、意气风发;他隔窗瞭望阳光普照下的福尔维耶尔高地,在信中借景抒情:

> 寒冷过去了;空气又变得清新;和煦的阳光时不时向我们绽开笑容。如果没有久久不散的浓雾,里昂会是最美好的地方。

# 第四章 把克利斯朵夫领进中国

一九二六年一月十日《小说月报》第十七卷第一号在上海出刊,敬隐渔的名字吸引了许多读者的眼球。兴致盎然的读者看到敬隐渔写的罗曼·罗兰访问记《蕾芒湖畔》、敬隐渔翻译的罗兰《约翰-克利斯朵夫》连载之一、罗兰为敬隐渔的译本写的《约翰-克利斯朵夫向中国的弟兄们宣言》的手迹和敬隐渔的译文,还有敬隐渔创作的短篇小说《皇太子》。敬隐渔的名字伴随着罗曼·罗兰大放光彩。

小说《皇太子》是敬隐渔的一篇儿童文学作品。故事开头就有深意:"太子的心极大;他常是愁眉不展的,他眼里常含着泪珠儿。凡人心大,他的痛苦因此也大:又为自己,又为别人,又为宇宙受苦。心大,真苦啊!"为培养皇储,皇帝让太子去见世面。但他走得越远越抑郁,因为看到的受苦人越多。他在泉边休息,一个花容玉貌的女子来打水,给了他一枝花,要他在苦恼之极时拿着花枝吹口气,念"茨花,茨花,记得我"。可太子总是那么痛苦,便想失去这颗心。他许愿成真,从此麻木不仁,对候选妃子的美女们看也不看,终日拿石子击池塘里的鲤鱼。皇帝把太子关在宫中的一个亭子里。亭子里没有石子,太子就将肉食剩饭掷到池中。鲤鱼感激太子,派最小的鲤鱼飞到泉边找那花枝,送给太子,并让他念"茨花,茨花,你记得我"。茨花和太子成了亲,举国欢庆半月,穷人都得到赈济。

这篇小说构思奇妙,寓意颇深。通常写现实题材的敬隐渔忽然写了这篇童话,并非无心之作。他素来同情社会下层,既然个人对改变不公的现实无能为力,便把理想寄托于童话。

《蕾芒湖畔》末尾注明"一九二五年,九月,作于里昂",是敬隐渔初访罗曼·罗兰归来乘兴而作。一年前，中国读者读了《小说月报》第十六卷第一号发表的罗兰给敬隐渔的信和敬隐渔的译文，得知这位大文豪景仰中国文明、渴望了解中国，已经加深了对罗兰的感情。而今，通过敬隐渔的《蕾芒湖畔》，他们仿佛自己也近距离接触了这位文学巨人，对罗兰更感亲近。

第十七卷第一号《小说月报》最令人瞩目的，还是敬隐渔翻译的罗曼·罗兰代表作《约翰－克利斯朵夫》。

自从张嵩年在他翻译的《精神独立宣言》注释中对"大小说"《约翰－克利斯朵夫》做了介绍，人们对这部世界名著翘首以待，却始终没有它的中文译本问世。翻译《约翰－克利斯朵夫》这样的巨著是一项特大工程，需要高超的功力，更需要非凡的魄力。年仅二十二岁的敬隐渔率先挑起这项重任，且不论他的功力，这勇气就值得赞佩。

敬隐渔在一九二三年八月八日《创造日》第十五期发表的《罗曼·罗兰》中告诉人们，他已经在译《黎明》这卷小说；他在一九二四年十二月十日给罗兰的信中说他已经完成《黎明》和《清晨》的翻译，并卖给了商务印书馆。译事的稳步推进，说明他不但有这个魄力，而且有这个实力。

郑振铎一九二三年接替沈雁冰担任《小说月报》主编。他和前任一样推崇罗曼·罗兰。他把敬隐渔的译文《约翰－克利斯朵夫》刻意安排在一九二六年一月第十七卷第一号开始连载，就是为了庆贺一八六六年一月二十九日出生的罗兰的六十寿辰。为了替这件盛事造足声势，该刊还在一九二五年十一月和十二月的两期中，以"第十七卷内容预告"的方式醒目地广而告之：

> 本年是法国伟大的文学家和思想家罗曼·罗兰（Romain Rolland）的六十寿辰，他的朋友们要为他出版一本纪念册。已有信到各处去征文。本报恰好得到敬隐渔君译的大著《约翰－克利斯朵夫》（Jean－Christophe），将在明年正月号开始刊载。

敬隐渔一九二四年十二月十日给罗曼·罗兰的信中曾请求罗兰

为他的中译本写一篇序文。罗兰接信后当即写了《约翰-克利斯朵夫向中国的弟兄们宣言》。《小说月报》理所当然地把该文的手迹和敬隐渔的译文置于第十七卷第一号小说连载之前：

### 约翰-克利斯朵夫向中国的弟兄们宣言

我不认识欧洲和亚洲。我只知世间有两民族：——一个上升，一个下降。

一方面是忍耐，热烈，恒久，勇敢地趋向光明的人们，——一切光明：学问，美，人类的爱，公共的进化。

另一方面是压迫的势力：黑暗，愚蒙，懒惰，迷信和野蛮。

我是顺附第一派的。无论他们生长在什么地方，都是我的朋友，同盟，弟兄。我的家乡是自由的人类。伟大的民族是他的部属。众人的宝库乃是"太阳之神"。

一九二五年一月<br>
罗曼·罗兰

罗曼·罗兰《约翰-克利斯朵夫向中国的弟兄们宣言》

这短短几句话，凝聚了罗曼·罗兰世界观的精髓。在他的世界里没有什么种族的分野、国界的藩篱，有的只是文明与野蛮、黑暗与光明的对立。他希望用人类的良知和抗拒黑暗的英雄主义精神驱走邪恶，迎接光明。战争狂热一再肆虐的欧洲已经让他失望。而今通过敬隐渔，他的克利斯朵夫能够走到中国兄弟中来，让他兴奋不已。这篇热情洋溢的宣言富有强烈的感染力。

《小说月报》不但在第十七卷第二号破例地再次全文刊登了罗曼·

罗兰为敬译《约翰－克利斯朵夫》写的这篇宣言,还由该刊主编郑振铎以"西谛"的笔名写了一段发人深思的"卷头语":

> 我们谨将以上罗曼·罗兰对我们说的话,再在这里告诉大家一次! 我们愿意我们的民族上升呢或下降呢? 我们将向光明走去或退至黑暗、愚昧、惰懒、迷信和野蛮中呢? 有头脑的人都知道我们将怎么办。

这"卷头语"道出了中国人民的心声,是对罗曼·罗兰满腔热情的宣言坚定有力的响应。

从一九二六年一月到三月,《小说月报》第十七卷第一号、第二号和第三号,接连三期刊载了敬译《约翰－克利斯朵夫》。可是,细心的读者会发现,在第三号"最后一页"专栏的末尾有这样几行字:"自下期起,罗曼·罗兰的大著《约翰－克利斯朵夫》拟不再刊登下去。因为如此的长著,在杂志上刊载,一年半年决难结束,为了便利于读者起见,拟即排印单行本。其中《黎明》与《清晨》二卷,不日可以陆续出版。"连载也就到此为止。

《小说月报》决定不再继续连载是可以理解的:已经连载了三期,连第一卷《黎明》也没有载完;若要十卷全载,得三年以上的时间,确乎太长。何况单行本出版在即。

不过,身在里昂的敬隐渔并没有及时得知这一变化;他仍然一面关注着小说的连载,一面等待着单行本的出版。他在一九二六年五月六日给罗曼·罗兰的信中写道:

> 谨寄上一本中国的文学杂志。其中复制了您的肖像和您的前言的手迹,发表了《蕾芒湖畔》和《约翰－克利斯朵夫》的一部分译文。译文的其他部分将陆续发表。译文还没有发单行本,也许是要等我译完《童子》,将前三卷合成一册。我稍后就继续翻译。

敬隐渔寄给罗曼·罗兰的这本杂志,就是他刚收到的一九二六年一月出版的《小说月报》第十七卷第一号。

敬隐渔以为连载在继续，在一九二六年八月七日给罗曼·罗兰的信中又写道：

> 中国方面没有一点消息。我只看到一期《小说月报》。人们正在刊登我翻译的两卷《约翰-克利斯朵夫》。

可惜的是，《小说月报》允诺的包括《黎明》和《清晨》的单行本并没有问世，连敬隐渔的《黎明》和《清晨》的译稿也随着商务印书馆编译所一九三二年遭日军轰炸焚毁而湮灭；敬隐渔在里昂翻译的第三卷《童子》的手稿也下落不明。我们所能读到的敬译《约翰-克利斯朵夫》，也就限于《小说月报》这三期上连载的第一卷《黎明》三节中的一节半了。

尽管我们能够读到的敬隐渔的《约翰-克利斯朵夫》译文篇幅有限，但信手拈来几段，仍能一瞻其风采。在这一节半的译文中，我们看到的是从摇篮中的婴儿到六七岁的小克利斯朵夫。

婴儿克利斯朵夫躺在小床上，观察房间里的一切：

> 一缕朝阳射进了床帏。婴儿眼中的小小世界，他每晨睡醒起来，床前入目的景物，凡他劳心费神才认识得、称呼得的种种物件——他的小国已罩在曙光之中了。这里是他用膳的桌儿，这里是他躲身的立橱，这里是他爬行的菱角式的砖地，这花眉花眼的壁纸对他述着多少或惊人、或诙谐的故事，这滴滴答答的钟说着些东倒西歪的话，只他一个人才懂得。这房间里的物类有多少！他还把他们认不完全。他天天到他的宇宙中去探险。

稍微长大一点的克利斯朵夫，变成了祖父散步不可缺少的伴儿：

> 有时很热的天气，老克拉夫特惯爱坐在一株树底下，一会儿就打盹了。克利斯朵夫坐在他身边，或在滑溜溜的石子坡上，或在界石巅头，或在什么又高、又怪、又不便当的坐处，摆动他的小腿儿，唱歌弹曲，悠思遐想。或者躺在地下，仰望云飞：云形似牛，

似长人,似冠盖,似老太太,似无涯野景。他低声和他们谈话;他替那朵将被大云吞灭的小云担忧……

被带到教堂经室的小克利斯朵夫,很厌烦:

> 他觉得不甚畅快。人家不许他动弹,众人一起说些他懂不得的话,然后又一起哑口。他们都显出郑重老辣的模样,不是他们平日的面孔了。

小克利斯朵夫沉沉入睡,在罗曼·罗兰的笔下,记忆的小岛和生活的江河被描写得引人入胜,敬隐渔的译笔也精彩纷呈,达到了出神入化、高度完美的艺术境界:

> 江声如号,破岑寂而上,侵侵乎,有驾驭万物之势。时而微波浅濑,慵慵懒懒地,助万类的沉眠。时而狂号怒啸,似乎觅人而啖的野兽。喧阗渐歇:如今是温柔无限的微声,铿然的轻籁,如嘹亮的钟铃声,小儿的笑声,娇婉的唱歌声,一片跳舞的乐音——永久不歇的慈母哐儿的声音!这声音安慰了历代先人,如今传流到婴儿身上了;于是沁濡他的思想,萦绕他的梦寐,涤浴他的身体,至到他将来僵卧在那林江边的渺小的坟园之中,仍旧围着他长鸣不已。……

多么清新的文字,多么生动的语言,多么铿锵的节奏!敬隐渔的译文和罗曼·罗兰的艺术想象是那么浑然一体,怡然相得!人们几乎辨不出敬隐渔是译者还是作者了。我们曾在《罗曼·罗兰》一文中看到他对《约翰-克利斯朵夫》的艺术性的赏析是那么透彻、独到。他对作家罗兰的了解不仅是理念的,也是情感的,一般译者很难达到如此的境界。唯因他和罗兰在思想上共鸣、艺术上相通,他的翻译才能这么好地再现和传达罗兰原作的神韵。

也许人们还在等待敬隐渔完成《约翰-克利斯朵夫》的翻译大业,所以一年又一年过去,无人再尝试这部鸿篇巨制的译事。一九三二年才有保定群玉山房出版的静子、辛质合译的《安戴耐蒂》(*Antoinette*)出现,不过译的只是全书的第六卷,而且是根据英文译本转译。直到一九三六年,敬隐渔的未竟使命才由傅雷勇敢地肩起。

傅雷(1908—1966)是我国外国文学翻译史上的一个巨人。他法文造诣精湛,中文修养深厚,而且掌握了高超的翻译技巧。他译事勤奋,一生翻译了大量法国文学名家名著。一九三六年三月十日,即《小说月报》连载敬隐渔《约翰－克利斯朵夫》译文整整十年以后,傅雷致信罗曼·罗兰,像当年的敬隐渔一样,请求罗兰同意他翻译这部巨著。那时傅雷翻译的罗兰《米开朗琪罗传》和《托尔斯泰传》已经由商务印书馆出版。傅雷在信中写道:

> 实在巧合,愚之出版家(即发表您那两本书之同一出版家)最近建议愚翻译先生之杰作《约翰－克利斯朵夫》。吾等业于昨日签一合同,愚须于年底前完成译事。先生当知道,恰在十年前,那不幸的敬先生曾翻译此书几个章节。特异之情况令愚接手此项使命,愚固甚感荣幸。唯尚需求得先生之惠允。

罗曼·罗兰接到这封信,在这年五月六日给傅雷回了信。一九二四年七月十七日罗兰第一次给敬隐渔回信,不但"很情愿地允许"敬隐渔翻译《约翰－克利斯朵夫》,而且还主动要在翻译工作中给敬隐渔以帮助。也许罗兰还期待着爱徒继续这项工作,他不能轻易答应别人,所以他公事公办,回复傅雷:《约翰－克利斯朵夫》系由阿尔班·米歇尔出版社出版,版权事宜请君直接与该出版社交涉。

傅雷在一九三六年五月二十九日致罗曼·罗兰信中不得不直率地告以实情,并再一次提出恳求:

> 愚谨向先生禀明,无论愚或愚之出版家均无须阿尔班·米歇尔先生之许可。中国未参加关于出版及翻译权之国际公约,对外国出版者不承担任何义务。愚所以祈先生惠准,盖出于对作者您的深笃敬意;诚希尊驾不吝慨允为荷。

罗曼·罗兰始终没有"慨允"傅雷翻译《约翰－克利斯朵夫》。傅

第三部　奇特的贡献

雷也不再坚持要罗兰许可，便依据中国当时对外国出版者不承担任何义务的政策，开始了翻译。我们如此熟悉的傅译《约翰－克利斯朵夫》，原来是这样未获作者罗兰的同意而"强行上马"的。

从一九三六年起，经过大约五年坚忍不拔的笔耕，傅译《约翰－克利斯朵夫》终于大功告成，由商务印书馆出版。傅氏对敬译不无借鉴，但他出色地完成了敬隐渔开启而未竟的壮举。

傅雷是一位严肃认真的翻译家。他对自己的译作总要不停地加以斟酌和改进。最后的重译本《约翰－克利斯朵夫》于一九五三年由上海平明出版社出齐。这个经过十数年锤炼的译本几近炉火纯青，多次再版，广为流传。

笔者记忆犹新，一九五四年，在家乡蚌埠市华大中学（今蚌埠市第五中学）读初中三年级时，在一个月的时间里，我每天中午跑到与学校一路之隔的二马路新华书店，坐在又硬又凉的水泥地上，如饥似渴地读完了厚厚的四本傅译《约翰－克利斯朵夫》。克利斯朵夫痛苦、反抗、创造时的坚强的意志，他紧紧拥抱光明、勇敢面对黑暗的豪情，曾经给血气方刚的我以极大的激励。

傅译《约翰－克利斯朵夫》影响了不止一代的中国读者。主人公约翰－克利斯朵夫，作为天才的艺术家，抗拒贵族资产阶级的控制以及文艺界庸俗腐朽之风的腐蚀、为捍卫人格的正直和追求理想的人生而进行英雄般的顽强战斗，这支激越的命运交响曲，感染和鼓舞了无数善良的人们，拒绝黑暗、向着光明！

敬隐渔翻译的《约翰－克利斯朵夫》是不是最早的中译本呢？

这个连作者罗曼·罗兰都深信不疑的事实，因一九九一年出版的甘少苏著《宗岱和我》一书中的一段话而引起疑问。据该书说，十八岁的梁宗岱在岭南大学附中读四年级时，与在岭南大学附中上学、后来成为名画家的司徒乔，以及在岭大寄读、后来成为日本著名诗人的草野心平，结成了好友，梁宗岱常去岭大和他们一起探讨文艺问题。该书写道：

139

一天下午,当司徒乔和草野心平正在宿舍的顶楼(那是苦学生们住的)共同阅读《詹恩·克里斯多夫》的译本时,宗岱不期而至,寒暄未毕,三人便共同阅读。当读到"去死吧,你们应该死的!一个人并非为快乐而活着,他活着是为了完成我的律法。受苦死,但做你所应该做的——一个人。"时,三人的声音都不约而同地悲怆起来,仿佛在倾听着共同的上帝的声音。罗曼·罗兰这部名著对宗岱影响极大,"做一个人,一个顶天立地一无依傍的好汉,一个要有'毕生超人的奋斗和努力去征服他的苦痛,完成他的工作的人'"——这成了宗岱终身的座右铭。

甘少苏是梁宗岱的夫人,她的记述应该是真实可信的。学者邹振环注意到这段话,从中发现了问题,并在《〈约翰-克利斯朵夫〉最早的中译本究竟出版在何时?》一文中把问题提了出来:"如果梁宗岱夫人记载不误的话,由于梁宗岱出生于一九〇三年,那么十八岁那年应是一九二一年,就已有了比敬译更早的译本,而且题为《詹恩·克里斯多夫》。"可是,邹振环在许多图书馆查找,也查阅了许多种书目,都未见有《詹恩·克里斯多夫》或者此书的书目注录,因此他认为"应当有理由把《约翰-克利斯朵夫》最早的中译本究竟出版在何时列为未曾解开的谜之列"。

疑问既已提出,就有必要弄个清楚。

笔者初读《宗岱与我》中的记述,也曾有过同样的疑问。可是我在中法两地的多家大型图书馆查阅书目,同样也不见有中文译本《詹恩·克里斯多夫》的记载,这促使我进一步解读《宗岱和我》中的那段话。我发现它说的是"《詹恩·克里斯多夫》的译本",而并未说是中文译本;"詹恩"这个名字与其说是法文的译音,倒更像是英文的译音。我据此判断:梁宗岱他们当年所读的《詹恩·克里斯多夫》很可能是一个英文译本。《宗岱和我》中也谈到,从未学过英文的梁宗岱,只用半年就攻克了英语关,破格升入了只用英文授课的广州培正中学。他有能力阅读英文译本。

但是，推断不能代替事实，还要寻找更可靠的证据。笔者终于在卷宗浩繁的罗曼·罗兰档案里发现梁宗岱给罗兰的一封信，对这件事做了再明确不过的交待。梁宗岱仿佛已经料到后世会遇到这样的疑难，早就写好了谜底。一九二九年初，住在巴黎第五区居雅街十九号的他，第一次致信罗兰，在信中写道：

> 在通晓法语之前，我已经被《约翰－克利斯朵夫》的英文译本强烈地感动。若不是对这部作品的作者的崇敬按捺住我，我早就斗胆把它从英文转译过来了。
>
> 就在我开始学习法语的那年，我得知我的一位同胞敬隐渔先生已经着手实现这项沉重的使命。……

这白纸黑字的亲笔信证明，梁宗岱等人当年阅读并为之深深感动的那本书，的确是《约翰－克利斯朵夫》的英文译本。

罗曼·罗兰的《约翰－克利斯朵夫》首先于一九〇四至一九一二年在法国巴黎《半月刊》（*Cahiers de la Quinzaine*）杂志连载。年轻的英国小说家和剧作家吉尔伯特·凯南（Gilbert Cannan, 1884—1955）很快喜爱上这部作品，并跟踪把它译为英文。一九一三年，凯南的全译本一大册由纽约现代书局出版；这个译本此后又在美国、英国、加拿大等国再版，成为最流行的英文译本。由此可以进一步推断，梁宗岱等人当年在岭大宿舍顶楼阅读的，就是凯南的这个英文译本。

悬疑解破，谜底大白，我们现在可以确定无疑地说：敬隐渔翻译的《约翰－克利斯朵夫》是最早的中文译本，是敬隐渔第一个把克利斯朵夫领进中国。

## 第五章　诚挚的生日献礼

敬隐渔在里昂第五区圣亚力山大广场一号也没有住多久。一九二六年一月二十三日,他写信告诉罗曼·罗兰,他已经搬到离圣伊雷内堡更近的施沃舍街五十号。房间在四楼,干净、舒适、远离噪声,很符合他的理想。房东奥吉埃先生是工人,夫妻俩没有孩子,对他很亲切。敬隐渔表示:只要他还在里昂,就将永远定居在这里。

敬隐渔的健康进一步好转,信心和活力也明显增强。为了获得学士学位,得拿到四门课的证书;除了必修的法国文学,他还决定选修拉丁研究、埃及学和印度研究。写作方面,除了继续写一些小文章,他还希望改写中国最负盛名的小说《红楼梦》。这部小说很长,沁透着佛教思想,他在奥尔加别墅初访罗曼·罗兰时就讲过自己和佛教思想的接近。他认为,一旦签了改写这部小说的出版合同,将会在很长一段时间里免除他经济上的烦恼。

一九二六年一月二十九日对敬隐渔来说不是个普通的日子,这一天是他亲爱的导师罗曼·罗兰的六十寿辰。法国人重视过生日,更何况是六十寿辰。敬隐渔这一天对恩师的寿辰有什么表示呢?

学者王锦厚论述鲁迅和郭沫若、文学研究会和创造社昔日纠葛的《决不日夜记着个人的恩怨》一书,有一个涉及敬隐渔的专章,汇集了有关敬隐渔的不少资料,包括尚在世的有关人士的证言。关于敬隐渔在这一天的活动,该书中有这样一段文字:

……据段可情老人告诉笔者,罗兰六十寿辰庆典会上,敬隐渔用流利的法文、拉丁文发表了热情洋溢、精彩绝伦的祝词,听众莫不为之惊讶!因此,敬隐渔更加得到罗兰的器重,资助他生活学习费用……

段可情（1899—1995）在上世纪二三十年代的文学界活跃一时,特别是曾为实现创造社与鲁迅的合作而奔走。他出生在四川达县,紧邻遂宁,和敬隐渔可以说是大同乡。他曾留学日本、德国和苏联。他出过一本题为《巴黎之秋》的小说集,但他未曾在法国长期生活。他如何得知敬隐渔发表过这热情洋溢、精彩绝伦的祝寿演说,不得其详。他的叙述很生动、很具体,似乎是他耳闻目睹。

段可情的叙述确实符合敬隐渔的身份。敬隐渔有以法语和拉丁语穿插演说的才能。在罗曼·罗兰六十寿辰的庆祝会上,一个中国人,罗兰赏识的门徒,用古今两种西方语言讲演为罗兰祝寿,能赢得满堂喝彩也是毫无疑问的。

但是,在寻找这一动人情节的历史佐证时,笔者却发现敬隐渔并未在这样的场合发表过这样的演说。

一九二六年一月二十九日,罗曼·罗兰十分低调地度过了自己的六十岁生日。奥地利和德国几家剧院上演他的剧作,邀请他出席,他以健康不佳为由谢绝了。他几乎整天没有走出奥尔加别墅。只有为数不多的几个朋友来为他祝寿。他在三月二日写给马克西姆·高尔基的信中回顾了这一天的情景:

一小群十分亲近的朋友为我庆祝了生日:一个来自瑞士,一个来自法国,一个来自俄国(怎么不是您呢?),比我小六岁、分担我工作的我的妹妹,比我年长三十多岁、总像哥拉·布勒尼翁①一样机敏而欢快、烟斗不离嘴、经常开怀大笑的我的父亲。瑞士出版家罗尼格交给我精彩的《友人之书》;人们还别出心裁地从伯尔尼请来一个弦乐四重奏小乐队,演奏贝多芬和莫扎特的作品。音乐是必不可少的,它是我生命的灵魂。

罗曼·罗兰的父亲和妹妹,读者已经认识了。来自瑞士的是博杜

---

① 罗曼·罗兰的小说《哥拉·布勒尼翁》的主人公,一个乐天知命的好好先生。

安（Charles Baudouin，1893—1963），法国精神分析学家和艺术批评家，一九一五年起定居瑞士，也就在那一年开始和罗兰交往，罗兰档案中保存着他给罗兰的信有一百一十六封之多。来自法国的是布洛克（Jean-Richard Bloch，1884—1947），作家、政治活动家。来自俄国的是托尔斯泰的秘书毕鲁科夫。据罗兰的传记作家贝尔纳·杜沙特莱《真实的罗曼·罗兰》一书中说，当天来的还有曾为罗兰的剧作《七月十四日》配乐的法国钢琴家、作曲家拉萨鲁斯（Daniel Lazarus，1898—1964），他为罗兰演奏了自己创作的一首曲子。

**瑞士出版家罗尼格**

特别需要说的是罗尼格（Emil Roniger，1883—1957），他是瑞士德语区巴塞尔市附近莱茵费尔登城一个酿酒世家的后裔。他曾写过短篇小说，但文学成就不大；后来在苏黎世创立了罗普塔尔出版社，倒成为很有活力的出版家。罗曼·罗兰在第一次世界大战期间的非战思想和态度，颇受巴塞尔地区和平主义者、社会主义者和反对德国并吞瑞士的人士欢迎。罗尼格从一九一七年起便受到罗兰思想的强烈吸引；一九二二年十一月终于和大师结识，从此成为他的忠实追随者。

他组织翻译罗兰的著作，无条件地支持罗兰的活动。为了扩大影响，罗兰提出成立"国际友谊之家"、出版《世界文库》，罗尼格为其实施慷慨地付出心力和财力，甚至不惜搭上他的罗普塔尔出版社。一九二九年一月二十九日这一天，他又将为罗兰六十寿辰精心编印的一本题为《罗曼·罗兰友人之书》(*Liber Amicorum Romain Rolland*)的纪念册亲手献给罗兰。

尽管六百多封贺电贺信雪花似的从世界各地飞到奥尔加别墅，但在罗曼·罗兰的祖国法国和他数年来常住的瑞士法语地区，官方和媒体都对他的生日保持缄默。罗兰在《内心旅程》中不无苦涩地回忆道："全世界都在庆贺我的六十寿辰，只有法国和瑞士法语地区若无其事。"

既然在法国和瑞士都没有举行过什么罗曼·罗兰六十寿辰庆典，敬隐渔当然不可能发表段可情所说的双语演说。

事实上，一九二六年一月二十九日这一天，敬隐渔在里昂第五区施沃舍街五十号他的单身房间里给罗曼·罗兰写了一封发自肺腑、充满感激之情的信。在过去的一年里，他逐渐接受了罗兰大有裨益的影响，从致命的懈怠中被拯救出来，在欧洲开始了新生活。当辛亥革命伴生的灾难性旋风和怀疑主义动摇了他少年时代的宗教和对祖国前途的理想，当失去双亲的他再也没有任何亲情的联系，当他从封闭的修院突然进入一个最腐败的社会，一切都令他恐惧，一切都令他嫌恶，再没有任何东西让他依恋生活的时候，约翰-克利斯朵夫从他身旁走过，把他引向新的天际。最后，又多亏罗兰的友谊，他发现了人性美好和伟大的一面。他写道：

> 我不再羡慕那些看似幸福的人，我倒是要哀其不幸，因为他们全都达不到、甚至望不到您召唤我们走向的这充满可以说超乎人间的美、爱和幸福的最高境界。

在为罗曼·罗兰庆生的人中，这个来自远东的中国青年，一定是最诚挚、最动情的一个了：

啊！诗人，万岁！请允许我呈上我的谢忱，并祝贺您征服了过去的"甲子"（在中国六十年为一甲子）；至于下一个甲子，我最衷心地祝愿您健康长寿，以便您能永远鼓舞所有人的生与爱的欢乐。

敬隐渔虽然没有在罗曼·罗兰六十寿辰那天现身奥尔加别墅，也没有参加任何祝寿盛典，但他的生日礼物已经送到罗兰手中，那就是收在《罗曼·罗兰友人之书》里的他的散文《蕾芒湖畔》的法文本，题为《初访罗曼·罗兰》（*Ma première visite à Romain Rolland*）。

罗普塔尔出版社出版的这本《罗曼·罗兰友人之书》，全书四百零六页，精装，三边烫金，庄重高雅。扉页上的一段话，概括了本书的宗旨：

> 为纪念罗曼·罗兰六十寿辰
> 他的无数朋友中的极小一群
> 向他表达感激之情

这段话的下面，亮出了编辑的阵容：

> 全书整合：
> 马克西姆·高尔基
> 乔治·杜阿梅尔
> 斯特凡·茨威格

杜阿梅尔（Georges Duhamel, 1884—1966）的多卷本长篇小说《萨拉万的生平和遭遇》（*Vie et aventures de Salavin*）正在陆续发表之中。茨威格的中短篇小说的卓越才能这时也崭露头角。一九一七年，高尔基写信约罗曼·罗兰写一篇适合儿童阅读的贝多芬传，罗兰不但欣然同意，而且建议高尔基写苏格拉底传，从此两人通信频繁，有二百一十六封之多，直到高尔基一九三六年病逝。他们在许多问题上有相近的见解。高尔基具名参与《罗曼·罗兰友人之书》的编辑，凸显了两位文学大师的友谊。由分别来自苏联、法国和奥地利的三位作家组成的编辑班子，显示出这部纪念册的世界性意义。而为这部纪念册出资出力的罗尼格，只谦逊地以"印刷者"的身份出现。

《罗曼·罗兰友人之书》以表彰罗曼·罗兰为主题，作品多种多样，有诗歌、散文、祝词、贺信、绘画、歌曲等等。一百三十一位作者中，群星闪耀，有法国作家阿兰、布洛克、马丁-杜加尔，已入瑞士籍的德国物理学家和诺贝尔奖获得者爱因斯坦，奥地利心理学家弗洛伊德、作家茨威格，印度民族领袖甘地、诗人和诺贝尔奖获得者泰戈尔，德国作家黑塞，作曲家理查·斯特劳斯，瑞典作家和诺贝尔奖获得者拉格洛夫，美国作家辛克莱、西班牙作家乌纳穆诺……

在这份光彩照人的名单中，中国人也没有缺席，那就是：

> 敬隐渔，让-巴蒂斯特，作家，中国上海

敬隐渔在一九二五年十一月六日的信中告诉罗曼·罗兰，他已在十多天前把罗尼格约他写的文章完成，寄往瑞士。这文章，就是《蕾芒湖畔》的法文本《初访罗曼·罗兰》。中文《蕾芒湖畔》作于九月中下旬，法文本《初访罗曼·罗兰》成于十月中旬，再次证明了敬隐渔双语写作的出色能力。法文本和中文本几乎没有区别，只是删去了写罗兰和罗兰父亲的几句话："至今他二十年鳏居自得。九十余岁的爸爸只膳时才得见面。他不甚言语，习惯了和他的两个猫儿做伴"。中法两种文本的文字同样清丽、抒情、酣畅，拥有这种才能的，在中国文学史上恐怕罕有前人，后来者也寥寥。

和一些应景之作不同，敬隐渔的《初访罗曼·罗兰》在《罗曼·罗兰友人之书》中是最精彩、最有分量的篇章之一。不仅如此，编者还用一页敬隐渔《蕾芒湖畔》中文手稿为插图，那清秀的行书不仅为这篇文章，而且为全书锦上添花。

罗尼格在罗曼·罗兰六十寿辰那天献上《罗曼·罗兰友人之书》之后，一九二六年二月又从莱茵菲尔登写信给罗兰：

> 我可以十拿十稳地断言：自从我们离开以后，您每天都翻阅那本《友人之书》。事实上，能够让您这样高兴，对我来说也是莫

《罗曼·罗兰友人之书》中敬隐渔的法文文章和中文手迹

大的喜悦和真正的满足。

我们也可以断言：因为有了人类四分之一的中国的代表敬隐渔的文章，在罗曼·罗兰看来，这本《罗曼·罗兰友人之书》才真正是集天下友人之情谊，十全十美。

## 第六章　把鲁迅推向世界

　　敬隐渔一九二五年十二月三十一日给罗曼·罗兰信的附言中曾说:"我把今天完成的两篇译稿寄给您,请您改正和批评。"事实上,罗曼·罗兰接到敬隐渔的译稿,不但仔细读了,而且回信告诉敬隐渔:他选中了译稿中的一篇,已写信推荐让人发表。

　　一九八一年十二月,罗曼·罗兰夫人玛丽亚几乎同时把罗曼·罗兰的这封推荐信的复印件寄给罗大冈和戈宝权。罗大冈在发表于一九八二年二月二十四日《人民日报》的《罗曼·罗兰评〈阿Q正传〉》一文中首先将此信全文披露。正是这封信,让人们了解到罗兰对敬隐渔这篇译稿的推荐是多么不遗余力。罗曼·罗兰的夫人玛丽亚-巴夫洛夫娜·居维利埃(Maria Pavlovna Cuvillier),一八九五年五月二十一日生于俄国圣彼得堡,是一个侨居俄国的法国女教师和一个俄国人的私生女。一九一五年她与一个俄国亲王结婚;一九二〇年丧偶。她景仰罗曼·罗兰,从一九二三年起两人经常鸿雁传书。一九二九年她才与罗兰见面,从到罗兰家做客进而常住,照料他的生活,做他的秘书。一九三四年她和已经六十八岁的罗兰结婚。一九四四年罗兰去世后,她几十年如一日,在简朴的物质条件下把全部心血都用于整理罗兰的精神遗产,直到一九八五年四月二十七日去世。

　　罗曼·罗兰这封推荐信要言不烦、曲尽其妙,很值得认真一读,笔者现将其全译如下:

　　亲爱的朋友:

　　　　我手头有一个小故事(大中篇)的稿子,作者是当今最优秀的中国小说家之一,由我的《约翰-克利斯朵夫》的年轻的中国译者敬隐渔译成法文。故事是写一个不幸的乡下佬,近乎一个流浪汉,可怜兮兮,遭人看不起,也确实够可怜的;他却美滋滋,自鸣得意(既然人被扎进了生活的底层,总得找点得意的事儿!)他最后在大革命中糊里糊涂地被枪决了,而他唯一感到难过的是,人家要他在判决书下面画个圈儿(因为他不会签字),他画的不圆。这篇小说是现实主义的,初看似乎比较平淡,但是随后就会发现一种辛辣的幽默;读完,你就会吃惊地发现,你再也忘不掉这个可怜的怪家伙,你喜欢上他了。

您愿不愿读一下这篇不长的译稿?不然,我就另找门路。拜托您,把它发表在《欧洲》上吧!我还要提醒您,如果我的敬隐渔受到鼓舞,还可以提供给您一部当代中国中篇和短篇小说集的材料呢。我相信巴黎还没有一家杂志和出版社接触过中国当代文学。我还要指出,敬隐渔的法语造诣实在罕见,他的译文错误很少。

我深情地握您的手。我从阿尔科那里得知,您为罗曼·罗兰这个可恶的老头儿费了不少心。他为此感到羞愧。人活到六十岁就是这么招人嫌!而我的父亲,等着瞧吧,他再过几个月就九十岁了!有一天,谈到一个刚去世的跟我同龄的女子,他竟十分天真地说:"这个可怜的小女孩!"——我们在演《城堡卫戍官》。

您忠实的朋友<br>罗曼·罗兰<br>一九二六年一月十二日<br>于维尔纳夫奥尔加别墅

这封信是罗曼·罗兰写给《欧洲》(*Europe*)杂志主编巴萨尔耶特(Léon Bazalgette,1873—1928)的。

《欧洲》杂志是在罗曼·罗兰支持下于一九二三年创刊的一个文学和文化刊物。[用阿尔科(René Arcos,1881—1959)的话说,]刊名叫《欧洲》，是"因为处于新大陆和旧大陆之间的我们这个巨大的半岛，是不同文明交汇的十字路口。我们面向所有的民族，希望有助于消除现今分裂人类的可悲的误解"。该刊至今已出版一千余期，是法国历史最悠久、影响最大的文学刊物之一。该刊由里厄戴尔出版社（Editions Rieder）出版，时任社长阿尔贝·克雷米厄（Albert Crémieux，1885—1954）；主编有两人：除了阿尔科，还有巴萨尔耶特，后者专责外国文学的介绍。巴萨尔耶特是美国诗人惠特曼的研究家和翻译家，著有《沃尔特·惠特曼的生平与创作》，译有惠特曼的《草叶集》。罗兰要把一篇中国小说的译文推荐给《欧洲》，理所当然要写信给巴萨尔耶特。

**《欧洲》主编巴萨尔耶特**

这封出自文学巨匠罗曼·罗兰手笔的推荐信，句句耐得咀嚼。

"你为罗曼·罗兰这个可恶的老头儿费了不少心。他为此感到羞愧。人活到六十岁就是这么招人嫌！"指的是巴萨尔耶特为编辑《欧洲》杂志纪念罗曼·罗兰六十寿辰专号所付出的努力，致谢的同时表现出俏皮的自谦。

《城堡卫戍官》是雨果写的一出戏剧，主人公是个百岁的城堡长官。谈到将届九十的老父亲，罗曼·罗兰借用这个剧中人说了一句戏言，给这封推荐信添一些轻松。

不过，谈到正题，罗曼·罗兰可是十分认真，毫不含糊。

罗曼·罗兰对那个遭人看不起，却自鸣得意，在大革命中糊里糊涂被枪决，还为在判决书上画的圈儿不够圆而遗憾的乡下人，描述得那么准确而又精辟，中国读者一望可知，他所说的这个"大中篇"，就是鲁迅的《阿Q正传》，敬隐渔寄给他的两篇译稿中的一篇。

"这篇小说是现实主义的，初看似乎比较平淡，但是随后就会发现一种辛辣的幽默；读完，你就会吃惊地发现，你再也忘不掉这个可怜的怪家伙，你喜欢上他了。"罗曼·罗兰慧眼识珠，在这封信里发出了西方文学界对《阿Q正传》的最早赞誉。

力陈了作品的好处之后，为了让巴萨尔耶特接受敬译《阿Q正传》，罗曼·罗兰几乎使出浑身解数，急切之状煞是可爱。他先是"试探"："您愿不愿读一下这篇不长的译稿？"接着是"要挟"："不然，我就另找门路。"转而是"恳求"："拜托您，把它发表在《欧洲》上吧！"再加上"引诱"："我还要提醒您，如果我的敬隐渔受到鼓舞，还可以提供给您一部当代中国中篇和短篇小说集的材料呢。我相信巴黎还没有一家杂志和出版社接触过中国当代文学。"巴萨尔耶特正在编一套"当代外国散文家丛书"，如果敬隐渔能为他选译一本中国当代中短篇小说集，那可是他梦寐以求。此犹不足，罗兰最后还提供"担保"："敬隐渔的法语造诣实在罕见，他的译文错误很少。"

罗曼·罗兰的名字虽然没有出现在《欧洲》负责人名单上，但他实际上是这个刊物的灵魂人物。他视该刊为自己的思想阵地，经常关心和指导该刊的编辑工作，有时甚至亲自来巴黎主持出版该刊的里厄戴尔出版社和该刊负责人的会议。他的推荐本来就具有权威的意义，何况他对《阿Q正传》及其作者和译者的介绍是那么具有说服力。

导师推荐爱徒翻译的中国现代文学杰作，心情急切可以理解。其

实他的推荐正中巴萨尔耶特的下怀,他在一月十六日给罗兰的回信中欣喜地写道:

亲爱的朋友:

您的信再好不过地回应了我由来已久的一个愿望:发表一部现代中国的好作品。直到现在,我还未能和这个国家的合适的人建立起足够紧密的联系。

这也就是说。我怀着感激的心情期待着您向我推荐的这篇译稿。如果它正如我所望,我还要问敬隐渔先生,他是否愿意为我们提供一部书稿。当然,等这个中篇小说在《欧洲》发表以后。

我求您啦,不要说什么我为筹组二月十五日这一期杂志"辛苦"了。因为那就是纯粹的客套了。准备一期关于您的专号,巡视和侦测围绕着您作品的战场,重读人们写的关于您的大量旧文,这对我大有裨益。这一期专号远非完美,我们不得不割舍掉某些原拟安排的内容,不过我敢向您保证,它还是很值得一读的。

我们这里已被大雪包围。我可以想象您那里也同样。我给您的老父亲寄上一个他还不认识的人的亲切的祝愿。愿他和自己的儿子和女儿共享欢乐。

您写的关于六十岁的话,让我记起年近六十还像个好斗公鸡的好友卡米尔·勒莫尼耶的一句话。他曾对我说:"我的朋友,我才不把出生证当回事。像多少岁,就多少岁!"我不知道您三十岁时是什么样;但我毫不怀疑,在公元一九二六年,您比那时还年轻。

衷心感谢。

您的老朋友
L. 巴萨尔耶特
一九二六年一月十六日
于巴黎第十七区雷纳坎街五十九号

巴萨尔耶特给了积极而且热烈的回应，罗曼·罗兰心里有了底，便写信告诉敬隐渔：在他半个月前寄来的译稿中，他欣赏鲁迅的《阿Q正传》，并且已经推荐给《欧洲》月刊发表。有敬隐渔一月二十三日的回信所作出的反馈为证：

感谢您让人发表我的翻译。我忘了跟您说，《函谷关》曾在北京发表过。

从这句反馈可以进一步得知，敬隐渔当初寄给罗曼·罗兰的两篇译稿，一篇是鲁迅的《阿Q正传》，另一篇是郭沫若的历史小说《函谷关》。不过敬的《函谷关》法文译文在一九二四年二月二十八日上海出版的《创造》季刊第二卷第二期发表过，并非"今天完成的译稿"，所以敬隐渔认为有必要加以澄清，却又错把上海说成了北京。

巴萨尔耶特给罗曼·罗兰的回信虽然十分热情，但也立下了先决条件："如果它正如我所希望的那样"。罗兰一定要让爱徒的这篇译作好上加好。于是他重新阅读并且修改敬译《阿Q正传》，遇到疑难之处还一一做了记录，以便想敬隐渔问个清楚。

一月二十四日，敬隐渔紧接着又给恩师写了一封信，就是因为刚又收到罗兰重读和改完敬译《阿Q正传》后的来信：

我亲爱的大师：

感谢您费心修改我的翻译。感谢您对我的夸奖，特别是您的批评；对培养我的文学味觉，这是最有效的方法。

您关于音乐所说的话令我振奋和狂喜；通过学士学位考试以后，我将全力以赴地潜心学习。

通过改正您向我指出的不清楚的词语，我也学会改正我的草率。

附寄我对一些问题的回答。

请代我问候您的父亲先生和您的妹妹小姐。

我最亲爱的大师，

第三部　奇特的贡献

我谨向您致以最诚挚的敬意。

您的 J.-B. 敬隐渔

一九二六年一月二十四日

他不但感谢罗曼·罗兰费心修改他的《阿Q正传》译文，感谢罗兰对他的夸奖、特别是所作的批评，而且附了两张纸，对罗兰来信中提出的八个问题一一作了解答。这里选出其中四则：

罗曼·罗兰虽不懂中文，但中国人的名字总还是约略有个印象的。为什么《阿Q正传》主人公的名字译作 Ah Qui，他想弄个明白。敬隐渔解释道：

Ah Qui[①]："阿"是一个呼唤字符，也用来表示亲近或者轻蔑。"桂"可以表示一种开黄花的小灌木，但是变成了大部分下层青少年并无特定含义而泛泛使用的一个词。作者在这里没有使用这个中国字，而用的是"Qui"或者"Q"。

在西方，各种宗教的教堂寺院随处可见，但像《阿Q正传》中所描写的土谷祠，罗曼·罗兰还没见过。敬隐渔解释道：

Pagode de Génius：土谷祠，敬奉主保粮谷的神灵的小庙，是他首先教会我们种粮。城郊、乡下、路边可以见到很多此类石砌的小房，仅容一个老头儿和他的老婆，并肩而坐。他们属于神灵中最低的等级。

鲁迅在小说中利用"柿油"与"自由"谐音，写乡下人把自由党说成柿油党，敬隐渔按字面的意思，译为"柿油党"（Sorbeux huile），罗曼·罗兰不解其中奥妙。敬隐渔解释道：

Sorbeux huile[②]：中文里，"自由"的发音和"柿油"近似。没有

---

[①] "阿桂"的法文译音。
[②] 法文，"柿油"。

155

教养的人,词汇里不包括"自由"这种抽象的词,也不懂什么是政党,因此他们愚蠢地把"自由党"说成"柿油党"。

小说中写到 Ah Qui 卖门幕,得向地保交孝敬钱,敬隐渔把孝敬钱译成 Payer une prime,也可理解为交一笔保险金、奖励金等,罗曼·罗兰希望知道究竟是怎么回事。敬隐渔解释道:

> Payer une prime[①]:Ah Qui 卖门幕,地保得知 Ah Qui 的东西都是偷来的,本可以揭发他。但地保贪财而又无耻,他答应替 Ah Qui 保密,但是 Ah Qui 必须每个月都向他行贿。请您根据这个意思修改。

罗曼·罗兰提出的问题大都缘于两国风土人情和语言习惯的差异。通过罗兰的这些提问,不难看出他修改敬隐渔译稿是多么认真和仔细。

罗曼·罗兰接到敬隐渔一月二十四日的回信和解答,对敬译《阿Q正传》做了最后的点缀,就发给望眼欲穿的巴萨尔耶特。巴萨尔耶特迫不及待地读了一遍,立刻认定这是一部饶有特色的东方文学佳作,而且译者表现出相当好的语言造诣,正如他所愿。他一月二十七日写给罗兰的信更加热情洋溢:

> 亲爱的朋友:
>
> 读了敬隐渔翻译的鲁迅的小长篇,我要用一条粗粗的着重线来表达我的谢意。这是一部很有趣的作品,具有不容置疑的艺术性,让我们深入地了解了今日中国一个农村的生活。我们太乐意把它发表在《欧洲》上了(唯一让我苦恼的是,不得不分两期发表,我是不喜欢这么做的)。
>
> 我看得出您的译者朋友住在里昂。您能不能把他的地址告诉我?因为他的译稿里有不少词,我要请他解释一下(尽管他不

---

① 法文,"孝敬钱"。

第三部　奇特的贡献

可避免地缺乏经验,他的翻译还是很精细的)。另外,我还要问他能否给我们准备一本短篇小说集,或者一部长篇小说。一如既往,这一切都将是您的主意。好上帝也会出不少主意,而且一般来说都是好主意,我们必须承认这一点……

我有点责怪自己,您生日那天,这封信会增加您收到的邮件的分量。所以,我希望您第二天或者第三天才拆开我的信。

一想到我此刻就在您身边,我感觉好些了,因为我每天都在读您知道的那期专号的校样。除了不能真的到场,我相信不可能比此刻更和您接近了。所以,为了补偿不能和您面对面地接近的损失,我要对您说,我没有别的话,我要为您的六十寿辰拥吻您。

您的(只有五十二岁的)老朋友
L. 巴萨尔耶特
一九二六年一月二十七日
于巴黎第十七区雷纳坎街五十九号

从罗曼·罗兰那里得到了敬隐渔的地址,巴萨尔耶特二月七日就忙不迭地写信给敬隐渔。

他首先表达自己读了敬译《阿Q正传》以后感到的"莫大的喜悦",称赞这是一部"十分精彩的作品",译文"极细腻而富有色彩",因此他已经决定在近期的《欧洲》杂志刊用。

既然敬译是这么优秀,巴萨尔耶特也就放心大胆地向这位年轻的中国译者约稿了。他希望敬隐渔为他提供一部中国现代短篇小说家的作品选,或是一部比《阿Q正传》长一些、够出一个二百至二百五十页单行本的长篇小说。他知道敬隐渔在做学位论文,并不紧催他交稿,敬隐渔尽可以学习工作两不误。

敬隐渔二月十日接到这封信,第二天就转给罗曼·罗兰,并告诉罗兰:"我已经遵照您的意思给他回了信。"

五月三日,巴萨尔耶特把编好的《阿Q正传》译稿寄来让译者最

157

后过目。敬隐渔看完亲爱的导师精心修改的译文,在五月六日给罗兰的信中感激地说:

> 我本希望通过准备考试让自己在写作艺术上获得较大进步。但我发现,实践,例如翻译《阿Q正传》,对我更有益处。它不但在经济上帮助了我,而且通过您的修改教给我如何写得更好,通过您的批评教给我如何判断,十分有效。

一九二六年五月十五日,"J.-B. 敬隐渔"翻译的鲁迅《阿Q正传》(*La vie de Ah-Qui*)在《欧洲》杂志第四十一期上开始连载。这一期刊登的是敬隐渔写的前言和《阿Q正传》译文的前五章,余下的三章在六月十五日出刊的第四十二期续载。这还是法国主流文学刊物第一次以这么大的篇幅发表一部中国当代文学作品。这也是鲁迅的名字和他的代表作《阿Q正传》第一次为广大法国读者知晓。

敬隐渔在国外翻译的第一部中国文学作品是《阿Q正传》,介绍的第一个中国作家是鲁迅,绝非偶然。

谈起敬译《阿Q正传》,人们往往把目光集中于所译的作品,而忽略了敬隐渔所写的前言。其实,这篇前言第一次向西方读者呈现了鲁迅的完整形象,有其重要的意义。

前言介绍鲁迅出生在浙江的一个小村庄,那里的人还生活在"美好的古朴时代",很少文化;而鲁迅笔下的一系列主人公都出自那片土地。

前言特别强调了鲁迅弃医从文的那次世界观的决定性转变:

> 鲁迅的父亲死在一名毋宁说是江湖骗子的中国庸医手里,后来他便去日本学习医学。那时正值日俄战争爆发,他亲眼看到日本政府将几个被当作俄国间谍的同胞抓来枪决。"从那回以后,我便觉得学医并非一件紧要事,凡是愚弱的国民,即使体格如何健全,如何苦壮,也只能做毫无意义的示众的材料和看客……所以我们的第一要著,是在改变他们的精神,而善于改变精神的是,我那时以为当然要推文艺,于是想提倡文艺运动。"

第三部 奇特的贡献

鲁迅的文学路上不无坎坷,但他终于取得成功:

于是他计划在东京创办一份文学杂志,名为《新生》。朋友中无人响应,杂志未能问世。这种冷漠令他大为失望,他开始翻译俄国小说,并且自己也写起小说来。他在北京发表了两本小说集,第一本于一九二一年,第二本在最近。他目前是北京大学教授,并担任《语丝》和《莽原》两本文学期刊的编辑。

前言对鲁迅小说思想和艺术特色的阐述,高度概括,十分精辟:

正如这篇小说显示的,他是一位杰出的讽刺作家。旧时的作家,过于追求卖弄机巧,表现出的讽刺意味多为取乐。他超越前人,在一部小作品中注入丰富的思想和深刻的观察,将心理描写和象征手法应用于讽刺。这部小说是对有闲者、有产者、士大夫、总之,整个中国旧社会的一切缺点:怯懦、虚伪、无知……的辛辣的抨击。他的观察锐敏、细腻,他的描写准确地再现出浓厚的地方色彩。不过他不爱风花雪月,没有写过一部爱情小说。他的作品不合女性的口味。

敬隐渔用这样一句话为前言作结:

他是最著名的中国作家之一。

上世纪二十年代前期,鲁迅虽已有《阿Q正传》等一批好作品问世,成为中国文坛令人瞩目的人物,但敬隐渔早在这时就态度鲜明地肯定鲁迅的成就"超越前人",肯定鲁迅是"最著名的中国作家之一",给予鲁迅崇高的评价,这充分表现了他对鲁迅历史地位的远见卓识。而正是他对鲁迅的深刻理解和高度推崇,决定了他在译介中国当代文学时,首推鲁迅及其《阿Q正传》。

敬隐渔不仅属于认识和评价鲁迅的先知先觉者,而且是把这一认识和评价传达给世界的先行者。罗曼·罗兰在给巴萨尔耶特的信中介绍《阿Q正传》作者时说:"作者是当今最优秀的中国小说家之一",罗兰是第一个接受了这一认识和评价的外国人,而且是一位举世公认

159

的文学泰斗。敬隐渔还通过《阿Q正传》法译本在《欧洲》的发表,把这一认识和评价传达给了更多的西方人。

关于《阿Q正传》的早期外文译本,戈宝权在《〈阿Q正传〉在国外》一书中通过很多考证,理出这样一条脉络:

梁社乾(George King Leung,1889—?),原籍广东新会,生于美国,早在一九二五年四月就和鲁迅通信,请鲁迅审阅他的《阿Q正传》的英文译本;六月十四日,鲁迅收到他的誊印本《阿Q正传》两本。他的英文译本于一九二六年由上海的商务印书馆出版,书名为 The True Story of Ah Q;

同一年,在法国里昂学习的四川留学生敬隐渔又把《阿Q正传》译为法文,罗曼·罗兰在审阅之后给予了很高的评价,并介绍给《欧洲》杂志,登载于一九二六年五、六月份出版的两期上;

就在梁社乾和敬隐渔翻译《阿Q正传》之后不久,当时在河南开封国民革命军俄国顾问团工作的王希礼①,开始把《阿Q正传》译为俄文。鲁迅在一九二五年五月二十六日到二十九日为他写了《俄文译本〈阿Q正传〉序及著者自叙传略》,但这个译本直到一九二九年才收入由列宁格勒"激浪"出版社出版的题名为《阿Q正传——俄文版鲁迅短篇小说集》,该集还有什图金、卡扎克维奇等翻译的鲁迅的《孔乙己》《风波》《故乡》等七篇小说;

《阿Q正传》的最早日文译本由井上红梅翻译,发表在一九二八年的《上海日日新闻》,一九二九年改名为《支那革命畸人传》,发表在日本出版的《奇谭》杂志。

戈宝权得出结论是:"根据我多年的研究,最早的译本,应该是在美国新泽西州大西洋城出身的中国华侨梁社乾的英译本";"一九二六年,梁社乾用英文翻译的《阿Q正传》由上海商务印书馆出版,这是《阿Q正传》最先翻译成欧洲文字的译本。就在同一年,敬隐渔用法

---

① 王希礼,原名波·阿瓦西里耶夫。

文翻译的《阿Q正传》,又发表在巴黎里埃德尔书局出版的《欧洲》杂志上。"

在戈宝权这一结论的影响下,梁社乾的《阿Q正传》英文译本几乎被公认为"最早的西文译本",而敬隐渔译的《阿Q正传》仅仅是"最早的法文译本"。

梁社乾英译本《阿Q正传》一九二六年由上海商务印书馆初版,一九二七年再版;一九二九年三版;一九三三年五月又出了"国难"①后的第一版,累计为第四版,在鲁迅《阿Q正传》的翻译历史上占有一定的地位。

可是,梁译是"最先翻译成欧洲文字的译本"、而敬译仅仅是"最早的法文译本",这个结论却值得商榷。

且不论梁社乾的英译本由上海的商务印书馆出版是否符合"《阿Q正传》在国外"这一概念,且不论在国内出版的梁的译本是否能和在法国主流杂志发表的敬的译本相提并论。至少可以说:梁译初版于一九二六年,月份不详;敬译发表于一九二六年五月和六月,判定梁译先于敬译,理由并不充分。

解决这个问题,唯有弄清梁译《阿Q正传》一九二六年出版的确切时间。

查阅《鲁迅日记》,一九二六年的两则记载为我们提供了令人信服的答案:

(十一月)三十日:午后收商务印书馆所寄英译《阿Q正传》三本,分赠玉堂、伏园各一本。

(十二月)十一日:收梁社乾所寄赠英译《阿Q正传》六本。

作家翻译家都有这样一个良好的习惯:自己出了新书,及时赠给心目中紧要的人。译者从出版社接到样书,奉赠给原作者惠存和指

---

① 指一九三二年"一·二八"事变时炸毁商务印书馆。

正,更是不容搁延的义务。梁社乾就是一位谨守义务的译者。不过商务印书馆直接寄书给鲁迅,而梁社乾是从商务印书馆接到样书后再寄给鲁迅,所以商务印书馆比梁社乾早寄到几天。根据鲁迅这两则收书记录,可以判断梁译《阿Q正传》出版于一九二六年十一月。

但梁译《阿Q正传》英文版的问世也不可能在十一月下旬。在鲁迅收到赠书以前,同样由商务印书馆出版的《小说月报》的主编郑振铎已经先从该馆得到此书,并在十一月二十一日《文学周报》第二五一期以笔名"西谛"发表的《呐喊》一文中对梁的译本作了评论。更精确地说,梁译的出版应是在十一月的中上旬。

可见,连载于一九二六年五月和六月号《欧洲》杂志的敬隐渔的《阿Q正传》法文译本,比梁社乾的英文译本早了半年左右;敬译本是《阿Q正传》最早的外文译本,敬隐渔是把鲁迅推向世界的第一人。

# 第七章　敬译《阿Q正传》漫评

　　提起翻译的标准,许多人首先会想到严复(1854—1921)在其所译英国生物学家赫胥黎《天演论》"译例言"中所说的"译事三难信达雅"。严复的译本发表于一八九七年,产生过深远的社会影响。但他并非全译原著,原著前半部讲进化论,后半部讲伦理学,他只译了导言的一部分和全书的前半部分,因此原题《进化论与伦理学》被他砍去了伦理学。他的翻译也并非严格遵照原文,而经常是取其大意,有时甚至借题发挥。严复是思想家,情不自禁地要在翻译中表达自我,以至鲁迅说:严复"毕竟是做过《天演论》的"。严复的翻译可以说是翻译史上的一个特例。不过,他的翻译既不是严格意义上的翻译,他所说的"信达雅"却长期被奉为翻译的信条,就未免荒诞。

　　笔者也涉足译事,实践让我深深领会到忠实对于翻译者和翻译工作的重要意义。这忠实,就是在另一种语言中忠实地再现原作。再具体些,就是既要忠实地再现原作的含义,或曰形似,也要忠实地再现原作的风格,或曰神似。译品达到形神兼备,才是真正登入了翻译艺术的堂奥。这可能永远只是一个难以企及的理想,但翻译的真谛就在其中,翻译者的乐趣就在其中。

　　文学杰作无不拥有深邃的思想内涵和鲜明的艺术特色,翻译文学杰作更是一项艰难和富有挑战性的工作。鲁迅的《阿Q正传》有着独特的立意、独特的人物、独特的手法、独特的风格,要通过翻译尽显其内涵和神韵,难度非同一般。

　　梁社乾生长于美国,精通英语,但他在《阿Q正传》英译中表现出的对翻译艺术的掌握却差强人意。鲁迅在一九二六年十二月三日写的《〈阿Q正传〉的成因》一文中称赞他"译得很恳切",大概是说他忠实于原作。实际上,他的"恳切"却是直而不顺。正如署名"甘人"的作者在一九二七年八月出版的《北新周刊》上发表的《阿Q正传的英译本》一文中所说:"唯其因为太恳切,反见得译文有些僵硬与不自然了。"梁社乾对小说所写的事物也不够熟悉,鲁迅在《〈阿Q正传〉的成因》中就委婉地指出"偶然看见还有可以商榷的两处",一是"三百大钱九二串",二是"柿油党",均译得欠妥。郑振铎在《文学周报》第二五一期那篇题为《呐喊》的文章中,对梁译的批评更加直白:"他的译本颇不坏;只可惜《阿Q正传》是太难译了,所以有许多特殊的口语及最好的几节,俱未能同样美好地在英文中传达出。"

用法文翻译《阿Q正传》的敬隐渔虽非生长于法国,但他自幼在四川深山老林里的天主教修院特有的拉丁文和法文环境中生活和学习,法文和拉丁文一样,犹如他的第二母语。他虽然年轻,却已经是一个相当成熟的作家、翻译家。他的《阿Q正传》译文前言表明,他对鲁迅其人及其作品有着深刻的研究和精辟的见解。正如他答罗曼·罗兰所问的八个词语所显示的,他对《阿Q正传》所写的事物乃至风土人情,都有相当的了解。《阿Q正传》的法文首译由敬隐渔承担,可谓适得其人。

敬隐渔也的确出色地完成了这项使命。罗曼·罗兰和巴萨尔耶特,一位文学名家和一位大刊物的主编,都齐口夸赞敬隐渔的译笔;罗兰读了敬译,对《阿Q正传》的故事和人物领会那么深刻,以至再也不能忘记阿Q的形象,就是敬译成功的明证。

在本书撰写过程中,笔者一读再读敬译法文本《阿Q正传》,对译文的自然、流畅、清新、生动、明快,再现鲁迅风格之成功,留下几近完美的印象。敬隐渔的《阿Q正传》法译本称得上是一部形神兼备的不可多得的上佳译品。

鲁迅在《〈阿Q正传〉的成因》一文中说:"至于《阿Q正传》的译本,我只看见过两种。法文的登在八月份的《欧罗巴》[①]上,还止三分

---

[①] 现译为《欧洲》。

之一,是有删节的。"

鲁迅这里所说的是载有敬译《阿Q正传》第一部分的《欧洲》第四十一期,一九二六年五月十五日出刊,不知鲁迅为何误为八月号。不过他说敬隐渔的法译本"是有删节的"却没有错。

笔者做了比较精确的统计:鲁迅《阿Q正传》原作全文一万八千四百五十四字,敬隐渔翻译的有一万三千二百三十二字,删去五千二百二十二字,占全文的大约百分之二十八。应该说敬译《阿Q正传》是一个有所删节的译本。

原原本本地全译原作,应该是翻译的一个基本准则。但由于种种原因,对原作进行不同程度的节译,早已有之,也不能一概否定。《共产党宣言》一九一九年在中国首次发表,仅译了其第二章《无产者与共产党人》后面关于纲领的一段,在《每周评论》第十六号的"名著"栏内披载。这次有选择的翻译却成为一个具有历史意义的事件。

敬译《阿Q正传》对原作有所删节,这让执着于翻译忠实性原则的笔者不免遗憾。鲁迅的《阿Q正传》是稀世的文学珍品,理应有一个优秀的全译本再现其全貌。敬译《阿Q正传》虽然出色,但对原作有所删节,终不能不说是一个缺陷。

既已如此,比较有意义的还是探明和诠释敬隐渔翻译《阿Q正传》时怎样删节鲁迅的原作。

米歇尔·鲁阿在发表于一九八二年一、二月合刊《欧洲》第一八七期的《罗曼·罗兰与中国人,罗曼·罗兰与鲁迅》一文中,谈到敬译《阿Q正传》时说:"感到为难的段落敬隐渔都跳了过去。"这显然是一种想当然的说法,而非对译出和删去的文字认真比较以后做出的结论。笔者经过仔细的核查推敲,可以肯定地说:敬隐渔删去的部分绝不比译出的部分更难;以敬隐渔的翻译功力,根本不需要回避。敬隐渔对《阿Q正传》的删节也因此才更值得探讨。

《阿Q正传》的思想和艺术成就,举世公认。但是,就像鲁迅在《〈阿Q正传〉的成因》中所说,一方面,阿Q的形象和阿Q精神是作者长期观察的产物；另一方面，它是在编辑催迫之下断续写作，事先并无总体的完善构思。这种写作方式不可避免地在作品中留下痕迹。

鲁迅的《阿Q正传》一共九章，敬隐渔的译文却变成了八章。原来，翻译伊始，敬隐渔先把《阿Q正传》原著的第一章"序"整个儿删掉。敬隐渔做出这样的大动作，需要有清醒的意识和很大的决心。

《阿Q正传》分章发表于一九二一年十二月至一九二二年二月由孙伏园（1894—1966）主编的北京《晨报副刊》。在开篇的"序"里，传记体例的论列，人物称呼的推敲，"贵"和"桂"的纠结，尽管在鲁迅老练的笔下写来词采飞扬、情趣横生，终不过是讽刺考证家的一则滑稽小品，所以登载在"开心话"栏里。但小说主人公和主旨的构思在天才作家的头脑里迅速得到升华，不再以"滑稽和哀怜"为目的，所以从第二章起便转至"新文艺"栏发表。鲁迅本人在《〈阿Q正传〉的成因》中也承认：

……阿Q的影像，在我心目中似乎确已有了好几年，但我一向毫无写他出来的意思。经这一提，忽然想起来了，晚上便写了一点，就是第一章：序。因为要切"开心话"这题目，就胡乱加上些不必有的滑稽，其实在全篇里也是不相称的。

敬隐渔既要删节，这"胡乱加上"一些"不必有的滑稽"、和全篇"不相称"的序，自然首当其冲。

余下的八章都保留在译文里，只是第二章变成了第一章，以此类推。应该说，敬隐渔对这八章中内容的取舍，也同样是用了心的。

"优胜记略"一章，描写阿Q很自尊，不但未庄的人不在他眼里，城里人他也不以为然。原作是这样写的：

加以进了几回城，阿Q自然更自负，然而他又很鄙薄城里人，譬如用三尺长三寸宽的木板做成的凳子，未庄叫"长凳"，他也叫"长凳"，城里人却叫"条凳"，他想：这是错的，可笑！油煎大头鱼，未庄都加上半寸长的葱叶，城里却加上切细的葱丝，他想：这也是错的，可笑！

第三部 奇特的贡献

敬隐渔的译文变成:

　　加以进了几回城,阿Q自然更自负,然而他又很鄙薄城里人,譬如:油煎大头鱼,为什么他们把葱丝切得那么细?他想:这是错的,可笑!

敬隐渔把表现阿Q自负的两个事例删掉了一个。他可能认为,这煎大头鱼的例子很生动、很形象,已足以证明城里人之可笑。再说,"长凳"和"条凳",即使照译不误,外国人也悟不出其中的好笑。

"续优胜记略"一章,写阿Q捉虱子比不过王胡,寻衅又吃了亏,原作用了一大段笔墨:

　　阿Q也脱下破夹袄来,翻检了一回,不知道因为新洗呢还是因为粗心,许多工夫,只捉到三四个。他看那王胡,却是一个又一个,两个又三个,只放在嘴里毕毕剥剥的响。

　　阿Q最初是失望,后来却不平了:看不上眼的王胡尚且那么多,自己倒反这样少,这是怎样的大失体统的事呵!他很想寻一两个大的,然而竟没有,好容易才捉到一个中的,恨恨的塞在厚嘴唇里,狠命一咬,劈的一声,又不及王胡响。

　　他癞疮疤块块通红了,将衣服摔在地上,吐一口唾沫,说:

　　"这毛虫!"

　　"癞皮狗,你骂谁?"王胡轻蔑的抬起眼来说。

　　阿Q近来虽然比较的受人尊敬,自己也更高傲些,但和那些打惯的闲人们见面还胆怯,独有这回却非常武勇了。这样满脸胡子的东西,也敢出言无状么?

　　"谁认便骂谁!"他站起来,两手叉在腰间说。

　　"你的骨头痒了么?"王胡也站起来,披上衣服说。

　　阿Q以为他要逃了,抢进去就是一拳。这拳头还未打到身上,已经被他抓住了,只一拉,阿Q跄跄踉踉的跌进去,立刻又被王胡扭住了辫子,要拉到墙上照例去碰头。

　　"'君子动口不动手'!"阿Q歪着头说。

167

王胡似乎不是君子，并不理会，一连给他碰了五下，又用力的一推，至于阿Q跌出六尺多远，这才满足的去了。

在阿Q的记忆上，这大约要算是生平第一件的屈辱，因为王胡以络腮胡子的缺点，向来只被他奚落，从没有奚落他，更不必说动手了。而他现在竟动手，很意外，难道真如市上所说，皇帝已经停了考，不要秀才和举人了，因此赵家减了威风，因此他们也便小觑了他么？

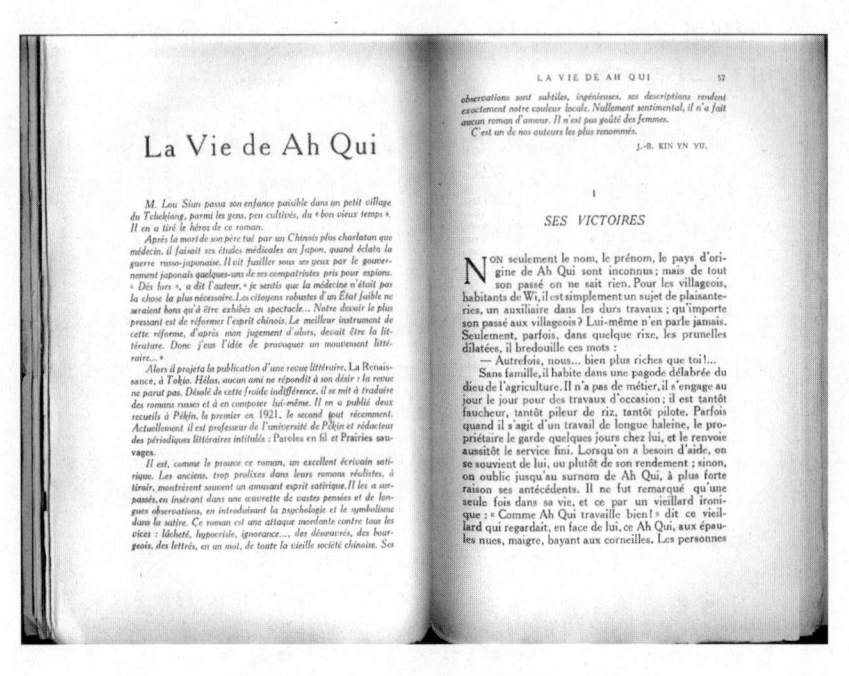

《欧洲》第四十一期敬隐渔译《阿Q正传》

敬隐渔的译文变成：

阿Q也脱下破夹袄来，翻检了一回，不知道因为新洗呢还是因为粗心，许多工夫，只捉到三四个。他看那王胡，却是一个又一个，两个又三个，只放在嘴里毕毕剥剥的响。这是怎样的大失体统的事呵！

他癞疮疤块块通红了,将衣服摔在地上,吐一口唾沫,说:

"这毛虫!"

"癞皮狗,你骂谁?"王胡轻蔑的抬起眼来说。

怎么这样满脸胡子的东西,也敢出言无状么?这可是个显示武勇的好机会。

"谁认便骂谁!"

他站起来,两手叉在腰间说。

"你的骨头痒了么?"王胡也站起来,披上衣服说。

阿Q以为他要逃了,抢进去就是一拳。这拳头还未达到身上,已经被他抓住了,只一拉,阿Q跄跄踉踉的跌进去,立刻又被王胡扭住了辫子,要拉到墙上照例去碰头。

"'君子动口不动手'!"阿Q歪着头,两手护着发黄的头发。

王胡似乎不是君子,并不理会,一连给他碰了五下,又用力的一推,至于阿Q跌出六尺多远,这才满足的去了。

在阿Q的记忆上,这大约要算是生平第一件的屈辱。

敬隐渔先把阿Q的一番心理活动归结为一句话:"这是怎样的大失体统的事呵!"继而把一长句浓缩为一短句:"这可是个显示武勇的好机会。"又略去最后的一段议论。文字减少了,阿Q和王胡的纠葛却显得更加紧凑。

有趣的是,敬隐渔不仅"删",偶尔还"添"。译到阿Q喊"君子动口不动手"时,他居然给阿Q加了个"两手护着发黄的头发"的动作。

在"恋爱的悲剧"一章里,阿Q拧了小尼姑以后,小尼姑骂阿Q断子绝孙,这在原文里引起阿Q一长串联想:

"断子绝孙的阿Q!"

阿Q的耳朵里又听到这句话。他想:不错,应该有一个女人,断子绝孙便没有人供一碗饭……应该有一个女人。夫"不孝有三无后为大",而"若敖之鬼馁而",也是一件人生的大哀,所以他那思想,其实是样样合于圣经贤传的,只可惜后来有些"不能收其放心"了。

让连签字画押的文化都没有的阿Q说出"不孝有三无后为大",已经有些勉强;教他拽起"若敖之鬼馁而"的古文,就更有些离谱了。所以,为了让议论和联想更贴合阿Q的身份,文绉绉的话敬隐渔能删就删;剩下一句"不孝有三无后为大",还加上"他常听有文化的人说":

> 他又听见那个怨恨然而甜蜜的声音:"断子绝孙的阿Q!"他想:不错,应该有一个女人,生孩子。他常听有文化的人说:夫"不孝有三无后为大"……"女人,女人!"他想。

删与添,都显出译者用心良苦。

再如,原作描写阿Q在梦境里仍难以摆脱春梦的魔魇,由此引发一番议论:

> 我们不能知道这晚上阿Q在什么时候才打鼾。但大约他从此总觉得指头有些滑腻,所以他从此总有些飘飘然;"女……"他想。
>
> 即此一端,我们便可以知道女人是害人的东西。
>
> 中国的男人,本来大半都可以做圣贤,可惜全被女人毁掉了。商是妲己闹亡的;周是褒姒弄坏的;秦……虽然史无明文,我们也假定他因为女人,大约未必十分错;而董卓可是的确给貂蝉害死了。

为了给阿Q保留一些愚昧的纯清,同时又不让妲己、褒姒、董卓、貂蝉把外国读者引入五里雾中,敬隐渔译到"即此一端,我们便可以知道女人是害人的东西"就适可而止。

敬隐渔删节时十分注意叙事和描写的度的把握。"生计问题"一章中,因为小D抢了阿Q的饭碗,阿Q已经跟他厮打得难分难解,但由于观者起哄,原作便任他们纠缠下去:

> "好,好!"看的人们说,不知道是解劝,是颂扬,还是煽动。

> 然而他们都不听。阿 Q 进三步,小 D 便退三步,都站着;小 D 进三步,阿 Q 便退三步,又都站着。大约半点钟,——未庄少有自鸣钟,所以很难说,或者二十分,——他们的头发里便都冒烟,额上便都流汗,阿 Q 的手放了,在同一瞬间,小 D 的手也正放松了,同时直起,同时退开,都挤出人丛去。

敬隐渔却认为这场打斗已经铺陈得足够充分,应该见好就收,于是把这段文字删减为:

> "好,好!"看的人们说。
> 在同一瞬间,他们的手放松了,挤出人丛去。临分开,还互相狠狠地瞪了一眼,骂了一句"妈妈的"。

值得注意的是,在译文的后三章,更直接地写到社会政治斗争的部分,却很少有整段的删节。不但很少删节,还偶有添加,每每起到点睛之妙。

例如被捕的阿 Q 进了监房:

> 到进城,已经是正午,阿 Q 见自己被挤进一所破衙门,转了五六个弯,便推在一间小屋里。他刚刚一跄跄,那用整株的木料做成的栅栏门便跟着他的脚跟阖上了,其余的三面都是墙壁,仔细看时,屋角上还有两个跟他一样的穷光蛋。

鲁迅原文仅仅是"屋角上还有两个人",这"两个跟他一样的穷光蛋"是敬隐渔加的。

阿 Q 受审时,提到那伙打劫赵家的人:

> "他们没有来叫我。他们自己搬走了。"阿 Q 提起那些自私自利的家伙来便愤愤。

"那些自私自利的家伙"也是敬隐渔加的。添加的字数虽然寥寥无几,却见出译者的深思熟虑。

还有一个颇有意思的变动:阿 Q 第二次提堂受审,也就是在供状

敬隐渔传

上画圆圈画得不圆的那场审判以后,被送回牢房,鲁迅原作写的是"许多人又把他第二次抓进栅栏门",而敬译《阿Q正传》的法文却是"许多人又将他第三次抓进栅栏门",敬隐渔把第二次改为第三次,这可不是笔误。阿Q被从未庄抓进城,没有审讯就直接关进了这间有栅栏门的小屋,后来两次带出来受审,两次还押,加起来可不是被"第三次抓进栅栏门"了吗?若说笔误,实在是鲁迅的笔误。迄今鲁迅研究者无以计数,有几人发现和指出了鲁迅的这处错儿?而敬隐渔早在九十年前就发现,并且加以更正。

一些研究家发现敬隐渔的法文译本中夹着几个拉丁字,不禁哗然。那是写到被押赴刑场的阿Q,看那些喝彩的人们:

这刹那中,他的思想又仿佛旋风似的在脑里一回旋了。四年之前,他曾在山脚下遇见一只饿狼,永是不近不远的跟定他,要吃他的肉。他那时吓得几乎要死,幸而手里有一柄斫柴刀,才得仗这壮了胆,支持到未庄;可是永远记得那狼眼睛,又凶又怯,闪闪的像两颗鬼火,似乎远远的来穿透了他的皮肉。而这回他又看见从来没有见过的更可怕的眼睛了,又钝又锋利,quærens quem dévorent,不但已经咀嚼了他的话,并且还要咀嚼他皮肉以外的东西,永是不近不远的跟他走。

这些眼睛们似乎连成一气,已经在那里咬他的灵魂。

这拉丁文绝对是鲁迅原作中没有的。quærens quem dévorent,意为"寻找可吞吃的人",它不是一般的拉丁文成语,而是天主教每礼拜二晚祷时念的经文,下文是:"你们要用坚定的信心抵挡它。"此语出自《圣经》"前彼得书",是揭露魔鬼的,全文是:"务要谨守、警醒,因为你们的仇敌魔鬼,如同吼叫的狮子,遍地巡行,寻找可吞吃的人。你们要用坚固的信心抵挡它。"

敬隐渔译到阿Q临刑时,是那么投入,真像小说主人公阿Q一样身当其境;他在围观叫好的人群的眼里看到了恶魔,不由自主地迸发出自己在修院读经时就嵌入心灵的警句。这是敬隐渔的心,一颗脆弱的受过伤害的心,在译文里留下的印记。

我们当然要涉及另一个重要的话题:敬隐渔把最后一章的标题"大团圆"改译成了"再见"(AU REVOIR)。

里昂第五区亚历山大广场一号,敬隐渔在这里完成《阿Q正传》翻译(余苏摄)

对鲁迅原作中"大团圆"这个小标题不以为然的早有人在。郑振铎在《文学周报》第二五一期的《呐喊》一文里,赞扬《阿Q正传》之余,就对"大团圆"表示过异议:

"……但也有几点值得商榷的,如最后'大团圆'的一幕,我在《晨报》上初读此作之时,即不以为然,至今也还不以为然,似乎作者对于阿Q之收局太匆促了;他不欲再往下写了,便如此随意的给他以一个'大团圆'。像阿Q那样的一个人,终于要做起革命党来,终于受到那样大团圆的结局,似乎连作者他自己在最初写作时也是料不到的。至少在人格上似乎是两个。"

敬隐渔传

鲁迅读到了此文，写了《〈阿Q正传〉的成因》一文作答。他对"大团圆"之说是这样解释的：

> 《阿Q正传》大约做了两个月，我实在很想收束了，但我已经记不大清楚，似乎伏园不赞成，或者是我疑心倘一收束，他会来抗议，所以将"大团圆"藏在心里，而阿Q却已经渐渐向死路上走。到最末的一章，伏园倘在，也许会压下，而要求放阿Q多活几星期的罢。但是"会逢其适"，他回去了，代庖的是何作霖君，于阿Q素无爱憎，我便将"大团圆"送去，他便登出来。待到伏园回京，阿Q已经枪毙了一个多月了。……
>
> 其实"大团圆"倒不是"随意"给他的；至于初写时可曾料到，那倒确乎也是一个疑问。我仿佛记得：没有料到。不过这也无法，谁能开首就料到人们的"大团圆"？不但对于阿Q，连我自己将来的"大团圆"，我就料不到究竟是怎样。

阿Q的"大团圆"可以随着《京报副刊》主编孙伏园的在与不在而提前或推迟，有一定的随意性。但阿Q的"大团圆"是迟早的事，而且这"大团圆"在鲁迅的心里是已经定了的。人人都有"大团圆"的一天，只是料不到以怎样的方式。在鲁迅的笔下，"大团圆"就是人的最终结局，调侃说法的死。鲁迅把写阿Q之死的一章题为"大团圆"，就有这层调侃的意味。

敬隐渔固然可以把"大团圆"如实地译成法文，但西方读者是很难把"大团圆"理解为人的最后结局、或者把人的最后结局理解为"大团圆"的。别的译者可能会掉以轻心，逐字硬译，还落个"很恳切"的美名。认真的敬隐渔却要寻求更好的解决。"再见"，这虽然在字面上和"大团圆"毫不相干；可是，它和作品的主题却最契合，把阿Q的精神胜利法阐发得最彻底，同时又不失其调侃的意味。"过了二十年又是一个……"阿Q没有说完的这句豪言壮语，和敬隐渔译的这个"再见"的标题恰相呼应。通过这一变化，敬隐渔为《阿Q正传》的法文译本寻获了最完美的结局。

## 第三部 奇特的贡献

既然是有所删节，难免在某种程度上削弱了原作旁征博引的特色，牺牲了某些生动的细节，限制了思想的广度阐发。不过，统而观之，敬隐渔以其出色的语言和文学造诣，保留鲁迅原作精华，精心适度节选，让作品显得愈加凝练，堪称名著节译的一个成功的实例。

这篇小说是现实主义的，初看似乎比较平淡；但是随后就会发现一种辛辣的幽默；读完，你就会吃惊地发现，你再也忘不掉这个可怜的怪家伙，你喜欢上他了。

罗曼·罗兰的这段精辟的赞语，就是他阅读了敬隐渔有所删节的《阿Q正传》法文译稿后的真实感受。

# 第八章　一部译作联结两个伟人

上文提到，一九二六年一月二十四日，敬隐渔曾给罗曼·罗兰写信："感谢您费心修改我的翻译。感谢您对我的夸奖，特别是您的批评；对培养我的文学味觉，这是最有效的方法。"

其实，这一天，在里昂第五区施沃舍街五十号奥吉耶老爹租给他的那间房子里，敬隐渔还给鲁迅写了一封信。

敬隐渔不知道鲁迅在北京的住址，只知道他在北京大学授课，就在信封上把收信人地址写为：

Monsieur Lou Suun
中国北京大学转交
鲁迅先生
Professeur à l'Université de Pékin
Pékin Chine

这年的中国新年是二月十三日，敬隐渔还特地选了一张印有卢浮宫广场卡鲁塞尔小凯旋门的明信片，写上"鲁迅先生，恭贺年禧，隐渔一九二六"，一并放进信封。他就这样把信寄出了，像当年他第一次给罗曼·罗兰寄信一样。一封国际邮件，地址这么笼统，鲁迅收得到吗？他再一次听天由命。

当年从法国寄往北京的信函走北线，所以敬隐渔在信封上标明"经由西伯利亚"。据看到原件的戈宝权说，这封信和贺年片是二月十三日寄到北京的，正好是大年初一。不过它先由鲁迅的学生李小峰代收。

第三部 奇特的贡献

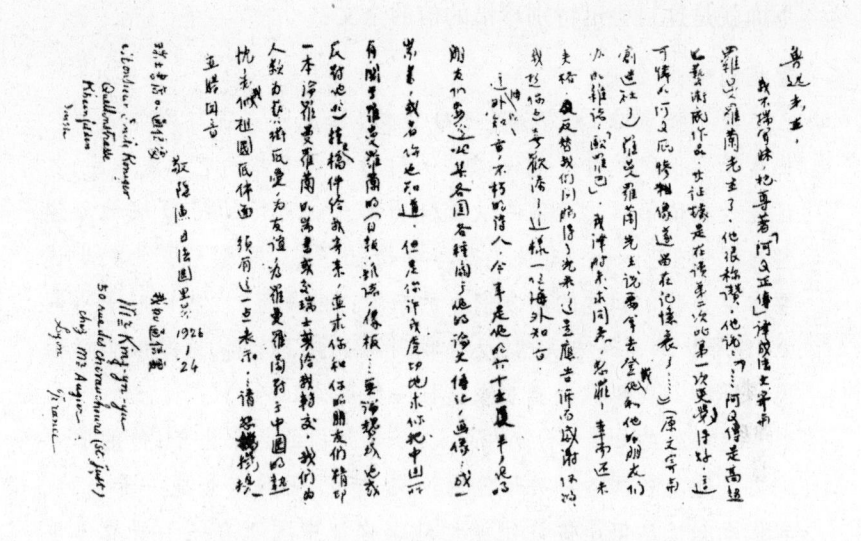

**敬隐渔一九二六年一月二十四日给鲁迅的信**

李小峰(1897—1971)原是北京大学哲学系学生,参加过"五四"运动,后来成为北大学生组织"新潮社"的活跃分子。一九二五年,在鲁迅支持下,创办了北新书局,李小峰成为实际负责人。"北新"就是北大新潮社的缩写,说明他们的渊源关系。当时北京大学在东城的沙滩;李小峰住在离北大不远的翠花胡同,门口挂起一块招牌,北新书局便因陋就简地开张了。鲁迅的译作《桃色的云》和创作集《呐喊》,是该书局最早的出版物。鲁迅住在北京西城阜成门内宫门口二条十九号,寄到北大的鲁迅邮件托李小峰代收。敬隐渔的这封信再由李转寄到鲁迅手中就是几天以后的事了,所以鲁迅在一九二六年的日记中记着:

(二月)二十日得李小峰信,附敬隐渔里昂来函。

一九三二年十二月十六日,鲁迅在为他和许广平的通信集《两地书》写的序言中告诉人们:"平常的信",他有"随复随毁"的习惯;他还有两次"大烧毁"的行动。敬隐渔一共给鲁迅写过七封信,鲁迅仅保留下两封,其中就有这一封,可见对它是多么珍视。

177

敬隐渔传

下面就是这封鲁迅特别珍惜的信的全文：

鲁迅先生：

  我不揣冒昧，把尊著《阿Q正传》译成法文寄与罗曼·罗兰先生了。他很称赞。他说："……阿Q传是高超的艺术底作品，其证据是在读第二次比第一次更觉得好。这可怜的阿Q底惨象遂留在记忆里了……"（原文寄与创造社了）。罗曼·罗兰先生说要拿去登载他和他的朋友们办的杂志：《欧罗巴》。我译时未得同意，赎罪！幸而还未失格，反替我们同胞得了光彩，这是应告诉而感谢你的。我想你也喜欢添这样一位海外知音。

  这海外的知音、不朽的诗人，今年是他的六十生年；他的朋友们要趁此集各国各种关于他的论文、传记、画像……成一专书，或者你也知道。但是你许我谦切地求你把中国所有关于罗曼·罗兰的（日报、杂志、像板……无论赞成他或反对他的）种种稿件给我寄来，并求你和你的朋友们精印一本论罗曼·罗兰的专书，或交瑞士或给我转交。我们为人类为艺术底爱、为友谊、为罗曼·罗兰对于中国的热忱，为我们祖国的体面，得有这一点表示。……请恕搅扰，并赐回音。

敬隐渔

一九二六年一月二十四日

于法国里昂

瑞士书店的通信处：
Monsieur Emile Roniger
Quellestrasse
Rheinfelden
Suisse[①]

---

[①] 瑞士莱茵费尔登市克伦街艾米尔·罗尼格先生收。

第三部　奇特的贡献

我的通信处
Mr Kin – Yn – Yu
50 Rue Chevaucheurs ( St. Just )
Chez Mr Augier
Lyon, France[①]

鲁迅珍视敬隐渔的这封信不是偶然的,这的确是一份重要的文献,有着重要的内涵。

当时中国没有参加国际版权协定,敬隐渔在法国翻译和发表鲁迅的《阿 Q 正传》本不存在版权问题,无须征求鲁迅的同意。但敬隐渔对鲁迅是那么尊重,哪怕仅出于礼貌,他也要把这件事告诉鲁迅;他只是一直在等待时机。这时,《阿 Q 正传》的翻译已经完成,罗曼·罗兰对他的译稿已经表示赞赏并推荐给《欧洲》杂志,巴萨尔耶特也已经代表编辑部宣布将要发表他的译稿,所以他认为知会鲁迅的时机成熟了。

如果说征求鲁迅同意翻译和发表《阿 Q 正传》只是出于礼节,那么信的第二个内容就更为重要,就是转达罗曼·罗兰对《阿 Q 正传》的称赞。罗兰不但推崇这部作品为"高超的艺术",而且生动地描述了阿 Q 的形象如何令他难以忘怀,这由衷的赞美发自一位外国文学大师,还没有哪一个当代中国作家有过这样的殊荣。而第三个内容同样重要:就是请鲁迅为罗曼·罗兰六十寿辰编辑一个专书,以促成鲁迅对罗兰的善意的回应。敬隐渔要为罗兰和鲁迅的友好联系牵线搭桥,拳拳之心跃动在字里行间。

敬隐渔信中传来《阿 Q 正传》法文译本即将在法国发表的消息,鲁迅自然欣喜。尽管梁社乾从去年五月已经开始和鲁迅联系将《阿 Q 正传》译为英文的事,但这时译事仍在进行之中,并且也只计划在中国

---

[①] 法国里昂市圣茹区施沃舍街五十号奥吉耶先生转交敬隐渔先生。

179

国内出版,这和译成法文在法国巴黎主流文学刊物发表不可同日而语。鲁迅当然明了。敬隐渔转达的罗曼·罗兰对《阿Q正传》的热情称赞,更让鲁迅感到自豪。投之以李报之以桃,人之常情。鲁迅很快对敬隐渔这封来信做出了回应。他在日记中写道:

> (二月)二十七日:寄敬隐渔信并《莽原》四本。

鲁迅给敬隐渔的这封信,以及他此后写给敬隐渔的三封信,就像罗曼·罗兰给敬隐渔的为数可观的书信一样,都未能留存。但我们至少可以确知鲁迅在这封信里:一,不但没有怪罪敬隐渔未经同意翻译了他的《阿Q正传》,而且对敬隐渔表示了感谢,就像敬隐渔在后来写的《读了〈罗曼·罗兰评鲁迅〉以后》一文中说的,"鲁迅听了这个消息也老实地欢喜,并且老实地道谢了我介绍之劳";二,告知《莽原》的"罗曼·罗兰专号"正在积极准备之中,寄来四本已经出版的《莽原》,就是为了让罗兰对这份半月刊有所了解。

实际上,鲁迅接到敬隐渔的来信以后,立刻就着手编发《莽原》的"罗曼·罗兰专号"。一九二六年三月十六日出版的《莽原》第五期就发出这样的"预告":

> 罗曼·罗兰(Romain Rolland)的六十寿辰本在今年一月,国内似乎还没有什么纪念他的文字出现,因此我们想在下一期的本刊集印几篇文字作为纪念他的寿辰的特刊。

鲁迅还特地为这个专号亲自翻译了日本人中泽临川和生田长江合写的文章《罗兰的真勇主义》,并且率先完稿;他为这篇文章作的后记标明写于三月十六日。

《莽原》第五期的"预告"又说:纪念罗曼·罗兰寿辰的特刊,"页数随文章之多少增加,……如果印刷来不及,这特刊就改在第七期。"

敬隐渔接到鲁迅谢他"介绍之劳"的回信,心情之激动自不待言。他三月二十九日给鲁迅的信,也有幸留存下来。鲁迅的回信在他看来就是一份信任,他立刻报以坦诚,自我介绍道:"我这人又弱,又穷,又忙,又懒,也没有钱买书,……也没有父母,也少有朋友……却被无情的造化抓进知识界里去的!"

不过他同样没有忘记在中外两位文学巨匠之间沟通,一方面,他求鲁迅把罗曼·罗兰专号寄七八份来,因为"这边知道罗曼·罗兰的也有几个,佩服先生的也很多";另一方面,他又通过鲁迅向中国文艺界推销《罗曼·罗兰友人之书》,并且告诉鲁迅购书时货到付款的窍门。

一九二六年四月二十三日,鲁迅日记中写道:"得敬隐渔信。"得的就是敬隐渔三月二十九日写给他的信。

两天后的四月二十五日,《莽原》"罗曼·罗兰专号"果然以第七八期合刊的形式出版。其目录如下

  罗曼·罗兰的照相
  读《超战篇》同《先驱》      张定璜
  罗兰的真勇主义(译文)      鲁　迅
  罗曼·罗兰的画像       各拉尼
  罗曼·罗兰评传        赵少侯
  附罗曼·罗兰著作表
  罗曼·罗兰的手迹(一九〇九年七月的一封信)
  致蒿普特曼(译文)       常　惠
  混乱之上(译文)        金满城
  答诬我者书(译文)       常　惠

赵少侯(1899—1978)在为这期专号写的《罗曼·罗兰评传》开篇就说:"儿时最怕塾师出题做文章,接了题纸,愁眉苦脸地搜索枯肠,敷衍了二三百字,勉强交卷,再等下次的难关。想不到又要受一次这种难关。题目是出了:《罗曼·罗兰评传》。但是,传且不会,遑论批评?……也只好是袭儿时的故智了。"给他出题的"塾师",就是鲁迅。

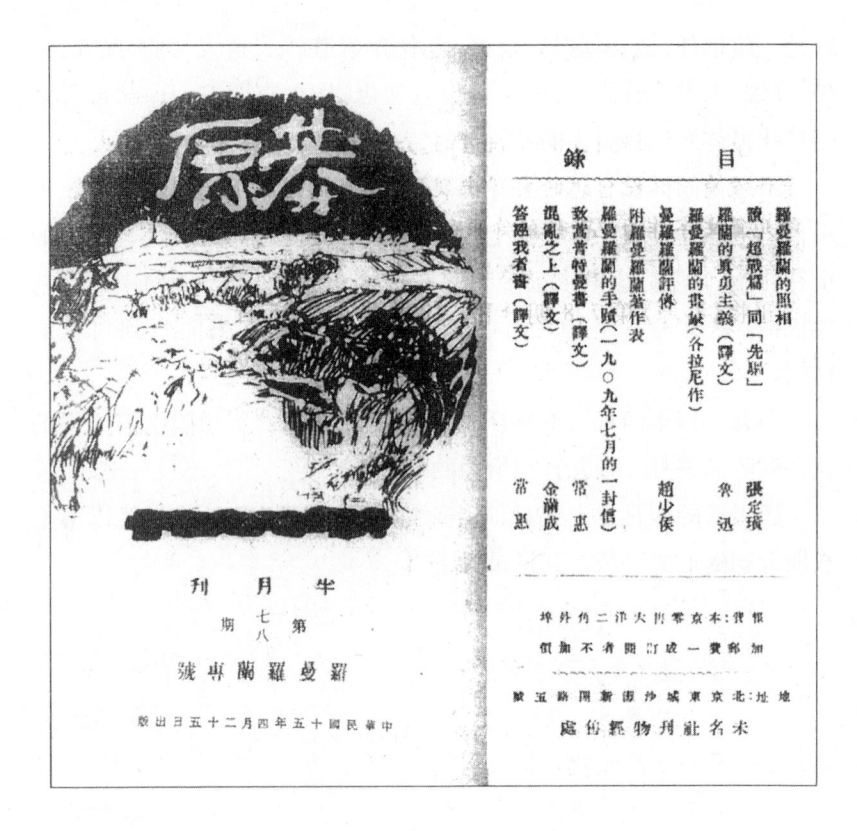

《莽原》"罗曼·罗兰专号"

"专号"中的文章都具有相当高的水平。鲁迅译自日文的中泽临川和生田长江合写的《罗兰的真勇主义》，主要通过两个追求英雄理想的人物——现实中的贝多芬和小说中的约翰-克利斯朵夫来诠释罗曼·罗兰的"真勇主义"：罗兰在贝多芬身上看见了理想的英雄。他要像贝多芬一样："抓住命运的咽喉，拉倒它。"罗兰在克利斯朵夫身上再现了理想的英雄："人生就是战斗，不绝的战斗。"这篇融理性与感性于一炉的文章，颇有感染力。赵少侯的《罗曼·罗兰评传》，理论成分虽然薄弱了些，但是把罗兰追求自己理想的英雄般的斗争描绘得相当完整和充实。其他各篇，直面罗兰几部大胆而敏感的作品——《超乎混战之上》《先驱》等，回答了中国读者的关切。

作家、文艺理论家胡风(1902—1985)在一九四五年三月十一日所写的《向罗曼·罗兰致敬》的纪念文章中说得很中肯:"那专号是一九二六年四月出版的,恐怕是中国第一次有系统的开始介绍罗兰吧?"

四月二十五日《莽原》"罗曼·罗兰专号"出刊,鲁迅当天就寄了几本还散发着油墨香味的刊物给敬隐渔,请他转赠一本给罗兰。他在这一天的日记中写道:"寄敬隐渔信。"就是在这封信里,鲁迅感谢了罗兰对《阿Q正传》的热情称赞。鲁迅没有早一些致谢,因为他不满足于空泛的表态,而要做出实绩来证明自己的诚意。《莽原》"罗曼·罗兰专号"就是以实际行动回答罗兰的善意。

敬隐渔接到鲁迅寄来的信和《莽原》"罗曼·罗兰专号",一九二六年六月十一日就给罗曼·罗兰写信,善尽传达的义务:

我最亲爱的导师:

今寄上一期《莽原》,北京出版的文学半月刊,由《阿Q正传》的作者鲁迅编辑。

他感谢您对他的小说的称赞,觉得过奖了。

您的 J.–B. 敬隐渔
一九二六年六月十一日
里昂第五区阿拉依之星路十五号

罗曼·罗兰接到敬隐渔传达鲁迅谢意的信和刊物,很快又给敬隐渔来信,并且寄来一张照片。罗兰不喜欢照相,把自己的照片赠人更不常见。在这张照片上,可以看到罗兰坐在一个窗户前,阳光和清静形成对照,景致是那么美和富有诗意。

不过,六月十一日敬隐渔寄《莽原》"罗曼·罗兰专号"给罗兰时,对这本刊物的内容未加说明。罗兰来信问起,敬隐渔便又在六月十九日给罗兰回信作了介绍,并为这期专号上没有自己的文章而表示歉意:

杂志是鲁迅和他的朋友们编的《莽原》的一期专号,全是关于您的。几乎都是从英文翻译的。其中没有我的文章；我的拖拉不可原谅。不过我希望能够在暑假里弥补我的过错。

罗曼·罗兰这才知道这本刊物非同一般。他完全不懂中文。唯其如此，看到自己的照片出现在这近乎天书的刊物上，看到这刊物的每一篇文章的每一个字居然都是关于自己的，罗兰越发感到它的可贵。中国最优秀的作家鲁迅和中国文学界的友情让他深为感动。

就在《莽原》出刊二十天以后，《欧洲》第四十一期出刊，由罗曼·罗兰推荐并修改的敬译《阿Q正传》从这一期开始连载。敬隐渔同样及时地寄给鲁迅。这也在鲁迅日记中留下记录：

（七月）一日下午得敬隐渔信并《欧罗巴》一本。

就这样，敬隐渔通过《阿Q正传》的翻译和发表，在罗曼·罗兰和鲁迅之间煞费苦心地牵线搭桥，让他们彼此的了解和善意得到及时顺畅的交流。

可是，敬隐渔在一月二十四日给鲁迅的信里"谦切地"求他办的是两件事：除了"精印一本论罗曼·罗兰的专书"，还有"把中国所有关于罗曼·罗兰的（日报、杂志、像板……无论赞成他或反对他的）种种稿件给我寄来"。这后一件事鲁迅办了没有呢？鲁迅同样认真地办了。罗尼格七月五日给罗兰的信里有一句话说得很清楚："他[1]已经从里昂寄给我一些载有您的以及关于您的文章的报刊。"这些报刊，就是鲁迅应敬隐渔之求而收集、和《莽原》"罗曼·罗兰专号"一起寄来，敬隐渔六月十一日收到的。敬隐渔把那本《莽原》呈献给了罗兰，而把这些报刊寄给了罗尼格，因为原本就是为罗尼格组织纪念罗兰六十寿辰的"专书"用的。为了回报罗兰，鲁迅可谓尽心尽力。

《阿Q正传》的翻译既已大功告成，敬隐渔便转攻罗曼·罗兰早就建议的《中国现代短篇小说家作品选》的译事。他在三月十九日给罗兰的信里说，巴萨尔耶特要他翻译一本《中国现代短篇小说家作品

---

[1] 指敬隐渔。

选》,他"正尽力搜集素材"。而他三月二十九日给鲁迅的信的另一个内容,正是为此而发的;他在信中不但请求鲁迅"允许我继续翻译你的作品",而且请鲁迅为他"选择几篇好作品";他慨叹"买不起书""借书也不方便",这也是在向鲁迅委婉地求援。

一九二六年七月一日,鲁迅收到敬隐渔来信和刊有《阿Q正传》的《欧洲》第四十一期。这时的敬隐渔,已经以翻译《阿Q正传》的具体成果向鲁迅证明了自己的才能。鲁迅当然乐见他继续翻译自己的作品,支持他介绍更多中国作家的作品,所以在接到敬隐渔这封来信数日后,鲁迅就专程去翠花胡同,在李小峰的北新书局为敬隐渔选购了一大批可供翻译选材的书。鲁迅日记写道:

> (七月)十六日:访小峰,在其寓午饭,并买小说等三十三种,共泉十五元,托其寄给敬隐渔。

在《〈阿Q正传〉在国外》一书中,戈宝权根据敬隐渔此后翻译的《中国现代短篇小说家作品选》推测,鲁迅这次寄给敬隐渔的三十三种小说里,"可能包括鲁迅本人的《呐喊》,郁达夫的《沉沦》,冰心的《超人》,落花生的《缀网劳蛛》等,因译出的作品曾见于这几种小说集。""说不定在寄出的书中,还有与罗曼·罗兰有关的书刊,这时《小说月报》六月号已出了罗曼·罗兰的特辑。"

鲁迅在北新书局买了书,当即托李小峰代邮敬隐渔,未及附函,因此他在七月二十七日记中又有"寄敬隐渔信"的记载。鲁迅自然在这封信里重点交代了寄书的事,很可能还对"选择几篇好作品"提出建言。

敬隐渔收到鲁迅托李小峰寄的书,在九月七日给罗曼·罗兰的信中及时做了汇报,并抒发了自己从中获得的鼓舞:

> 鲁迅先生刚给我寄来三十多本小说集,都出自新进作者之手;革新者真是人才济济!如果大量的文盲和粗人都投入这一觉醒的运动,中国就得救了。

特地为敬隐渔选购这么多的书,寄往远隔重洋的法国,这是鲁迅一份厚重的沉甸甸的心意。

一方面,罗曼·罗兰关注和推动敬隐渔翻译《中国现代短篇小说家作品选》;另一方面,鲁迅为敬隐渔提供数量可观的选材,鲁迅和罗兰再一次为中法文学交流的事业默契地配合。

一九二六年九月鲁迅从北京到了厦门,一九二七年一月又从厦门到了广州,他这期间收到的敬隐渔的信,都由许钦文的四妹许羡苏(淑卿)从北京转来。

(十二月)八日:得淑卿信,上月二十九日发,附敬隐渔来函及画信片四枚,从巴黎。

在现存的一张明信片背面,敬隐渔在左侧写着:

*Vox clamantis*
*in deserto*
旷漠上之
呐喊声

这句拉丁成语源自《圣经》,圣人约翰-巴蒂斯特在荒漠里宣教没有人听,但基督教义终于广为传播。敬隐渔把这句话献给《呐喊》的作者,绝非偶然。

而在明信片的右侧,则写着:

一九二五年罗兰赠我者
敬隐渔转赠
一九二六年十一月于巴黎。

这张明信片上的画面显示的是蕾芒湖衬托下的维尔纳夫及其背后阿尔卑斯山脉的景色。湖水潋滟,散落绿荫之间的民居、古堡和教堂倒映其中;白雪覆盖着的峰峦巍巍峨峨。这就是罗曼·罗兰栖居的地方。

第三部 奇特的贡献

　　罗曼·罗兰把自己居住的维尔纳夫的画片赠给敬隐渔,是对爱徒的友好表示。敬隐渔在珍藏一年以后不惜割爱,转赠给鲁迅,这不仅是对鲁迅的友好表示,也是增进两位文学大师感情的有心之举。

**敬隐渔转赠鲁迅的罗曼·罗兰给他的明信片**

　　鲁迅和罗曼·罗兰两位中法文学巨匠的牵手,是敬隐渔对中法文化交流的又一贡献。

187

# 第九章　诡秘的杂音

敬隐渔以其才华和努力,成功地把《阿Q正传》和《约翰－克利斯朵夫》介绍到对方的国度。为了更多地译介中国当代作家作品,他在做着积极的准备。为了促进鲁迅和罗曼·罗兰友谊的联系,他煞费苦心地牵线搭桥。在他的协调下,罗兰和鲁迅,两位大师在密切合作。

可是,在遥远的北京,却意外地传来刺耳的杂音,那就是一九二六年三月二日北京《京报副刊》刊载的柏生题为《罗曼·罗兰评鲁迅》的短文。柏生是《京报副刊》主编孙伏园的笔名。不过这篇短文的内容,却主要是引用"全飞先生"的法国来信:

## 罗曼·罗兰评鲁迅
### 柏生

昨夜全飞先生由法国来信,中有一节关于罗曼·罗兰评鲁迅先生的《阿Q正传》的:

"鲁迅先生的《阿Q正传》,由一位同学敬君翻成法文,送给罗曼·罗兰(Romain Rolland)看,罗曼·罗兰非常称赞,中有许多批评话,可惜我不能全记,我记得的两句是:C'est un art réaliste avevé d'ironie……La figure misérable d'Ah Q reste toujour dans le souvenir(这是充满讽刺的一种写实的艺术。……阿Q的苦脸永远的留在记忆中的)。

"这篇译文将在杂志上发表,我当买来寄给你一看。不过译者敬君中文不甚好,恐与原著有许多不合处。而且据他说他删了二三页,这实在是不忠实的地方。

"又,罗曼·罗兰不懂得为什么叫'阿Q',即敬君亦不懂。在

## 第三部 奇特的贡献

我自己推测,鲁迅先生所以名为'阿Q'定有涵义的。不知你以为如何,你曾听鲁迅先生说过否。

"又,敬君同时翻一篇郭沫若的东西,罗曼·罗兰谦虚的说他不晓得好处,或者好处在中文里边吧。所以我们看来,罗曼·罗兰对于'阿Q'的称赞不是谀词。我们数人,平日爱看鲁迅东西的,得了这个消息非常欢喜。因为你是如此爱读鲁迅先生作品的,所以特写来告诉你。

"'阿Q'的涵义,据我所知,已经详细解释在第一章里。也许这正是被删去的二三页中。《阿Q正传》的地方色彩是很浓厚的,我不知道敬君是不是'某籍'人,倘是某籍人一定更易了解些。但无论如何,敬君与鲁迅先生到底同是某国人,总不会再像《好逑传》一样被称为'鲁迅大老爷'了吧。"

全飞的信看似只在向友人传递信息,然而文中却埋伏着不少伤人的钉子:

"译者敬君中文不甚好,恐与原意有许多不合处"——贬低敬隐渔,言下之意他连中文修养都不够,怎能翻译好鲁迅的作品?先入为主地给敬隐渔的译文抹黑;

"而且据他说他删了二三页,这实在是不忠实的地方"——全然不论敬隐渔译文之精彩、删节之精当;

"不知敬君是不是'某籍'人,倘是某籍人一定更易了解些"——敬隐渔不是浙江人,所以很难理解鲁迅的作品;

"鲁迅先生的《阿Q正传》……罗曼·罗兰非常称赞",而"郭沫若的东西,罗曼·罗兰谦虚的说他不晓得好处"——借罗兰之口,褒鲁迅而贬郭沫若;

……

远在欧洲的敬隐渔如何很快就得知《京报副刊》这篇文章的存在?也许他常去的里昂中法大学图书馆订有此报;也许正是"全飞先生"拿给他读,然后躲在暗处笑看他暴跳如雷。

实事求是、光明正大的文艺评论,甚至文艺论战,对文艺的进步有益,为文艺的发展所必须。敬隐渔欢迎善意的批评,自己在文艺评论中,如他在《〈小物件〉译文的商榷》一文中所显示的,也竭力践行科学的精神。敬译《阿Q正传》并非十全十美;郭沫若的《函谷关》也无法与鲁迅顶尖之作《阿Q正传》相提并论,这些都可以进行科学的研讨。而全飞的信,却旨在扭曲抹黑、搬弄是非。它不但在敬隐渔《阿Q正传》译文问世之前就先给人一个坏印象,还重新挑起创造社和鲁迅不和的危险。年轻气盛的敬隐渔怒不可遏。他要批驳,以正视听。

敬隐渔当然首先要弄清全飞是谁。他不爱交际;在里昂,和他交往密切的只有四五个中国同学,都是年轻的文学爱好者。敬隐渔和他们谈文学,谈罗曼·罗兰,谈鲁迅;自己翻译《阿Q正传》的情况,罗兰和自己通信的内容,敬隐渔对他们概不保密,甚至乐于和他们分享,丝毫不加防范。敬隐渔猜想"全飞"就在身边。只是此君决意隐而不露。全飞明知敬隐渔是四川人,却装作"不知道敬君是不是'某籍'人",说明他早就打定主意留在暗中。敬隐渔询问无果是注定了的。

敬隐渔只能诉诸笔墨。一篇洋洋洒洒的《读了〈罗曼·罗兰评鲁迅〉以后》就这样一挥而就。

敬隐渔一九二六年三月二十九日给鲁迅的信中有这样一句话:"今天读了京报副刊第四二六号,一九二六年三月二日署名柏生的一篇《罗曼罗[兰]评鲁迅》以后,我有几句话说,请你为我登载。"既是"几句话",看来是一篇短文。他寄给鲁迅了吗?不得而知。事实是鲁迅并没有帮他登载过这样的短文。能够确定的倒是,他把这篇批驳柏生——或者不如说批驳全飞的题为《读了〈罗曼·罗兰评鲁迅〉以后》的长文,寄给了自己参与创办的《洪水》。

周全平正在主持停刊后又复刊的《洪水》的编辑事务。他把敬隐渔这篇文章刊登在一九二六年五月十六日出版的第二卷第十七期上,还加了"编者按",说全飞的信他借来匆匆读了,起初"觉得没有什么大不然";不过仔细琢磨,"隐渔文中有许多地方并不是口角";希望读者"不要只看里面的口角才好"。

敬隐渔的文章可分为前后两个部分。前一部分火气稍盛,那是一个遭人冷箭的受害者的恼怒:

> 京报副刊上有署名全飞柏生的得了《罗曼·罗兰评鲁迅》的消息,又得了敬君的译文"恐与原文有许多不合处"的消息,又得了"敬君同时翻一篇郭沫若的东西;罗曼·罗兰谦虚的说他不晓得好处,……"内经种种消息,他们"很欢喜";若是这些消息不是完全捏造的,我也同你们替你们大家欢喜,但不知道这种种消息是从哪里得来的?
>
> 全飞君自称他是我的同学;但是我自有生以来并没有尊荣认识你这一位同学;我在法国同学的只有四五个人,其中并没有一个叫全飞。
>
> 或者你的消息是由我的朋友处得来的?但是我所认识的朋友一一问遍了,没有一个知道有全飞其人者!原来你非人非鬼;你是乌有,你是全非!

如果全飞光明正大地站在那里,敬隐渔绝不会把他骂得人鬼不是。在我们的古小说中,过激言辞是人们向暗中对手"叫阵"的惯用利器。有趣的是,敬隐渔在愤激之余还不忘妙用"全飞"和"全非"的谐音;而声称"敬君中文不甚好"的全飞的信,却毫无这种智慧的亮点。

> 本来我很不愿意牺牲我求学的宝贵的光阴来答复无聊的你们,我不愿意把罗曼·罗兰的名字混杂在你们损人利己的党争之间;但是我对于你们有应尽的责任,不能不忠告你们几句。倘依我从前的脾气,或许也得照"某国"文人的习惯,痛骂淋漓一番,以博阅者一笑;而今消残了壮志,只觉得人类的大悲,只觉得你我大家都甚可怜;我只好诚恳地奉劝你们三件大事。你道是那三件?
>
> 第一:为人当负责任;要做播弄是非的文章,应有署真名真姓的胆量。新中国的热血青年(我料你们是新中国的热血青年)必须胆大,胆大,还须胆大。缩头缩尾像个啥事体?

第二：批评别人的译文或别人的"东西"是一件很文明的事。但总要见了译文，见了"东西"，然后加以批评，加以抨击，才是正理。未见译文，未见"东西"，先就捕风捉影，妄露头角……"恐与原意有许多不合处"……"恐"字虽妙，然而不可拿来登报，尤其不可拿来登《京报》。盖京报者京报也；万不料那传播新文化的京报副刊也加进了一栏滑稽专电。"据他说……"，我几时对你说过？你既不是我的同学，又不是我的朋友，然而小子不敢妄断前程；或许你们怜我身世飘零，有意为我的同学，朋友，也未可知。总之，全飞，你太性急了！至今译文尚未登载哩；你何所见而云？天上还无鸟飞，谁知鸟之雄雌？

第三：不可妄造谣言；不可和尚的毛褡乱栽一把。

是真的，我译了鲁迅的阿Q正传；是真的，罗曼·罗兰称赞他。是真的，我译了郭沫若的"东西"；是真的，罗曼·罗兰也评得不坏。但是谁告诉你："罗曼·罗兰谦虚的说他不晓得好处"？谁告诉你："罗曼·罗兰不懂得为什么叫阿Q"？谁告诉你："敬君亦不懂"？谁告诉你："敬君像好逑传一样称鲁迅大老爷"？拿证据来！你遇了鬼了！你苦苦地冤诬我所为那般？我实在不知你是何用意！

**敬隐渔对播弄是非的全飞的三重责问，铿锵有力，切中要害。**

**敬隐渔知道全飞就藏在身边；罗曼·罗兰选中《阿Q正传》而没有推荐《函谷关》，罗兰问过阿Q的名字是怎么回事，全飞都知道。敬隐渔一概否认，就是巴不得全飞出来较真，露出真相。**

啊！我猜着了！

你要用烘云托月的法子，把别人降低，才把鲁迅抬得高？固然，鲁迅亦是我很景仰的：我不景仰他，就不会译他的"东西"。但是你们怕我抢了你们的轿夫之职？放心吧！何不先告诉我呢！你们虽碍难认我是"某国"人，我却有某国人的君子无争的性情；只要你们大胆地伸出头来，我马上放下轿杆揖让而去；不必客气！

我并不是郭沫若的铁心斗伴；我并不护卫他；但是，是是是，非是非;何苦把罗曼·罗兰的帽子妄加在郭沫若头上？这其间既有我的关系,我敢告皇天后土,我自有生以来没听见罗曼·罗兰"说他不晓得好处"。哀哉！冤诬圣贤的你们！

我,随便你们怎么议论,都不关紧要。其实,我和你们也无仇无恨,也不能说你们嫉妒我,因为我原来是无名小卒。若说你们怕我将来著名,现在而今,早加以排挤,这就更不近理;我将来也不想著名,纵然想,能否,还是一个问题;我也不属于中国文人的某党某派;杳茫的将来,无党派的区区的我对于你们有什么妨害？要骂,要打,都是好办法;何必冤诬？我不怕刀,不怕抢,只防着冷箭;不怕水,不怕火,只厌恶臭虫。况且,老实对你们说,是"某国"混乱不堪的文坛上的一点虚名儿么,我还十二万分不放在眼里呢。

至于我译鲁迅的阿Q正传,也并不是为盗名起见。况且我把鲁迅的招牌明明白白挂出去了的。

敬隐渔一面揭穿全飞的叵测用心,一面袒露自己对鲁迅的真诚景仰,对门户偏见的鄙夷。他以自己堂堂正正的为人、光明磊落的内心世界,无情地压倒了全飞的阴暗和猥琐。

敬隐渔的盛怒尽情地释放了,正义充分地伸张了,于是,愤慨的斥责转为理性的开导。

他回叙了自己和罗曼·罗兰的交往以及翻译《阿Q正传》的心路历程。正是在这段回叙中,为了证明自己绝非自夸自大,他才告诉人们罗兰怎样夸奖他的译稿、巴萨尔耶特怎样称赞他的译文:

……如今,书归正传。你们既知道罗曼·罗兰的名字,应知他是怎么样一个人,应知他为什么做了 Beethoven[①] 传,为什么做了甘地传。单就一部分来说,罗曼·罗兰慕印度古老的文化的伟大,愤列强的侵略的残暴,悲佛国的思想的束缚,适逢有甘地这样一位伟人的人格和经历,遂奋起他圣侠的勇气,以天雷的强爪,撕

---

[①] 贝多芬。

破了英人的假面具,以 Hercules① 的雄臂拥护东方的文明,以 Michel-Ange② 的艺术把甘地高高举起轻轻地放在与耶稣平行的座上……全飞,你既来了欧洲,谅也知道甘地传所生的影响。不必赘述。罗曼·罗兰对于中国也有同样的爱慕,同样的热心,同样的抱不平;但是他和中国人没有接触;他很高兴认识了我,他切望知道中国的近代思想:这种介绍,你们谅也明白,在欧洲几乎没有;大人先生们不遑见客的时候,小孩子也得勉强代为应酬;罗曼·罗兰那一双尖锐的眼睛看了我的信札,见了我的容貌,听了我的说话,当然看透了我不是什么伟大的人物;然而无可奈何,他只得由我的无穷小的笔管里窥测现代中国的青天;他对我说话时,叮咛又叮咛,给我的信上,嘱咐又嘱咐;我总嫌我的学识不足,精神不济;加以我的傲骨生成,穷气逼人,凡国内国外的中国伟人我概不相识,遂无从领教;万不得已,才趁年假期间,才运用我的迟钝的脑力,才挥动我的枯瘦的指头,才慢慢地,一个字一个字地,千辛万苦地把阿Q正传及其他译了几篇,寄与罗曼·罗兰;天高地厚,我并没有什么野心,我不过当小学生缴卷子请先生改正而已;罗曼·罗兰及巴黎某杂志的主任却极力称好,这虽然是沾鲁迅及其他先生们的光,但是欧人由我的译文里也领略得几分原文的美,也不算我没有劳绩呀。这里不是我自夸自大,为杜绝逸言起见,且把欧人批评我的译文抄出来。罗曼·罗兰说:"Votre traduction est correcte, aisée, naturelle(你的译文是规矩的,流畅的,自然的)。"巴黎某杂志主任说:"Votre traduction est extrêmement fine et riche en nuances(你的译文是极精细而富于色彩的)。"中文有了误解,你拿着了脏,再来判罪也不为迟;如今凭空无据,岂可吊起下巴乱说? 至于删得当否,自有作者本人主张,无关于站在乾坎上的人们。

---

① 古希腊神话中的大力神赫拉克勒斯。
② 米开朗琪罗。

敬隐渔的心怀是那么热诚坦荡,为了鼓励留学青年——当然也包括全飞——替国争光,"向国外发展",他甚至愿意为有志者提供帮助,共同合作:

> 倘若你们意在让我更勤快,更忠实,使"某国"的光荣发扬无遗……这是我很感激你们的。那么,我就忠实地劝告你们去掉这些卑劣的手腕,破除你们狭小的自私的党见,弃绝种种无谓的纷争。(你们想许多可怜的印刷排字工人把他们的血汗,许多有天才有学识的文人把他们的精神都消费在这些狭小的纷争里了!)你们大家努力创造吧。至于向国外的发展也是很重要的;你们愿意把中法,中德的译稿拿来给我替你们介绍,登载,我非常欢迎;你们作了好品,见了好品,拿来给我替你们翻译介绍,我也非常欢迎……我并不垄断。我希望同志的青年大家合作吧。
>
> 凡我们爱文艺,爱中国的朋友,这一次听了国外名人评赞中国文艺的消息无不老实地欢喜;鲁迅听了这个消息也老实地欢喜,并且老实地道谢了我介绍之劳。希望我同胞都老实地欢喜,纯粹地欢喜。全飞,柏生二君虽欢喜而不老实,而不纯粹,这其间必有病根。细诊京报原稿,察得你们的感受非常复杂而奇离,你们同时又欢喜,又不欢喜;欢喜的是你们的鲁迅既洗澡于光彩之波必有两三点水滴溅进你们口里来,不欢喜的是我的介绍;你们却不想到不经我介绍不懂中文的欧人怎么会知道他的好处,欧人若不知道他的好处,你们这一次的欢喜又从何来?你们的感情互相矛盾;你们的思想不合乐节。

敬隐渔意犹未尽,由《京报副刊》发表全飞拨弄是非的信,他又联想到整个批评界,对时下的流弊痛心疾首,给予了无情的针砭:

> 京报上的只是谣言,不是批评。我趁此谈谈批评界。佛罗贝尔[①]及其他许多创作家尝言凡人创作既不成功,把他的嫉妒忿怒

---

[①] 法国小说家福楼拜。

发泄在创作者的身上,这便是一个批评家。这句话大半是事实。真正的批评家比创作家更难产生。真正的批评家,如 Ste-Beuve①等,他的批评便是创作。试看中国的批评界,除嫉妒互骂以外,还有什么?固然,路见不平,也不免于骂;然而要骂得条条是理,要骂得光明磊落,要骂得有艺术的美。不可学王婆骂鸡,尤不可学张妈造谣。有许多人无话可说,无创可作,却要做文章来填空白,出风头的,遂不得已而做批评,或者报馆也利用此獠哩。凡文界中人,怕挨人骂,不得不买几份报来看:于是积报顿消焉。然而折本的是文学。庸人可以创作而不可以批评。盖创作虽多,一遇严肃而有力的批评家的脚头,呆打孩自成坏蛋。庸人而批评,而千军万马的批评,则是非皂白难分矣。大半人的无知性胜于有知性。培根②说:"凡人似欲费最少数的思想度过这一生命。"从前专制底下的中国人专以孔子的思想替代自己的思想,又以自己的记性替代孔子的思想;他们以不思想著名。他们也不需证据。只要是上了书的,放了报的,便是不会错的。岂独从前的中国人而已哉?现在的中国人,到过欧洲的中国人,也未尝不顾惜他们的遗传性!他们以欧人的思想替代自己的思想,以自己的记性替代欧人的思想;他们以记得欧洲的名人的名字著名。间或他们批评名人的名著还大致不差,因为他们死记得名人对于名著的批评。论到新出的作品么,他要抬高的,便在他记得的书里去找赞词,他要降低的,便在他记得的书里去找骂词;书上的又登在报上,遂有两重权威,更弄得阅者咂嘴念佛了。他们利用这种黑暗势力便要逼着新进的作者向他们来买称臣……噫!!!

而他敬隐渔,"倘使天破了泼下来,将抨着无恐惧的我","我总要坚持自由地继续我的介绍工作"!

敬隐渔的这篇批评文字,论内容,直言正谏,以理服人,有礼有节;

---

① 法国文学评论家圣佩韦。
② 英国哲学家。

论文章,逻辑缜密,波澜老成,气足神完,堪称论说文中的大笔。与全飞相比,敬隐渔的思想境界和文学功力何止胜过一筹!

那么,全飞究竟是谁呢?

戈宝权在《〈阿Q正传〉在国外》中写道:

> 据了解,写文章的柏生就是副刊的编者孙伏园,"全飞先生"是他的兄弟孙福熙,当时正在法国里昂留学,经常用全飞的名字给《京报副刊》撰写有关法国文学的文章。看来,他和敬隐渔当然是熟识的,而且最先从他那里听到罗曼·罗兰对《阿Q正传》的评语。这两句评语,同敬隐渔在写给鲁迅的信中所说的,大体上是一致的。他又听敬隐渔说在翻译《阿Q正传》时曾删了二三页,这当指第一章"序"而言了。

孙福熙(1898—1962)是颇具才华的画家和散文家,参加过"五四"运动,北京大学新潮社的成员,上世纪二三十年代中国文艺界的一名活跃分子,曾与鲁迅过从甚密。

既然孙福熙是《京报副刊》编辑孙伏园的弟弟,全飞是他的笔名,他经常用这个笔名为《京报副刊》撰稿;那么,全飞就是孙福熙,这似乎已经足够明白了。

除了戈宝权以上所说的理由,人们甚至还可以加上一点:全飞在巴黎来信里拿"某籍"说事,俨然以鲁迅同乡浙江人自居,而孙福熙恰恰是鲁迅的同乡;他的散文集《山野掇拾》,一九二五年二月由新潮社出版时,鲁迅还亲笔为之校订。如果说他就是敬隐渔文章中所说的那种只许自己给鲁迅"抬轿子"的人,似乎顺理成章。

不过,笔者仍然要验证:孙福熙当时正在法国里昂学习吗?他确实认识敬隐渔吗?敬隐渔对朋友们谈论与罗曼·罗兰的交往时,他真的在场吗?

笔者对所有这些疑问探究的结果都是否定的。

笔者查阅了里昂中法大学学生名录。注册号为一一六号的孙福熙,在里昂中法大学注册的时间从一九二一年十月六日至一九二四年十二月三十一日。也就是说,当敬隐渔一九二五年九月到里昂时,孙福熙已不在里昂读书。

孙福熙去了哪儿呢?他结束了在里昂的学习,于一九二五年初回国了。笔者在一九二五年二月八日鲁迅日记中发现他的到访;在这一年内,"春台"①频频在鲁迅北京的家中出现。一九二六年,与全飞的信有关的这段时间,鲁迅日记记载着:

(一月)七日:伏园、春台来。

(四月)十一日:晚,季市来。矛尘、伏园、春台来。

没有任何证据能让我们相信,一九二六年一月和二月这段时间孙福熙身在法国里昂、认识敬隐渔、听敬隐渔说过他与罗曼·罗兰的交往。

孙福熙既然不在法国,这封来自法国的全飞的信就与他无关。

那么,全飞究竟是谁呢?

尽管孙福熙不是全飞,戈宝权所说孙福熙"经常用全飞的名字"在《京报副刊》发表的文章应该还在。笔者就在《京报副刊》里寻找全飞的文章。令人诧异的是,翻阅完八大本合订本《京报副刊》,竟没有发现一篇署名全飞的文章。

倒是一九二六年一月二十七日第三九七号上的一篇文章引起笔者的注意,那是孙福熙用他的真名实姓撰写的:

### 介绍韩敖君

#### 孙福熙

韩敖的名字诸位没有听到过吧,然而你们早已屡读他的文字了。他就是做《十九世纪法兰西文学》的全飞。译波特莱尔诗的伏睡以及胡然等等许多许多名字都是他。

我很不安,没有得到他的同意,这样说了出来,不知他将很生

---

① 孙福熙字春苔,亦作春台。

气否。他恶名,不论是好的事或是坏的,他怕惊动人。在房中进出,他能使同房的人没有觉得;在群众中不必说了,就是在三五人中,别人好像没有他在旁边。他把自己收藏的真妥帖。轮到他不得不说话的时候,他说,或者用随时不同的情感表示"我是很怕羞的"。多数人看他不会开口,猜他是无用的,永远转过背脊不睬他了。然而这正中了他的计。当他觉得有意味时,他观察旁边发议论者的态度,体味其心情;如果他不想注意,他就默想自己愿意的材料,外间的事物丝毫不能附到他的心上了。来客们心中没有他,他的心中也没有来客。但当他遇见合意的人时,终日甚且终夜满屋只听到他的议论。这种议论总是我们所谓 engénéral① 的。可是他如此不肯自信,虽然对于熟友也是如此。他在最近给我的信中说:

"我现在晓得我是一个顶不健全的人,身体不健全,思想不健全,说的话不健全,写的文章不健全。我不晓得我写给你的信有多少 sottises②,多少不知高低的话,你总能原谅我的。"

他这样虚心,所以处处怕人受到他的坏影响,他说:

"我自己文章的损害读者,我无法可求谅,我唯有随时改名,将罪过分配在那些假名上,这虽不是我怯懦,我实在是弱者。然我并不讳言。"

通过这篇文章,孙福熙无意中再明确不过地证明自己不是全飞,从而为自己澄清了受到的误解。

至于全飞,也就是韩敖,他本人在给孙福熙的这封信里已经做了坦白的自我剖析,似乎无须我们再赘言。

但孙福熙写这篇文章并非要毁誉韩敖,而是要鼓励韩敖。他接下去以诗一般美的散文描述了韩敖的"升华":

---

① 意为大概,说的是普通的话。
② 意为谬误。

你见过清水吧,虽然是印度洋之大,也如圆镜的丝毫没有褶皱。星光投进去,粒粒反照出来。就是一点微尘沾上去,他的感觉也能辨别出来,层层绘出圆痕。然而就是这个水,有时高跃数十丈,而且有时结成冰,铁锤也不能打破他。他刻画山石,或者拆裂他,使之成为沙石再成为泥土。静默的韩敖君早已开始他冲击巨岩的工作了。

孙福熙继而介绍了韩敖翻译的罗丹的《美术》,并且表示"还等待着他继续供给我们的译文与创作"。

据孙福熙介绍,韩敖还使用"伏睡""伏寐"等笔名,笔者随即在《京报副刊》中发现了韩敖以这些笔名译的法国大诗人波特莱尔的《给青年文学家的商量话》《给读者》,近代诗人莱昂·都比(Léon Deubel)的《苦难》,以及他自己写的散文《雨声》。

不知为什么敬隐渔没有读到孙福熙的这篇文章。不然的话,全飞的身份也就真相大白了。

不过,笔者相信:以敬隐渔的宽厚大度,如果他读到韩敖的自责,知道他内心的痛苦自责,一定会向他伸出谅解之手。

# 第十章 "一封信"水落石出

如前所述,敬隐渔给鲁迅写过七封信,前三封鲁迅都及时作了热情的回复:感谢罗曼·罗兰对《阿Q正传》的称赞;感谢敬隐渔介绍《阿Q正传》之劳;允诺组织编印《莽原》"罗曼·罗兰专号";为敬隐渔译介中国现代小说购书寄书。

可是,细心的读者会发现,从一九二六年十二月八日接到敬隐渔第四封信起,鲁迅却只有收信的记录,而没有回信的记载了:

一九二七年二月十一日:"上午得敬隐渔信,去年十二月二十九日巴黎发。"

一九二七年三月二十二日:"上午得淑卿信,七日发,附敬隐渔信。"

一九二七年十月十五日:"十五日晴。上午得有恒信。得敬隐渔信。"

不仅不回信,鲁迅还开始对敬隐渔啧有烦言。他在一九二六年十二月十八日发表的《〈阿Q正传〉的成因》中说,《阿Q正传》的译本他只见过梁社乾和敬隐渔的两种;他虽"不懂英文,不能说什么",却偏说梁译的英文本"很恳切",言下之意敬译的法文本不忠实。

鲁迅对敬隐渔的不满从此就没有缓和过。在一九三三年十一月五日致翻译家、剧作家姚克(1905—1991)的信中,他对敬隐渔的批评更达到声严色厉的程度:"敬隐渔的法文据说是好的,但他对于翻译却未必诚挚,因为他的目的是在卖钱。"

鲁迅说敬隐渔翻译"目的是在卖钱",这令人惊讶。在一九二六年一月二十四日给鲁迅的第一封信里,敬隐渔转述罗曼·罗兰对《阿Q

201

正传》的称赞时,就庆幸自己"替我们同胞得了光彩"。敬隐渔评全飞信的文章,鲁迅也应该读过,敬隐渔在该文中就豁达大度地表示:"倘若你们意在让我更勤快,更忠实,使'某国'的光荣发扬无遗……这是我很感激你们的。"如果敬隐渔翻译仅仅"目的是在卖钱",他大可不必费力对《阿Q正传》加以精炼;全文照译肯定可以卖更多的钱。

鲁迅对穷书生敬隐渔翻译"目的是在卖钱"的指责令人不解,还因为鲁迅本人,除了教育部的薪俸,就是靠稿酬和版税收入维持着相对宽裕的生活;鲁迅日记中有关稿酬收入的记载何止百条;为了稿酬,他甚至和自己的学生李小峰打过官司。

是什么导致鲁迅对敬隐渔的态度前后发生这么大的变化呢?

成事与坏事,全因敬隐渔一九二六年一月二十四日给鲁迅信中提到的寄给创造社的"原文"。

敬隐渔在信中转达的罗曼·罗兰对《阿Q正传》的热情称赞曾让鲁迅欢欣鼓舞;那时的鲁迅,不但不埋怨敬隐渔把"原文"寄给了创造社,或许还认为这是聪明之举呢!因为"原文"由创造社发表,罗兰对《阿Q正传》的赞扬会更加令人信服。

但是,"原文寄与创造社"以后,一个月又一个月、一年又一年过去了,创造社的刊物上始终未见发表。如果当初寄给文研会刊物,早就以醒目的标题披载、广为宣传了。这让鲁迅越来越感到失望,敬隐渔的聪明之举在他看来变成了"多此一举",所以才有了对敬隐渔的翻译"未必诚挚"和"目的是在卖钱"的非议。

鲁迅最怨愤的当然还是创造社及其首领郭沫若。

胡风在一九八三年第一期《新文学史料》发表的《鲁迅先生》一文中说,他在北京读书时,有一天到北京大学新潮社购书,从李小峰和鲁迅谈话中听到罗曼·罗兰给鲁迅写信的事:

> 我每周总要去找一次书刊。一次,正遇见鲁迅也在那里。他一面走着看两面的书刊,一面和李小峰谈话。他选出了创造社出的《洪水》。李小峰问他,罗曼·罗兰给他的信,转信人是不是会

转给他。他说,不会的,一定销毁了。

胡风回忆的情景当发生在鲁迅一九二六年八月二十六日离北京去厦门之前。鲁迅以为"原文"是罗曼·罗兰写给自己的信,而且已经怀疑创造社"销毁"了罗兰"给他的信"。

鲁迅之子周海婴在二○○一年出版的《鲁迅与我七十年》中写道:

>    一九二七年大革命后,鲁迅从广东来沪,季致人(此人何穆医生认识)或敬隐渔信中讲,法国名作家罗曼·罗兰对鲁迅的作品评价很高,因不知鲁迅在中国的确实地址,将信寄到创造社。鲁迅听说此事,托人向创造社打听。创造社始终不作有无信件的答复,每当念及此事,心情不愉快,不明白为何扣押来信。

这表明鲁迅的确认为"原文"是罗曼·罗兰写给他的信,并对创造社"扣押"此信耿耿于怀。

鲁迅在一九三三年十二月十九日致姚克的信中更流露出绝望的情绪:

>    罗兰的评语,我想将永远找不到。据译者敬隐渔说,那是一封信,他便寄给创造社——他久在法国,不知道这社是很讨厌我的——请他们发表,而从此就永无下落。这事已经太久,无可查考,我以为索性不必搜寻了。

鲁迅在这件事上对创造社的不满,甚至通过他的一个名叫增田涉的日本学生发泄出来。

增田涉(1903—1977),日本汉学家,倾心于中国文学、尤其是鲁迅作品的翻译和研究;一九三一年三月到上海,师从鲁迅学习中国文学史,为时十个月。他在鲁迅帮助下把鲁迅的《中国小说史略》译成日文。他用日文写成的《鲁迅传》,鲁迅曾亲自过目。同年十二月返国时,鲁迅还赠诗《送增田涉君归国》作为纪念。他的《鲁迅传》在一九三二年四月的《改造》杂志"特别号"上发表。顽夷将其译为中文,从一九三四年十二月二十一日第一卷第二号起连载于台中的《台湾文艺》。当时郭沫若寓居日本,该刊编者将载有《鲁迅传》的刊物寄给他。鲁迅的传记他当然要仔细阅读,却不料读到这样一段牵涉创造社的文字:

> 他的《阿Q正传》被翻译于法国,而登载在罗曼·罗兰所主宰的《欧罗巴》……这一个大文豪的罗兰,对他——鲁迅特地写了一篇很感激的批评,寄给中国去。然而很不幸,那篇历史的批评文字,因为落于和鲁迅抗争之"创造社"的手里,所以受他毁弃,那就不得发表了。

"原文"——罗曼·罗兰"感激"鲁迅的一篇"批评文字",遭到了创造社的"毁弃",郭沫若意识到这指责的严重性,立即撰写了《〈鲁迅传〉中的谬误》一文予以辩驳:

> 这一节话真是莫须有的一段奇谈。据我所知道的《阿Q正传》是创造社的敬隐渔君(四川人)替他翻译介绍的,同时还介绍过我的几篇东西,时候是在一九二五年。那时候的卢兰、创造社、鲁迅,都还不也是左翼,创造社和鲁迅的抗争是在一九二八年,其中相隔了三年,怎么会扯得出这样的一个奇谎?我现在敢以全人格来保障着说一句话:"创造社决不曾接受过罗兰的'那篇历史的批评文字'。"罗兰和敬隐渔君都还现存着,可以质证。还有,诸君要知道一九二五年前后的创造社,它是受着语丝系,文学研究会系的刊物所夹攻的,罗兰批评鲁迅,为甚寄到创造社?创造社没发表,为甚罗兰不说话?鲁迅们这一套消息又从何处得来?只稍略加思索,便知道是天大的奇事。将来我另有机会要来弄个水落石出的,现刻写这几句来报告诸位,可见得所谓传记历史是怎样靠不住的东西。

郭沫若这篇文章刊于一九三五年二月一日台中《台湾文艺》第二卷第二号。增田涉把它转寄给鲁迅。鲁迅在一九三五年二月六日回信说:

《台湾文艺》我觉得乏味。郭君要说些什么罢？这位先生是尽力保卫自己光荣的旧旗的豪杰。

直到一九三六年十月十九日病逝，鲁迅也未能读到罗曼·罗兰称赞《阿Q正传》的"原文"，留下一桩憾事。

郭沫若四天后在日本得知鲁迅逝世的噩耗，当天就用日文写了悼文《坠落了一颗巨星》，发表于《东京帝大新闻》；该文又由北欧译成中文，发表于一九三六年十一月十六日上海出版的《现世界》第一卷第七期。郭沫若在该文中继续就此事为自己和创造社同仁剖白：

> ……外面还有一种谣传，说是罗曼·罗兰有信给鲁迅，极力称赞《阿Q正传》，信是托创造社转交的，而被创造社的人们把它没收了。这种无根无蒂的飞簧，真正是更加不可思议的事。

日月荏苒，十余年过去了，人们以为这件纠葛也随之了结。然而，鲁迅的老友许寿裳（1883—1948）在一九四七年发表的《亡友鲁迅印象记》中又旧事重提：

> 他[1]又告诉我：罗曼·罗兰读到敬隐渔的法译《阿Q正传》说道，这部讽刺的写实作品是世界的，法国大革命时也有过阿Q，我永远忘记不了阿Q那副苦恼的面孔。因之罗氏写了一封给我的信托创造社转致，而我并没收到。因为那时创造社对我笔战方酣，任意攻击，便把这封信抹煞了。……鲁迅说罢一笑，我听了为之怃然。

作家和教育家许寿裳是鲁迅的同乡，留学日本时与鲁迅同在弘文学院预备班学习日语。许广平说他是鲁迅"常常引以为豪，认为生平有几个生死不渝的挚友"之一。许广平在为其《亡友鲁迅印象记》所写的"读后记"中说，"幸而许先生生能在沉痛中淘净出一些真材实料，为我辈后生小子所不知不见，值得珍贵，而也给热心研究这一时代一

---

[1] 指鲁迅。

个文化巨人的一点真相。"

郭沫若读到了许文。既是出自鲁迅挚友的回忆,是鲁迅亲自"告诉我",又是被许广平认可的"真相",他不得不再次作答。在刊登于一九四七年十月一日《人世间》第二卷第一期的《一封信的问题》中,他认为即使这封信真的存在,敬隐渔也不会寄给创造社:

>……我对于这个问题,始终是保持着怀疑的态度。当然我并不是怀疑鲁迅先生,而是有点怀疑敬隐渔其人。
>
>……敬隐渔赴欧洲以后,创造社的刊物上便不再见他的文章,而他的文章却每每发表在文学研究会有关的刊物上,罗兰评《阿Q正传》的信,他为什么不寄给文学研究会转致,或"请他们发表",而要"寄给创造社"呢?鲁迅先生的对于文学研究会的关系更加亲密,你怕敬隐渔是不知道的吗?我敢拿人格来担保,那位"天才"决不是那样迂阔的人!

敬隐渔坦言"我也不属于中国文人的某党某派";他和两派的人交往、在两派的刊物上发表作品,就是要以行动维护进步文艺界的团结。把罗曼·罗兰称赞鲁迅《阿Q正传》的"原文"寄给创造社发表,是他的一片苦心的最突出的表现。不幸的是,在现实生活中,他这种善良的为人之道几乎注定要受到误解。

在一九三五年写的《〈鲁迅传〉中的谬误》中郭沫若曾允诺"将来我另有机会要来弄个水落石出的",他已不抱希望:

>当时敬隐渔还在,罗曼·罗兰也还在,我以为是可以弄个水落石出的。
>
>……
>
>可惜得很,今天好些朋友们,死的死了,……或者分散在四方,……更有的被关在监狱里……我得不到他们共同来证明这件事——这一件"抹煞"罗兰来信的事,我实在不仅"怃然",而且有点遗憾。

第三部 奇特的贡献

今天,所有与"一封信"有关的人都已离开人世,"一封信问题"似乎是一桩再也无法弄个水落石出的疑案了。

"一封信"的实物的确已难找到,但笔者认为,"一封信"是怎么回事仍然有可能弄个水落石出。

弄个水落石出,就是要弄清三个问题:一,"一封信"是什么?二,"一封信"的内容是什么?三,"一封信"的下落如何?

为了弄清第一个问题,有必要重新研读引起事端的敬隐渔一九二六年一月二十四日给鲁迅信中的这段话:

> 我不揣冒昧,把尊著《阿Q正传》译成法文寄与罗曼·罗兰先生了。他很称赞。他说:"……阿Q传是高超的艺术底作品,其证据是在读第二次比第一次更觉得好。这可怜的阿Q底惨象遂留在记忆里了……"(原文寄与创造社了)。

敬隐渔只说"原文寄与创造社了",而没有说明"原文"是信、是文章、还是其他形式的文字,更没有说是写给谁的。正因为"原文"是个笼统的说法,人们才对它做出了不同的诠释。

鲁迅一九三三年十二月十九日致姚克信、许寿裳的《亡友鲁迅印象记》、胡风的《鲁迅先生》和周海婴的《我和鲁迅七十年》,都说"原文"是罗曼·罗兰写给鲁迅的一封信,而它们反应的其实都是鲁迅本人的看法。

鲁迅本人和接近他的一些人都作如是说,难怪连郭沫若也无意中接受了"原文"是罗曼·罗兰给鲁迅的"一封信"的说法。

不过笔者可以肯定地说:"原文"不是罗曼·罗兰给鲁迅的一封信。若是罗兰给鲁迅的一封信,敬隐渔无权、也不会迂阔到不直接寄给鲁迅本人而把它擅自公布,更不可能把它转寄给创造社发表。笔者查阅了罗曼·罗兰通信总目,也没有看到罗兰给鲁迅信函的任何记录。

增田涉把"原文"说成罗曼·罗兰特地为鲁迅写的一篇"很感激的批评"。

敬隐渔把罗曼·罗兰评论鲁迅的文章寄给创造社发表,这倒是可能。不过,按罗兰的习惯,如果写过评论鲁迅的文章,绝不会不留副本;而笔者在罗兰档案中并未发现此文的任何痕迹。

戈宝权在《〈阿Q正传〉在国外》中说:"现从不少线索中查明,罗曼·罗兰并没有直接写过信给鲁迅,只不过在他复敬隐渔的信中谈到他对《阿Q正传》的评语,这从前面初次发表的敬隐渔在一九二六年一月二十四日写给鲁迅的信中的话,就是一个最好的证明。"他认为"原文"是罗兰给敬隐渔的一封信。

可是,敬隐渔一九二六年一月二十四日给鲁迅信中所说的"原文"是什么,正是人们要探究的疑点,是不能拿来当作证明的。戈宝权说"原文"是罗曼·罗兰"复敬隐渔的信",仍然只是一个推论。

笔者不但认为"原文"是罗曼·罗兰写给敬隐渔的一封信,而且可以证明就是罗兰一九二六年一月二十三日寄出、敬隐渔一月二十四日收到的那封信。

何以见得?关键就在于敬隐渔一月二十四日给鲁迅信中所引的罗曼·罗兰的这句话:"在读第二次比第一次更觉得好。"

敬隐渔一九二五年十二月三十一日把《阿Q正传》译稿寄给罗曼·罗兰,罗兰在一九二六年一月十二日写信向巴萨尔耶特热情推荐,这是罗兰第一次读完《阿Q正传》。从这封著名的推荐信来看,罗兰对《阿Q正传》已经有了高度的评价,觉得它好。他写信把此事告诉了敬隐渔;敬隐渔在一月二十三日给罗兰的信里"感谢您让人发表我的翻译",就是对这封信的反馈。

敬隐渔前一天刚给罗曼·罗兰寄了信,一月二十四日又追发一信"感谢您费心修改我的翻译。感谢您对我的夸奖,特别是您的批评",说明二十四日这天他刚又收到罗兰的一封信,这封信是修改完敬译《阿Q正传》以后写来的,修改的过程中"读了第二次",比第一次"更觉得好"。敬隐渔一月二十四日写给罗兰的信是对这封信的反馈,而他一月二十四日写给鲁迅的信则是对罗兰信中赞语的转达。只不过敬隐渔的用语不是罗兰给自己的"一封信",而是"原文",无意中制造出一个谜团。

既然罗曼·罗兰在这封信里称赞了鲁迅的《阿Q正传》,为什么敬隐渔在给罗兰的回信里唯独对此没有反馈呢?因为敬隐渔很清楚,罗兰对《阿Q正传》的称赞,应该由鲁迅本人做出反馈,他只需把赞语转达给鲁迅即可。这也正是敬隐渔在一月二十四日给鲁迅的信中所完成的任务。鲁迅收到敬隐渔一月二十四日的来信以后,在四月二十五日给敬隐渔的信中感谢了罗兰对《阿Q正传》的热情称赞,并寄上亲编的《莽原》"罗曼·罗兰专号"作为回谢。敬隐渔又在六月十一日给罗兰信中转达道:"他感谢您对他的小说的称赞,觉得过奖了。"罗兰在给敬隐渔的这封信里对《阿Q正传》的称赞,就这样得到了反馈。

关于"一封信"的内容,它至少包含以下两点:

一、罗曼·罗兰对《阿Q正传》的赞语。我们所知有三个版本:

敬隐渔是摘自"原文",应该准确无疑:"……阿Q传是高超的艺术底作品,其证据是在读第二次比第一次更觉得好。这可怜的阿Q底惨象遂留在记忆里了……"前后的删节号说明赞语还有更多的内容。

全飞看过"原文",据他说:"罗曼·罗兰非常称赞,中有许多批评话,可惜我不能全记,我记得的两句是:这是充满讽刺的一种写实的艺术。……阿Q的苦脸永远的留在记忆中的。"但全飞是凭记忆追述的,自己也承认"不能全记",其准确度自然要打折扣。

许寿裳转述鲁迅的话:"罗曼·罗兰读到敬隐渔的法译《阿Q正传》说道,这部讽刺的写实作品是世界的,法国大革命时也有过阿Q,我永远忘记不了阿Q那副苦恼的面孔。"鲁迅并没有看到"原文",他的话不知由何而来;再加上是许寿裳转述,其可信度就更差了。

二、罗曼·罗兰对敬隐渔翻译的夸奖和评论。

这是敬隐渔在读了《罗曼·罗兰评鲁迅》以后,为了反驳全飞对他的译文的非议才不得不公之于众:"罗曼·罗兰说:Votre traduction est correcte, aisée, naturelle(你的译文是规矩的,流畅的,自然的)。"

至于敬隐渔寄给创造社的信，它实际上包括三个文件：罗曼·罗兰一月二十三日给敬隐渔信的原文、敬隐渔的译文，以及敬隐渔为此写给创造社同仁的信。"一封信"，内容充实，分量不轻。

有研究者推测罗曼·罗兰在这封信里还谈到郭沫若的小说。事实并非如此。罗兰谈郭沫若的《函谷关》，人们是从全飞给柏生的信里得知的。全飞转述罗兰评《阿Q正传》的话相当准确；他转述的罗兰对《函谷关》的印象，我们宁信其有。罗兰并没有说《函谷关》不好，只是"谦虚的说他不晓得好处，或者好处在中文里边吧"，很有分寸。敬隐渔反驳全飞时说"罗兰也评得不坏"，同样是实情。不过罗兰的话应该是在先前的一封信说的，敬隐渔也已经在一月二十三日回信中向罗兰解释此乃已在中国发表过的旧译；罗兰没必要在敬隐渔一月二十四日接到的信里再次谈论《函谷关》。如果罗兰在后来这封信里说了不晓得《函谷关》的好处，敬隐渔也不会寄给创造社发表。

那么，"一封信"最后的下落又如何呢？

敬隐渔在给鲁迅的信中说"原文寄与创造社了"，这无可怀疑；他是个有诚信的人，绝不会做无中生有、作茧自缚的事。

事实是，一九二六年一月二十四日敬隐渔接到罗曼·罗兰的来信，立刻领悟到罗兰对鲁迅《阿Q正传》的称赞意义重大，心情非常激动；他不但要对罗兰夸奖自己诚表谢意，更迫不及待地要把罗兰称赞《阿Q正传》的喜讯传达给鲁迅，并通过创造社的刊物向中国文学界广为传扬。这一天，在里昂施沃舍街五十号四楼刚租来的单身房间里，实际上他一共写了三封信。给罗兰和鲁迅的信，落款都标明写于一月二十四日。给罗兰的信盖有"里昂火车站邮局一九二六年一月二十四日十八时三十分"的邮戳，是下午去市中心佩拉什火车站的邮局投寄的，那里是去瑞士的火车的始发站。回到住处，给鲁迅写信时已是夜晚，但寒气无碍他满腔热忱，存留至今的这封珍贵的文献就这样完成；他第二天大清早就下山去福尔维耶尔高地脚下图书馆滨河路的圣约翰邮局付邮，所以信封上盖有"里昂圣约翰邮局一九二六年一月二十五日七时五十五分"的邮戳。给鲁迅的信里说"原文寄与创造社了",可见第三封信,也就是寄"原文"给创造社的那封信,这时已经寄出,也就是和给罗兰的信一起付邮。一月二十四日真是他繁忙的一天,不过三封信都源于敬隐渔这天收到的罗兰的"一封信"。

敬隐渔一月二十四日写给上海创造社的信照例走水路,运送这封信的盎特莱蓬号邮船一月二十九日从马赛起航,三月六日抵达上海。当年从法国寄往中国的邮件,安全度完全可以信赖。敬隐渔给鲁迅的信、给《小说月报》的稿件《蕾芒湖畔》、给《洪水》的稿件《读了〈罗曼·罗兰评鲁迅〉以后》,都如期寄到。敬隐渔一月二十四日寄给创造社的这封信,无疑在三月六日随船到了上海。但问题是它是否送达了创造社,也就是当时创造社唯一的刊物《洪水》编辑部。

笔者认为,不幸的事恰恰发生在这个环节。一九二四年五月下旬筹备《洪水》时,创造社的人由上海民厚南里搬到贝勒路一处市房,敬隐渔曾在那里积极参与该刊的创办。可是,一九二五年九月十六日《洪水》复刊时,编辑部就已迁到南市阜民路二九五号,这时敬隐渔已经离沪赴法;一九二六年三月一日创造社出版部挂牌营业,编辑部又一起搬到闸北宝山路三德里 A 十一号。这一再的变迁,远在法国的敬隐渔哪里跟得上!他寄给创造社的信就这样在投递过程中遗失了。

难怪鲁迅望眼欲穿地久等也不见创造社刊物发表"原文"!难怪郭沫若多年如一日地矢口否认创造社收到过"一封信"!

笔者做出这封信遗失的判断还基于一个信念:正如创造社后期成员冯乃超(1901—1984)在发表于一九七八年第二辑《新文学史料》的《鲁迅与创造社》一文中,谈到《洪水》时期的创造社时所说:"我认为创造社此时是最少'组织''集团'气味的时期,也可以说是最少宗派情绪的时期。"的确,《洪水》的投稿者更广泛,而且《语丝》《莽原》《京报副刊》等所谓鲁迅派的刊物,鲁迅的《呐喊》《华盖集》,也屡屡出现在《洪水》的广告栏。笔者深信,倘若《洪水》编辑部收到了这封信,定会将它登载于显要位置,毫不迟疑。

211

寄给创造社的"原文"未在《洪水》刊出，不仅鲁迅失望，敬隐渔也心情不悦。文学研究家、教育家林如稷（1902—1976）当年在巴黎学习，与敬隐渔相识。他在给戈宝权的信中说："后来敬隐渔因此文未见登出，到巴黎后见着我时也发过牢骚……"

如果逝者有灵，但愿随着这一历史真相的还原，文学研究会和创造社、鲁迅和郭沫若能够冰释前嫌，敬隐渔维护进步文艺界团结的一片苦心能够获得安慰。

## 第十一章　祖国,睡狮醒来!

敬隐渔在一九二六年一月二十九日祝贺罗曼·罗兰六十寿辰的信中,庆幸自己在罗兰关怀下走出他那一代中国青年的精神危机,重拾生活的信心,并且在欧洲开始了新的生活。

的确,敬隐渔自从在里昂大学进修文学学士学位,一直踏踏实实地学习。所选的四门功课,不论是法国文学、拉丁研究,还是埃及学和印度研究,都是他钟爱的学科,也都是内涵丰富的课程,他投入了很多精力。与此同时,他还在罗曼·罗兰指导下,以介绍中国当代文学为主,笔耕不断,特别是完成了翻译《阿 Q 正传》的重任。

敬隐渔在里昂安身以来,一直忙于学习和写作,还没有尽情领略这里的名胜古迹。二月上旬,他利用寒假犒劳自己前一段时间的辛苦,抽了几天时间在里昂做了几次徒步旅游。他在二月十一日给罗曼·罗兰的信中概括这几天漫游里昂的感受,赞叹道:"废墟,美景,幽静,令人心旷神怡。"

敬隐渔虽然住在福尔维耶尔高地上,却直到现在才把福尔维耶尔圣母大教堂和那些古罗马废墟游个尽兴。圣母大教堂正面有一座雕刻的石狮,石狮后面的正门上方有一条弧线,一般人都不会发现它是由文字组成,敬隐渔却记住了《圣经》中圣约瑟的这句拉丁文名言:Requiescens ut leo accubuisti①。这句话镌刻在这里,是对里昂的礼赞,因为里昂(Lyon)就是雄狮。敬隐渔久久地坐在古罗马露天剧场的千年石阶上,不仅发思古之幽情,也思索自己的人生。他不只游览观光;

---

① 拉丁文,意为:"你猎取食物后上来,屈身俯卧,犹如雄狮。"

他像《一个孤独漫步者的遐想》的作者卢梭一样，一边漫步一边沉思。

　　这种徒步漫游，同历史与自然的亲密接触，对敬隐渔身心皆宜。他似乎比任何时候都心情爽朗，比任何时候都更能理解约翰－克利斯朵夫的曲折人生，增添了许多精神的动力。尽管供翻译选材用的书还没有从中国寄到，但他文思潮涌，情不自禁地写起文章来。

　　寒假将尽，新学期即将到来。敬隐渔的《阿Q正传》译稿已经确定五月开始连载，但要等发表后才能拿到稿酬。罗曼·罗兰三个多月前给予的资助已经用完，家乡许诺的奖学金又没有兑现，而三月十五日就得交膳宿费和新学期的学费，敬隐渔又面临难关。迫不得已，他在三月十一日写信给罗兰，请罗兰出面让里厄戴尔书局借给他一千法郎，他表示会以自己的工作或收到的奖学金偿还。一再麻烦导师，他深感歉疚。罗兰果然为他及时办妥了这件事。敬隐渔在三月十九日的信中表示"感谢您对我的无微不至的关怀"。他这才无忧地进入了新的学期。

　　敬隐渔主攻法国文学。他上学期研读的作家中有以讴歌爱情和十字军东征著称的十二世纪诗人科侬·德·贝图纳，十七至十八世纪作家、《泰雷马克历险记》作者费纳龙，十八至十九世纪作家、法国浪漫主义文学鼻祖、保王派诗人夏多布里昂。这些作家的作品，敬隐渔不但读了，而且颇有自己的见解。他对夏多布里昂最感兴趣，在三月十九日给罗曼·罗兰的信中谈论起来滔滔不绝：

> 不过人们对我们谈论的主要是他的风格，而很少谈及他的思想。他在《勒内》①中对忧郁和狂烈之爱的描写很出色，我很欣赏这本书。但从思想角度，我对他并不欣赏，因为他没有很多思想。我认为他只是在给基督教带上百合花图案而已（请允许我把自己的看法说出来由您纠正）。他缺乏真正的信仰，他只是表现在美学中的基督徒，归根究底他既不是圣者也不是深刻的悲观主义

---

① 夏多布里昂的中篇小说。

者,因而他无法进入高尚的境界。

百合花是法国王室的标志。敬隐渔说夏多布里昂充满基督教精神的创作带着旧王朝的印记,"他既不是圣者也不是深刻的悲观主义者",可谓一语破的。敬隐渔继而将夏多布里昂同十七世纪宗教作家博素埃、《圣经》中《圣诗》的作者以及十七世纪宗教思想家帕斯卡尔和罗曼·罗兰笔下的约翰-克利斯朵夫作比较,认为除了帕斯卡尔和克利斯朵夫少数几个怀疑论者,很少有什么人的悲观主义能够达到《圣诗》的高尚境界。尽管敬隐渔的见解只是一家之言,但这番思辨足见他知识之丰富、思路之开阔。

新学期,敬隐渔要研读的作家中有十六世纪小说家、《巨人传》作者拉伯雷、十七世纪的几个醒世作家、十八世纪启蒙运动作家、《波斯人信札》作者孟德斯鸠、十九世纪诗人缪塞和魏尔伦……敬隐渔在这封信里像个撒娇的孩子一样支使大文豪罗曼·罗兰:"如果不打扰您的话,我想求您在您重要工作的间歇,时不时地在这方面给我写一点什么,指点我该怎么做,简要地跟我谈谈法国文学的历史和主要的阶段。"

里昂大学是颇具声望的学府,教学有很高的标准和要求,这正是缺乏正规系统教育的敬隐渔所需要的。敬隐渔也确实爱动脑、求甚解。这样聪明好学的弟子,罗曼·罗兰当然不吝赐教。

在准备学年考试的同时,敬隐渔还在翻译一个中国女作家的一个剧本,他认为那剧本写得很好。他在一九二六年五月六日给罗曼·罗兰写信说:他在《罗曼·罗兰友人之书》里读到博杜安写的一首自由体法文诗,很喜欢。他请求罗兰,如果有时间的话,教给他写自由体诗,因为他希望把那部剧作中遇到的诗句译成自由体的法文诗。敬隐渔好学,罗兰这位义务辅导员有做不完的活儿。

敬隐渔在这年一月二十三日给罗曼·罗兰的信中曾发下豪言:"只要我还在里昂,我将最终定居在施沃舍街五十号。"但这并不妨碍他在五月六日的信里向罗兰宣布他又搬家了。他认为是房东奥吉耶先生嫌他寡言少语、性格孤僻,借口自己要用那个房间,请他走人。新住处是阿拉依之星路十五号,仍在里昂第五区的高地上。世事变化,焉知非福,敬隐渔反倒称了心:

> 这样更好。因为我现在每月租金一百法郎,住在一座美观而又舒适的类似别墅的房子里,周围是个大花园。我的房间窗户朝向一片绿树的锦缎;右边,往高处走,远远的有一座墓园,焚化炉的烟囱高耸;前方,透过枝桠,显现出远山淡淡的身影。鸟儿的欢歌把我唤醒;如果我待在家里,就终日为我唱着摇篮曲。

敬隐渔很少去看戏或者听音乐会,因为费时又费钱。不过,星期日,一个法国同学有时请他去家里听钢琴或小提琴演练。敬隐渔喜欢比较通俗优雅的马斯涅和舒伯特的作品。贝多芬的音乐富含哲理,一般人不会解读和欣赏。那些朋友还想教敬隐渔演奏乐器……

一九二六年五月二十七日,敬隐渔给罗曼·罗兰写信,兴致冲冲地告诉罗兰,他已经给瑞士格朗镇的国际光明学校的领导回信,答应他们八月二十日以前到那里做讲演,题目是《睡狮醒来》(*La lionne réveillée*)。

远在瑞士蕾芒湖畔格朗镇的这所学校,何以知道并找到籍籍无名的中国学生敬隐渔?又是罗曼·罗兰牵线搭桥。敬隐渔初访罗兰时和奥尔加别墅主人的连日长谈,罗兰已经对他的知识、阅历、法文和口才有了深刻印象;罗兰认为敬隐渔去格朗讲演,能让更多的人了解中国。这对敬隐渔来说也是个难得的学习和锻炼的机会。

想到又要去瑞士,敬隐渔像个孩子似的欢呼:"我高兴,我狂喜,因为能够再见到那个美好的地方和那个伟大的人物。"

罗曼·罗兰回信时寄来一张他坐在窗前的美丽的照片,并且告诉敬隐渔,印度诗人泰戈尔应他之邀将要到瑞士访问。

敬隐渔急不可待,在六月十九日复信罗曼·罗兰,希望能早日重访罗兰,并希望能见到泰戈尔。

六月二十三日,敬隐渔顺利通过了法国文学考试。暑假开始了,他恨不得马上飞到奥尔加别墅。可是，罗曼·罗兰这时已有外出旅行的安排，要他和罗尼格联系。热心的罗尼格邀请敬隐渔去他那里度假。

敬隐渔七月五日到达莱茵菲尔登。他有意研究罗曼·罗兰的生平与创作，罗尼格便让他饱览自己收集的罗兰资料。敬隐渔七月五日从莱茵费尔登写信给罗兰说："……我决定写几篇关于您的中文（或法文）文章，出一个集子。我也可以借此更好地了解您和您的作品。"

罗尼格还带敬隐渔去苏黎世听了泰戈尔的演说，尽管敬隐渔听不懂这位诗人说的英语。

敬隐渔和罗尼格相处熟了，就向他透露新学年打算去巴黎读书的想法。罗尼格知道罗曼·罗兰希望敬隐渔留在里昂，便对他善加劝诱。罗尼格一九二六年七月五日给罗兰写信说："敬隐渔告诉我，他的第一门考试，法国文学考试，已经获得成功。他当然计划返回里昂，在那里继续学业。由于正值假期，他感到时间很长，就决定到瑞士来，并且写几篇关于您和您的作品的文章。""如果我们在这个假期里尽可能地帮助他，他会回去读书的，而且会更努力地读书。"

敬隐渔在莱茵费尔登住了一周以后，接着又去了维尔纳夫。罗曼·罗兰外出还没有回来，这也无妨，敬隐渔和他的老爸、妹妹都熟了，就在那里继续阅读罗兰资料。他带着新出版的罗兰又一巨作《欣悦的灵魂》返回里昂。

敬隐渔八月七日再次给罗曼·罗兰写信时，住址已是里昂第五区半月路十号米绍太太家。他索性不再解释。

敬隐渔告诉罗曼·罗兰，他患流感已经十天了，还没好。为了去格朗讲演，他已经读了很多书，做了很充分的准备。如果过一个星期病还不好，他就去不了瑞士："天知道，我为做一点有益的事徒然付出了多大的努力。"

谈到自己的经济状况，敬隐渔说：他希望，如果不生病的话，到年底能用自己的劳动把欠下的账还清。不过眼下他还不能工作，他请求罗曼·罗兰借点钱给他。

这是敬隐渔第一次开口跟罗曼·罗兰借钱。自从三月初向里厄戴尔书局预支了一千法郎，五个月过去了，除了交学费，他每月生活费平均不到二百法郎，房租就占去一百法郎。他的日子过得够紧。

敬隐渔感冒还没好。在病中，也是罗曼·罗兰在精神上陪伴着他。他说：阅读《欣悦的灵魂》给他留下强烈的印象。中国的佛教徒只知道一条路：禅定之路，通过它达到"真理"；可相反，禅定导致的往往是冷漠。看到真理从暴风雨似的冲突中突然涌现，中国的佛教徒一定会大为惊讶。

《欣悦的灵魂》(L'âme enchantée) 由三部分组成。敬隐渔这时读到的是罗曼·罗兰一九二六年五月二十日才完成的前两部分，包括《安乃德和西尔薇》《夏季》和《母与子》三卷。如果说前两卷主要写安乃德在婚姻问题上对传统观念的叛逆和她在资本主义社会底层的苦斗，第三卷则是儿子马克和她先后投身反法西斯的战斗。在社会的暴风雨中以行动来追求生活的真理，这和佛教的禅定是多么不同！

在八月七日这封信里，敬隐渔说他被这部小说中题为《夏季》的一首诗深深感动："安乃德做的诗给病中的我以莫大的安慰。"请读罗大冈译笔下的这首发自深心的炽烈的情歌：

你来了，你的手拉着我的手——我吻你的手。
充满爱情，充满恐惧——我吻你的手。

爱情，你是来摧毁我的，我完全明白。
我双膝颤抖……来吧！摧毁吧！——我吻你的手。

你咬了果实，然后扔掉：来，咬我的心吧！
祝福吧，被你咬破的伤口！——我吻你的手。

你要整个的我；你一切到手之后，却什么也没有利用。

你留下的只是一片废墟。——我吻你的手。

你的手抚摸我,明天却将杀死我。
我等着,吻着这只手,等你的致命一击。

杀我吧!打击吧!当你使我痛苦的时候,你使我舒服。
你解救了我,破坏者——我吻你的手。

是我流血的每一下打击,砸断了我的锁链。
你扯下带着皮肉的锁链——我吻你的手。

你砸烂了我身体的囚笼,我的凶手,
我的生命从裂口中逃逸——我吻你的手。

我是受伤的大地,从那儿将长出
你所播种的痛苦的庄稼。——我吻你的手。

播种神圣的痛苦吧!但愿在我的胸怀里,
全世界痛苦的庄稼都能成熟。——我吻你的手,
我吻你的手……

说到这首让敬隐渔感到"莫大的安慰"的诗,还有一段关于罗曼·罗兰夫妇的轶事。这首小诗其实是罗兰夫人玛丽亚和罗兰恋爱时所作,经她同意,罗兰把它收入小说,作为小说主人公安乃德的作品。而这首烈火熊熊的爱情诗,歌颂的爱情对象就是罗兰!敬隐渔并不知道这段内情,却能有这样的共鸣,真有些神奇!

罗曼·罗兰接到敬隐渔八月七日的求援信,没有迟疑。敬隐渔八月二十一日给罗兰回信一开头就说:"我又收到您的汇票。我深深地感谢您。"

敬隐渔的病情也好转，八月二十二日，他终于如愿以偿，动身去格朗作讲学之旅。

**蕾芒湖畔的格朗国际光明学校**

格朗是个只有八百多居民的市镇。邀请敬隐渔去演说的国际光明学校，由英国人艾玛·托马斯（Emma Thomas，1872—1960）创建于一九二一年十月，并由她亲自主持。托马斯小姐出生于英国肯特郡刘易斯汉姆镇一个皮匠家庭，是七个孩子中最大的一个，幼小就操持家务。她就读于伦敦斯托克维尔学院，是第一个获得社会学文凭的女生。她在伦敦任教三十年，退休后来到瑞士格朗，自费兴建了这所国际光明学校。学校位于蕾芒湖畔，约有四十名学生，来自不同的国家，包括黑人学生。托马斯小姐是基督教贵格教派的虔诚信徒。该教派始自十七世纪一个宗教运动，主张"内在的光明与和平"。格朗国际光明学校致力于和平事业，贯彻平等与社会和平的信条，在课堂学习的同时，无论来自哪个国家和哪个社会阶级的学生，都要在教师的帮助下从事校园劳动；学校员工，从校长到厨师，月薪一律是一百瑞士法郎。

敬隐渔受邀参加的,其实是国际妇女争取和平与自由联盟组织的一次活动。该联盟成立于一九一五年,由美国人珍妮·亚当斯(Jane Addams, 1860—1935)任执行主席。该联盟关注被压迫民族的命运,曾派代表团来华,了解到西方人把吸食鸦片的习惯强加给中国人,随即召开了一次关于鸦片问题的会议。该联盟对于联合国的最终成立起到推动的作用。

国际妇女争取和平与自由联盟每年都要为"和平工作者"举办夏季讲习班,今年在格朗,托马斯小姐是联盟的支持者,她的国际光明学校承办了一九二六年的夏季讲习班。讲习班于七月二十六日至九月四日举行,有来自十六个国家的代表参加。来自五大洲的代表发表了六十余场讲演。主题广泛而多样,大都是人类和平与进步事业所面临的现实问题。

敬隐渔是应邀在讲习班发表讲演的唯一中国人。《在格朗国际学校举行的和平工作者夏季讲习班日程表》上,清楚地印着:八月二十三日晚,让-巴蒂斯特·敬隐渔发表题为《睡狮醒来》的法文讲演。主讲人名录中对敬隐渔的介绍是:"一位年轻的中国人。记者。现在里昂大学读书。"说敬隐渔是记者,莫如说他是作家。

到格朗讲习班讲演,敬隐渔意识到这是一个契机,一个平台,可以让世界了解和关注中国,所以他早早就开始做准备,为此读了许多书,认真地撰写了讲稿。在这次法文演说的讲稿中,他颂扬古老中华的辉煌历史,对此如数家珍。但他讲演的重点却是围绕着"睡狮醒来"。近代的中国确实如拿破仑所说像一头睡狮,惨遭西方列强的蹂躏。辛亥革命推翻了封建王朝,具有划时代的意义。但外国军舰仍在黄浦江上耀武扬威,外国租界在上海滩就像国中之国,列强操纵的军阀混战在继续。追求科学与民主的"五四"新文化运动,反帝爱国的"五卅"运动,中国人民废除不平等条约的斗争,以及刚刚打响的反帝反军阀的北伐战争,是睡狮觉醒并且试图奋力站起的标志。道路会是曲折而又漫长，但中国这只已经醒来的睡狮，一定会重新屹立于世界民族之林。敬隐渔的精彩介绍和分析，让远在欧洲腹地的十六国社会活动家获得一次了解中国伟大和苦难的难得的机会。在九十年前的那个时代，有这样的才能和这样的机会直面世界，为中国之命运呼号，敬隐渔是为数不多的国人中的一个。

《在格朗国际学校举行的和平工作者夏季讲习班日程表》之一页

在瑞士期间，敬隐渔还去旅馆拜访了亚当斯小姐。这位国际妇女和平与自由联盟执委会主席，是罗曼·罗兰介绍他认识的。她是为世界和平和妇女权利而斗争的著名活动家，又是一个佛教徒。在格朗讲习班，她做了三场题材各异的讲演。

不过，格朗之行给敬隐渔留下最美好印象的还是国际光明学校的校长托马斯小姐。年逾半百的她虽然未婚，但她的学生们都是她的孩子，他们用梵语亲切地叫她"moto"（妈妈）。她为理想的教育事业操

劳,活力充沛,不知疲倦。她对年轻的中国客人敬隐渔是那么和蔼,像母亲般慈祥。敬隐渔对罗曼·罗兰形容道:

> 她有一双温存的眼睛,她善良,她的动作举止就像个仙姑(中国的仙女)……和这些人在一起,让人感到进步和充分的祥和。

除了讲演,敬隐渔还参加了讲习班组织的丰富多彩的活动,在格朗度过了愉快的一周。接着敬隐渔就去维尔纳夫再访罗曼·罗兰。他最亲爱的导师身体不适,仍然接待了他。

敬隐渔这次从格朗去维尔纳夫,从维尔纳夫到日内瓦,都是乘船,尽情领略了蕾芒湖和它四周如画的美景。

敬隐渔回里昂后,九月七日给罗曼·罗兰写信,感谢恩师的接待,谈了自己对亚当斯小姐和托马斯小姐的印象。他对托马斯小姐在国际光明学校实践的新的教育制度极表赞赏。和那里的人相处,他有一种进步与祥和之感。

敬隐渔还把写给该校老师们的信抄了一份请罗兰一读。敬隐渔在格朗和他们虽然相处不长,却像成了朋友似的,在这封信里敞开心扉,畅所欲言。格朗国际学校处在蕾芒湖畔仙境般的美景里,但在敬隐渔看来更美的是,它创造出的理想国一样的小小的社会,它把"乡野的自由和社会的温暖相融合"。这不禁让敬隐渔对比自己在四川深山里度过的冷峻岁月,感慨道:"如果我的童年是在你们学校里度过,我该多么幸福。"但国际学校的实验毕竟改变不了复杂而又无情的社会现实,他深感这现实"需要并锻炼人的勇气,有时也会挫伤人的勇气",流露出苦闷的情绪。

不过,敬隐渔一回到里昂,罗尼格的一封亲切关怀的信也跟到了里昂。在莱茵费尔登一周的相处,罗尼格加深了对敬隐渔的了解和感情,也更能理解罗曼·罗兰对这个中国青年的关怀。他像罗兰一样担心敬隐渔的健康。他主动借给敬隐渔一千法郎,并且表示愿意尽可能地帮助他,甚至每个月借给他六百法郎,直到中国的奖学金寄来。而敬隐渔,在当前的情况下也只能依靠罗兰和罗尼格伸出的援助之手了。

敬隐渔回到里昂,就专心致志地修改在格朗的讲稿;可是刚完成三分之二,又被一场病打断。

就在病中,敬隐渔得知发生在四川万县的"九·五"惨案。丧权辱国的一九〇二年《中英通商条约》将万县辟为向外国列强开放的商埠。一九一五年日英两国在此设立海关。一九二六年八月二十九日,英国太古公司万流号商轮在四川云阳江面肆意疾驶,撞沉杨森部队载运军饷的三艘木船,五十余官兵和船民淹死,饷银八万五千元和枪支五十余支沉入江底。杨扣留英船以追究责任。九月五日,英国海军一队,在兵舰卫护下驶抵万县,抢回英籍船员,并炮击万县城长达一小时以上,致使华人死伤无算,损失不赀。

万县惨案的消息传来,旅居法国的中国侨胞义愤填膺。里昂的华侨举行了几次会议,组织者拟请敬隐渔起草一份法文宣言。无奈敬隐渔正在病中,无法承担这一任务。但他在九月二十一日给罗曼·罗兰的信中抒发了自己热烈的爱国主义情怀:

> 屠杀比经济和外交侵略更能唤醒我们民族的反抗。我们的知识分子已经被苏维埃吸引,越来越热忱地和它接近。帝国主义支持的粗暴的北洋军阀,在公众面前已经声名扫地。压迫者们的面具已被揭破。我不知道欧洲人民是否经受过中国人这样的痛苦,不过政治报刊散布的浓雾可能模糊他们的视线。我希望苦难的兄弟们互相同情,残酷的贝罗娜①饶过我们伟大、忠诚的文明宝库。

他身在欧洲,但他的心始终和苦难祖国的命运紧密相连。他寄希望于罗曼·罗兰这样的西方世界的仁人志士。他对病了许久的罗兰说:"我祝愿您早日痊愈。一切受苦的人,弱者和茫然不知所措者,需要他们的向导。"

---

① 古罗马神话中的战争女神。

敬隐渔在离沪赴法前给罗曼·罗兰最后一封信中曾忘情地大声疾呼:"《约翰－克利斯朵夫》的作者,蕾芒湖,巴黎,这一切令我向往。"来法一年,他已经两访罗兰,和罗兰建立起非同寻常的亲密联系;他也已经三游蕾芒湖,那里的湖光山色,那片与卢梭、拜伦、罗兰、格朗国际光明学校的名字相连的土地,对他来说是那么美好圣洁,给予他无穷的慰藉;现在,只剩下他从来没有真正忘记的巴黎了。巴黎始终强烈地吸引着他,就像一种神秘的力量吸引着百折不挠地迁徙的非洲角马。

一九二六年九月二十一日,敬隐渔的病刚刚见好,里昂的天气很坏,他心绪异常低落,离开里昂去巴黎的念头终于主导了他的思想。他在这一天给罗曼·罗兰的信中,实际上已经宣告了将要北上巴黎的决定:

> 假期过得毫无意义!我工作越少,花销越多。日子简直没法过。我身体好些了;但是大难随时都会临头。我想还不如去巴黎继续学习;据一些同学说,那里生活也许并不比这儿贵。

巴黎是法国历史惊心动魄的舞台,文化艺术光辉灿烂的殿堂。许多中国政治和文化精英,年轻时都曾在这座伟大的城市生活和历练。敬隐渔要去巴黎学习未必是坏事。

敬隐渔是个说做就做的人。既然下了决心,新学年开学的日子又临近了,十月十一日,他便带着简单的行囊,在里昂佩拉什火车站登上了开往法国首都的列车。

# 第四部　奇特的病症

# 第一章　巴黎,别样的生动

一九二六年十月十一日,敬隐渔走出巴黎的里昂火车站,先去一个熟识的中国同学那儿借宿。他得找一个稳定的栖身之地,在巴黎这可不是一件容易的事。不过,十月十六日他给罗曼·罗兰写的到巴黎后的第一封信,落款已经是他找好的新住处:巴黎第五区瓦莱特街二十一号罗朗膳宿公寓。敬隐渔告诉罗兰:

> 我刚刚找到一个便宜的膳宿公寓,每月五百法郎,全包;公寓和圣热纳维耶芙图书馆以及伟人祠近在咫尺。伙食比里昂好得多。房间挺大,足以避开噪音;既不阴暗,也不明亮,正适于思索。我打算在这里住上几年。我想一面在索尔邦继续我的学业,一面完成答应几位书商的工作。

巴黎第五区在塞纳河左岸著名的拉丁区。早在中世纪,以索尔邦即巴黎大学为中心,这个地区就集中了一些著名学府;因为通用拉丁语授课,得了这个拉丁区的雅号。提起巴黎拉丁区的膳宿公寓,熟悉法国文学的中国读者自然会联想到巴尔扎克小说《高老头》里穷学生拉斯蒂涅和毕安训住的发着霉味的伏盖公寓。经过十九世纪下半叶第二帝国时代的大规模城市改造,这些公寓的条件有了改善,寄宿者有了较多的独立空间,不过也少了许多旧时家庭式公寓的浓厚的人情味。

全法国、全欧洲、乃至全世界的学子纷纷涌来,巴黎拉丁区一屋难求。敬隐渔找到的公寓房,连吃带住每月五百法郎,比起在里昂一百法郎租的带花园的别墅,可谓昂贵,但在这个地区却的确算是便宜。不过,敬隐渔既没有奖学金,又没有家庭后援,这每月五百法郎,对他来说也是个天文数字,不知他将如何面对。

罗朗公寓在一座四层楼房里。敬隐渔在后来的信中还说过:"我的房间里只有一个煤气炉,不见阳光,因为唯一的窗户旁边是一堵高墙。"这就是说他的那个房间朝着院子,在这座楼的南端,而且不在高层。拉斯蒂涅和毕安训时代的壁炉已经由煤气炉替代,倒是个进步;但巴黎的冬天有时还是挺冷的,敬隐渔的日子不会太好过。

敬隐渔安排好了住处,立刻在巴黎大学文学院注了册。他选择主攻心理学。他喜爱这个专业,这符合他喜爱禅学、喜爱思辨、喜爱内在深沉的心理活动的倾向。何况索尔邦有著作等身的皮埃尔·雅奈(Pierre Janet,1859—1945)教授等几位心理学权威担纲任教,敬隐渔对雅奈教授的临床心理学极感兴趣。当然,凡他喜爱的其他课程他也不错过。罗朗公寓离索尔邦只有五分钟的路,和他在里昂时去里昂大学上课须跋山涉水相比,真是方便之极。

从罗朗公寓出来向左走一百米就到了伟人祠。这伟人祠建在圣女热纳维耶芙高地上,原是一座天主教教堂,法国大革命时期决定用来存放伟人们的遗骨,门楣上至今镌刻着"AUX GRANDS HOMMES LA PATRIE RECONNAISSANTE"(祖国感念伟人)的金字横幅,伏尔泰、卢梭、雨果……这些伟大的思想家和文学家就在这里长眠,敬隐渔对他们敬慕已久,得空便去瞻仰。

圣女热纳维耶芙图书馆正门朝向伟人祠广场,后门就在敬隐渔住的罗朗公寓的街对面,敬隐渔去那里是举步之劳。这座图书馆有上千年历史,藏书逾二百万册;曾在这里阅览的名人不计其数,楼的外墙上列出大名的就达数百人之多。作家于勒·瓦莱斯(Jules Vallès,1832—1885)在其自传三部曲之一《高中毕业生》中曾写道,他十八岁从外省来到巴黎,白天做工,晚上就在圣女热纳维耶芙图书馆苦读:"得早去才能有一个座位。"存在主义文学女杰西蒙娜·德·波瓦尔(Simone de Beauvoir,1908—1986)在《一个规矩女孩的回忆》中曾描述,她十八岁时,也正是敬隐渔住进罗朗公寓的这一年,如何在这座图书馆潜心

第四部 奇特的病症

巴黎瓦莱特街（本书作者摄）

阅读：

    我登上圣女热纳维耶芙图书馆的楼梯，从而开始了我的新生活。我来到保留给女读者的那一片，在一张大桌子前面坐下，便沉浸于《人间喜剧》或《一个优秀男人的回忆》①。

    而今，这里又出现了中国学生敬隐渔。也许他还和西蒙娜这个学习勤奋的姑娘打过照面呢。

    卢森堡公园离瓦莱特街也很近。这里有意大利风格的园林，更有浓郁的文化气息。这是雨果长篇小说《悲惨世界》的年轻主人公马里乌斯和珂赛特初次相会的地方。在西北角幽静的苗圃间，莫泊桑短篇

---

① 《一个优秀男人的回忆》是普雷沃神父的第一部小说，发表于一七二六年。

杰作《小步舞》中的暮年艺人曾翩翩起舞,重温往昔的美好时光。斯丹达尔和乔治桑的半身塑像隔着一条小径默默相视;德拉克罗瓦的铜像面临一座水池和喷泉;贝多芬、肖邦、福楼拜、波特莱尔、魏尔伦的雕像栩栩如生,仿佛这些文学艺术天才仍在人间。这是拉丁区学子们钟爱的地方,他们常来这里,或坐在铁椅上静静地阅读,或三五成群地漫步欢谈,洋溢着自由与和谐。敬隐渔刚到巴黎,已不止一次在园中徜徉。

从瓦莱特街去塞纳河也不远。从西岱岛到埃菲尔铁塔,从战神广场到巴黎市政厅,这段塞纳河的两岸,名胜古迹绵延不断。初到巴黎的日子里,敬隐渔感到人声嘈杂,人群扰攘,很不适应,就去塞纳河边散步,不但内心平静了,而且在信步闲游的人群中领略了生活的轻松和喜悦。

格朗的讲演稿,敬隐渔在里昂时已整理了三分之二。他来巴黎后的第一件工作就是把余下的部分完成。

到巴黎后,虽然诸事繁杂,敬隐渔仍抽暇阅读。他读了托尔斯泰的《永福就在你身上》(*Le salut est en vous*),似乎在其中找到了许多问题的解答。这是托翁论述信仰的书,一共十二章,阐释了他对"勿以暴抗恶"、基督教信仰、战争与和平等一系列问题的看法。敬隐渔对这本书评价很高,认为托翁的见解比教会的布道更能赢得人们对基督教的同情。

敬隐渔性格比较孤僻,但外表的孤僻掩不住他内在的磁力。到巴黎后,他很快又有了几个新交,常和他们相聚,谈巴黎,谈文学,交流国内信息,议论国家大事。

敬隐渔到巴黎时,中国和比利时之间关于废除一八六五年不平等条约的政治较量正值关键时刻。一八六五年十一月,中国被迫与比利时签订《通商条约》和《通商章程:海关税则》,该条约于一八六六年十月二十七日生效,比利时由此从中国获得了公使驻京、领事裁判权和片面最惠国待遇等一系列特权。中国政府曾于一九一九年巴黎和会、一九二一年华盛顿会议两度提出修改,均无效果。一九二五年"五卅惨案"后,中国民众要求废除不平等条约的呼声日高,北京政府在国人推动下欲逐个解决,因中比条约定有"日后比国若于现议章程条款内有欲行变通之处,应俟自章程互换之日起,至满十年为止"的规定,于是北京政府以一九二六年十月二十七日条约又将满一个十年为由,要求废止该约。但比方仍借故拖延。这引起中国人民的强烈不满。这时正值国共合作,国民党驻欧洲代表团要发表一个宣言,呼吁比利时人民支持中国的正义之举,想找一个能起草这份法文宣言的得力人才;他们听说敬隐渔到了巴黎,便登门求助。

当时在法国的中国人中,敬隐渔法文好已经是众所周知。翻译家徐知免在《请教盛成先生》一文中记述的学者、革命活动家盛成(1899—1996)晚年的一段话可以为证:"当时在法国的中国人里有四个人写法文不用法国人改:一个是敬隐渔,他译过《阿Q正传》为法文,为罗曼·罗兰所激赏……;一个是广州中大的梁宗岱;一个是南大的何如;还有一个就是在下。"

敬隐渔不久前在里昂,因为患病未能承担万县惨案抗议书的起草,深感遗憾。他来巴黎后健康有所好转,这一次便当仁不让。一份慷慨激昂的《告比利时人民书》一气呵成。

尽管敬隐渔写法文可以不用法国人改,他还是把这份宣言附在十月十六日给罗曼·罗兰的信中,一如既往地请导师改正。罗兰也就成了这份宣言的第一位西方读者。

这份宣言首先肯定比利时人民在欧战中的大无畏表现:"你们在欧战中为捍卫自己的中立和国际的正义不惜做出任何巨大的牺牲,表现出的英雄主义精神堪称光辉的典范,在我们看来你们是那么可亲可爱!"

宣言指出亲身目睹过残酷战争的比利时人民,"深信人民的福祉不能建立在武力之上……而只能建立在正义和友谊之上"。但中比协定却与此背道而驰,"那是建立在非正义之上的,令我们非常痛苦"。

宣言强调:"中国人民已经从长期的沉睡中醒来,他们感到列国政府的罪恶外交强加给他们的重负；他们要摆脱这些重负。"

宣言呼吁比利时人民把自己升华为不平等条约的纠正者："这样，你们就在社会的道德进化史中迈出巨大一步；我们两个民族的和谐取决于你们慷慨无私的行动，普天下的和平也才有了可能。"

宣言义正词严地警告，如果比利时方面一意孤行，中国人民将中断一切友好联系，甚至可能变之为"灾难性的敌意"。

通过中国人民的坚决斗争，中比条约终于在一九二七年被废止。它开创了"满期修约"的成功先例，迫使西方列强纷纷与中国进行修约谈判，在中国外交史上具有重大意义。在这场斗争中，海外学子敬隐渔，怀着中华民族一分子的忠胆义肠，也做出了一份贡献。

来巴黎不到一个星期，敬隐渔就搞定了住处，注册了专业，起草了宣言，在继续整理格朗讲稿的同时还读了一本托尔斯泰的书，生活可谓充实，精力可谓充沛。

敬隐渔不顾罗曼·罗兰劝阻，执意来巴黎闯荡，也许让罗兰有点失望。但罗兰并没有生他的气，仍然真心实意地关怀着他。

十月十七日，巴萨尔耶特在《欧洲》杂志编辑部热情接待了敬隐渔。这还是他和这位备受罗曼·罗兰赏识的中国青年译者第一次会面。他们此前已经成功地合作，发表了敬隐渔翻译的《阿Q正传》，反响甚佳。巴萨尔耶特也已经约请敬隐渔为"外国散文作家丛书"翻译一部中国现代文学的选集。这次会面，他们进一步商谈了敬隐渔翻译《中国现代短篇小说家作品选》的计划，并初步约定一九二七年七月交稿。敬隐渔要在继续索尔邦学业的同时以翻译和写作维持生活，他这一个学年的课外翻译工作，从计划到出版，罗兰都已帮他安排妥当。

十二月六日，敬隐渔给罗曼·罗兰写了到巴黎后的第二封信，回述了他五十天来的一些活动：

他曾几度去莫东(Meudon)郊游。莫东是巴黎西南方莫东森林边上的一座小城，已经有四百多年的历史，环境幽静，风貌古雅，多处宫堡点缀其间。拉伯雷、隆萨、莫里哀、瓦格纳，许多大文豪、大艺术家都在这里留下足迹。雕刻大师罗丹不但曾在这里长期居住,而且埋骨在莫东,那座举世闻名的《思想者》雕像就守护在他的墓前。和大都会巴黎比邻,莫东更显得闲逸,就像荒漠中的一湾清泉。不过敬隐渔眼中的巴黎可不是荒漠。莫东依傍塞纳河,地处丘陵。从著名的观景台隔河遥望,生机勃勃的庞然的巴黎又是一番风情,他不禁赞美"巴黎是别样地生动"。

他在巴黎饱览了艺术名作,对皮维·德·沙瓦纳(Puvis de Chavannes,1824—1898)的大型壁画尤表欣赏。皮维·德·沙瓦纳革新了寓意画的技法,独步一时;其大型壁画成就最大,成为后世临摹的典范。在敬隐渔常去的两个地方,都有皮维·德·沙瓦纳的作品:伟人祠里,他的两幅画作在系列巨型壁画《圣女热纳维耶芙生平》中以其独特的风格而令人瞩目,那是颂扬巴黎城的守护圣女热纳维耶芙的事迹的,据说画中的圣女热纳维耶芙就是以画家的妻子———一位罗马尼亚公主为原型;索尔邦的大礼堂,横贯讲台上方的是他的另一幅名作《神圣树林》,画家借用《圣经》中的神圣树林的形式,礼赞了汇各学科于一堂的索尔邦的崇高事业。敬隐渔对罗曼·罗兰说:"我喜爱凝神端详这些壁画;它们,尤其是借助令人赞叹的色彩,就像在梦幻中一样,反映了澄净宁和的中国精神。我的思想达到了高度平静、幸福、丰富的境界。"

到巴黎后,他就从鲁迅托李小峰寄给他的三十三本书中选材,开始了《中国现代短篇小说家作品选》的翻译工作;最近又完成了鲁迅的另一短篇小说《孔乙己》的译文,随这封信寄给罗曼·罗兰改正。

进入十二月,巴黎的天气开始寒冷,敬隐渔住处的那个煤气炉不足以取暖,他不能在房间里久待,就经常去圣女热纳维耶芙图书馆读书和工作。

罗曼·罗兰和妹妹玛德莱娜很细心,给敬隐渔介绍了一个朋友,名叫加布里埃尔-艾德蒙·莫诺-赫尔岑(Gabriel-Edmond Monod-Herzen,1899—1983),敬隐渔在图书馆里有了伴。说起莫诺-赫尔岑家和罗兰家的关系,还真有点弯弯绕。加布里埃尔-艾德蒙的祖父加布里埃尔·莫诺(Gabriel Monod,1844—1912)是罗兰在巴黎高等师范学校读书时的文学史老师;祖母奥尔加·赫尔岑是俄国革命思想家、评论家亚历山大·赫尔岑(Alexandre Herzen,1812—1870)的女儿,被其父的好友、德国贵族才女玛尔维达·冯·梅森堡(Malwida von Meysenbug,1816—1903)认作义女,也是巴黎高等师范学校的老师。加布里埃尔-艾德蒙的祖父母介绍罗兰和玛尔维达结成忘年之交,罗兰家和莫诺-赫尔岑家也成了通家之好。

年轻的莫诺-赫尔岑比敬隐渔大两岁,也在拉丁区读书,学的是理科。敬隐渔对这个年轻人印象非常好。他在十二月二十八日给罗曼·罗兰的信中感谢罗兰和他的妹妹帮他结识了莫诺-赫尔岑,并且说:"第一眼,我就看出他是个朋友。他那真诚的亲切吸引了我。他很了解中国哲学。我们每天都一起在图书馆。"

这段时间,敬隐渔还读了中国大思想家庄子的著作。

同在巴黎,敬隐渔和巴萨尔耶特有了更多接触的机会。因为敬隐渔新翻译的《孔乙己》又是鲁迅的作品,而且写的是主人公悲剧性的命运,巴萨尔耶特希望敬隐渔尽可能多选一些作者,而且尽可能少翻译悲剧性的故事。敬隐渔理解巴萨尔耶特的建议,也在选材上尽量作了调整。不过他在信里对罗曼·罗兰说这很难,因为大部分当代中国作者是年轻的新手。另外,他认为,翻译三四位作家的作品就足以凑成一本二百五十页到三百页的书。

为了充实这个选集,敬隐渔本人也动笔直接用法文写一篇题为《离婚》的中篇小说,他告诉罗曼·罗兰不久就可以完成。

敬隐渔仍是那么关注和思考国家的命运。他在信中说:"如果发生战争,欧洲人会战胜中国人,不仅因为他们有精良的武器,而且因为他们有注入了共和精神的宗教。而在中国,还缺乏一个这样的宗教,一种系统化了的民族主义。继革命、欧洲人入侵和感染之后,在中国人麻木冷漠的精神状态里,已经开始发着爱和恨的低嗥。"在这样的情势下,自己该怎么办? 他问罗兰:"引导爱,削弱恨,这是我们的义务。请告诉我,我的看法是否正确。"尽管他不久前起草的《告比利时人民书》里已经明确表示:对顽固的帝国主义者只能报以"灾难性的敌意",这并不妨碍他和导师在思想上结合实际进行深入的探讨。

岁末将至,敬隐渔没忘记在十二月二十八日写信给亲爱的导师,"向您,向老爸爸和您的妹妹小姐祝贺新年"。

一九二七年二月五日,敬隐渔在给罗曼·罗兰的信里说:他的小说《离婚》已经写了一半;莫诺-赫尔岑已经读过并且表示赞赏。

国内的奖学金仍没有寄到。敬隐渔打算在假期里每天做几小时机械性的工作,比方说抄写文稿;他已经把这个想法跟巴萨尔耶特谈过,后者答应帮他找一点这样的活儿。不过,他想向里厄戴尔书局预支一千法郎的《中国现代短篇小说家作品选》翻译稿酬,巴萨尔耶特却难以办到。他只好请罗曼·罗兰再借给他一千法郎。

来巴黎不到四个月,敬隐渔课余已经完成了格朗讲演稿的修订、《孔乙己》的翻译,小说《离婚》也已写了一半,但他感到自己还是不够勤奋。他听巴萨尔耶特说罗曼·罗兰正在以惊人的热情写作《贝多芬传》,便在信中对罗兰说:"我不仅欣赏您,我还要向您请教:您虽然健康不佳,却能滋养和积蓄这么大的精神力量,究竟有什么奥秘。"

亲爱的大师给敬隐渔寄来了钱,并回信向他传授了自己保持良好精神状态的经验。

敬隐渔利用寒假在写一篇关于中国当代思想的长文,即将完稿,估计能有六十页稿纸。他对这篇文章比较满意。

但他在三月二十五日给罗曼·罗兰的信里仍认为自己的意志力没有什么长进,对罗兰说:"当我能够成功地践行您的方法,我就能战胜自己了。"

巴黎这一年的冬天漫长而且阴冷;虽然春天正缓缓临近,天气也逐渐转好,敬隐渔还是尽量不待在房间里。他常去温暖的卢浮宫参观,既欣赏了艺术大师们画笔下的优美风景,又暂时忘却了令他生畏的现实的处境，一举两得。

不过，敬隐渔躲得过寒冷，却无法回避面对的生计难题。他曾多次对罗曼·罗兰提到"省里"和"家乡的城市"承诺寄给他奖学金；可这些承诺从来都没有兑现，他现在又囊空如洗。幸亏房东心软，没有紧催他缴房租。敬隐渔请求罗兰再借给他一点钱。

敬隐渔对皮埃尔·雅奈教授的课始终兴趣浓厚。他经常将学到的心理学知识用于自身，进行自我心理分析，并且和雅奈教授一起探讨，觉得很有收获。可惜，六月份学年考试时他身体不适，心理学考试居然没有成功。

《小说月报》主编郑振铎一九二七年赴欧访问，据其《欧行日记》记载，他在六月到八月之间在巴黎至少三会敬隐渔：

郑振铎六月二十六日到巴黎，下榻第五区索尔邦街的加尔松旅馆。第二天，他就"在路上遇敬隐渔、梁宗岱二君，同来旅馆中闲谈了一会儿"。这还不算，就在同一天，"夜，遇敬君，请他在万花楼吃饭，用四十法郎"。看来敬隐渔在巴黎活动挺多。

这万花楼在离索尔邦不远的医学院街二号，是一个广东籍华侨开的，虽说走上层路线，布置华贵，兼有歌女表演，但豆角炒肉丝、蛋花汤等中式菜肴味美价平，吸引了不少在拉丁区读书的中国学生。梁宗岱是这家餐馆的常客。郑振铎日记中有梁宗岱请他来这里吃饭的记录，而敬隐渔却只有吃请的份儿。梁宗岱不但常在饭店进餐，他在居雅街住过的那座楼房现已改为一家四星级旅馆，可见建筑之精良。梁宗岱旅法期间还曾畅游欧洲数国，难怪一九二九年十月十七日罗曼·罗兰在奥尔加别墅接待了来访的梁宗岱以后，在日记中感慨地说："他的经济条件一定特别优越。"罗兰说这番话时定是联想到他熟悉的敬隐渔，挣扎在穷困线上的敬隐渔和有商贾之家作后盾的梁宗岱，同在巴黎留学，经济状况大相径庭。

七月二十五日郑振铎在日记中写道："将学昭、隐渔、元度诸君给《月报》的文稿，及我自己给箴的小玩意儿，一并包了一包，交给了冈。"敬隐渔交给郑振铎的是什么文稿？是《约翰-克利斯朵夫》第三卷《童子》的译稿？还是整理好的在格朗的讲演稿？或是别的？此后再未有敬隐渔的文字发表于《小说月报》，郑振铎让冈带给《小说月报》的敬隐渔的文稿也下落不明。不过这说明敬隐渔这时期所写所译，绝不只是我们现在所知的这些。

八月十八日郑振铎日记中又记载："夜间，隐渔，元度来谈。"

一九二七年暑假期间，九月十五日出版的第五十七期《欧洲》刊载了敬隐渔关于中国当代思想的长文《中国的文艺复兴和罗曼·罗兰的影响》(La Renaissance chinoise et l'influence de Romain Rolland)。

在西方舆论中，当时的中国被描绘成一个绵延不断的战场、一片废墟的混沌。敬隐渔的这篇文章以事实向欧洲阐明，经历过军阀的横行霸道，穿透破晓前群魔乱舞的黑暗，中国发生了一场精神革命：

> 我们拆掉了妨碍我们有新发展的过于狭窄的旧的道德建筑，破除了迷信，摧毁了麻痹人的思想和建制，推翻了对孔子的刻板膜拜，动摇了麻木不仁的平和与冷漠。请看，巨大的建筑从废墟里突兀而起。一种中国新思想在形成，危机令它振作，悠久的传承使它多产，欧洲的思想把它丰富。

这场精神革命在当代文学中反映得最为鲜明。文学进入了一个新纪元。以往，只有少数达官贵人写作，重复些陈词滥调；今天，几乎所有的年轻人，从中学起，都在写作，发表作品，提出大胆的见解：

> 自由地书写自己的所思，是政治革命的一个无可置疑的良好成果，它大大抵消了政治革命造成的物质上的破坏。

文学革命的另一成果是写作方法的自由。过去的书写语言不是民众的语言，文人和民众隔着一条鸿沟。而现在，由于白话文取得了胜利，新文学普及到大众，不断地丰富和深化。当代诗歌结构自由，更率真，更多姿多彩，更有独创性。散文创造出很多风格和样式。昔日被达官贵人们不齿的长篇小说，而今成为文学界的热门。处处都显露

出欧洲文学,特别是俄罗斯文学的影响。几乎所有外国名作家都被翻译过来。中国作家从他们的作品中获得了启发:

> 其中最著名的一位,鲁迅先生,以其现实主义的艺术,深刻反映不幸的无产者的生活,大概可与最伟大的俄罗斯大师们比肩。冰心小姐在其诗歌和小说中反映了被闭锁的妇女们的优雅和脆弱,以及勇于思考、革新和反抗的新的女性。郁达夫先生的作品哀婉伤情,令人想到让－雅克·卢梭和法国颓废派诗人,再现了变化之初的青年的迷惘。

但悲观主义已成过去。今日青年以更大的勇气投入现实的斗争,罗曼·罗兰的真正的英雄主义受到他们的热烈欢迎:

> 《约翰－克利斯朵夫》以其不可动摇的理想主义,既具摧毁力又具建设性的精神,以及敢于反抗传统形式的大无畏的艺术,向我们表明其作者是最伟大的欧洲作家,是我们真正的向导。

敬隐渔由此指出:当今中国并不一味排外,而只是反对"那些还压迫着古老欧洲并把魔爪伸向遥远国度的黑暗势力"。一些中国作家通晓了欧洲语言,越来越深入地参透欧洲:

> 我们和欧洲的作家和艺术家也进入了内在的融合。……他们像我们一样,热爱并且再造自然的无穷尽的和普遍的美。他们不像我们这样简约,但是比我们更丰富多产,他们的流派更多,他们广泛地描写心理生活,更多地接近人民的心。虽然身处地球的不同的地方,他们反映着同样的痛苦、同样的斗争、同样的希望、同样的失望以及同样的同情心。像我们一样,他们升华痛苦、欢乐和爱情。

敬隐渔告诉西方人民:中国人民对欧洲文明表示敬意;可是,第一次大战让人们失望了。不仅如此,敬隐渔控诉道:

> 没想到今天殖民战争会重启!……中国的港口被列强封锁。

在万县,最近又在南京,成千上万的中国民众,老人、妇女、儿童、无辜者、弱者,手无寸铁,毫无自卫能力,甚至不知道庞然大物要他们什么,就被英美军队炮轰、炸伤、致残、屠杀、甚至粉身碎骨!这比战争犹有过之。这是兽性的发作,仅仅为了看鲜血流淌而杀人。借口纯粹是捕风捉影。什么必须保护他们的几个国民;维护他们的权威和不正当的特权;在中国巩固他们的高级文明……联合起来的帝国主义者们声称要在中国打倒俄国布尔什维克主义,而他们却不敢碰一碰俄罗斯。布尔什维克,共产主义,社会主义,和平主义……中国难道没有权利按自己的意愿行事?

至于如何反抗列强,敬隐渔写道:

> 我们正在以自己蒙受的伤害教外国年轻人学会同情。我们至今使用的自卫武器只不过是宣传和罢工。我仿佛又看到,在上海,在汉口,我们热情的青年宣传者、大学生、工人、商人,在演讲,在罢工,就突然被北洋军阀或英国军人和警察逮捕、打伤、监禁、枪杀、砍头……这些殉道者牺牲时多么镇静!他们的英雄榜样没有让凶残的刽子手掉下一滴眼泪,却撼动了无数同胞的消极状态。在他们的鲜血和巨大痛苦上,人民真正的英雄主义迅速发芽生长。在汉口,一个没有文化的工人,因为参加罢工,在被砍头时,正义凛然,高呼着"保卫祖国!"向生者告别。

敬隐渔对祖国人民反帝斗争的热情赞颂,对正义的祖国人民必胜的坚定信念,表明他在这些大是大非面前绝不"超乎混战之上":

> 英雄的青年!你们对自己的信念是多么伟大和感人!多亏了你们不屈不挠的英雄主义,你们一定能战胜暴力、贪婪和仇恨;你们一定能经过慢慢地、艰难地争取,捍卫你们的文明和你们仇人的文明。但愿你们的血,你们的痛苦,你们的剧痛能够培育出普世的博爱!但愿它们能成为人类在不久的将来越过野蛮的藩篱的阶梯!

敬隐渔心系祖国，国内文学界也没有忘记这个天才游子。在一九二七年四月大革命失败后，进步文学家云集上海。一九二七年十一月，郑伯奇等代表创造社同仁两度与鲁迅商谈联合；鲁迅建议恢复《创造周报》，并且达成了一致。在一九二八年一月一日《创造月刊》第一卷第八期发表的《〈创造周报〉复活了》的启事中，披露了三十名特约撰述员的名单，鲁迅排名第一，郭沫若以"麦克昂"的笔名忝列第八，而敬隐渔名列第十七。

敬隐渔再次给罗曼·罗兰写信，已经是八个多月后的十二月三十一日了。这段时间里，他为《中国现代短篇小说家作品选》完成了三篇小说的翻译，还创作了题为《离婚》的法文小说。他对《离婚》的创作特别满意，信心十足地对罗兰说："如果我这篇小说还行，我会写很多，而且写得很快；也许我能在法国以此维生。"

这期间，里厄戴尔书局跟敬隐渔正式签订了《中国现代短篇小说家作品选》的出版合同，前一千五百册版税是百分之九，以后部分是百分之十；出版日期订为一九二八年五月。

里厄戴尔书局给予敬隐渔的报酬相当优厚，他以文为生的前景可期，但是这解不了他的燃眉之急。敬隐渔既没有收到国内的奖学金，也没有收到商务印书馆的稿酬，自从罗曼·罗兰上一次给他寄钱，真不知他这八个多月是怎么捱过来的。他不得不请求罗兰借给他两千法郎。

罗曼·罗兰和妹妹玛德莱娜在八个多月的漫长时间里没有敬隐渔的音信，多么为他焦急和忧虑啊！爱之深，责之切，他们在回信里严厉批评了敬隐渔。可是，敬隐渔确实有困难，他们也帮他解决。敬隐渔在一九二八年一月二十一日给罗兰的信中，一开头便表示："我十分感谢您和您的妹妹小姐的宽容和批评。"并且告诉罗兰："阿·米歇尔先生确已交给我一千法郎。"

这"阿·米歇尔"是谁呢？就是法国鼎鼎大名的出版家阿尔班·米歇尔（Albin Michel，1873—1943），《约翰－克利斯朵夫》的出版者。

第四部　奇特的病症

原来罗曼·罗兰一时不便,就同在巴黎的阿尔班·米歇尔联系,请他交给敬隐渔一千法郎。这一千法郎,是要从罗兰应得的稿酬中扣除的!阿尔班·米歇尔还告诉敬隐渔,正在替他找一个合适的活儿。这显然也是受罗兰之托。

敬隐渔是个重情义的人,罗曼·罗兰对他有求必应,每一次都给他增添前进的动力。他又痛下决心:"我必须工作,我将继续翻译和用中文写作。"

实际上,一九二八年新年过后,敬隐渔一直在继续翻译《中国现代短篇小说家作品选》。他把自己关在阴冷的房间里,专心致志地工作,又接连完成了最后三篇小说的翻译,在一九二八年五月二十七日给罗曼·罗兰写信时一并寄去,请导师过目。

考试临近,敬隐渔又身无分文。他请罗曼·罗兰为他沟通,让里厄戴尔书局把《中国现代短篇小说家作品选》第一版的版税预支给他:"我缺乏实际应对能力,而这在生活中是必不可少的。在生活经济困窘的关头不知所措,这感觉只会让我越来越失去平衡。"

罗曼·罗兰接到敬隐渔的求助信以后,立刻为他和里厄戴尔书局接洽。敬隐渔在一九二八年六月六日给罗兰的信中第一句话便是:"感谢您出面让里厄戴尔书局预付给我版税。"原来身兼里厄戴尔书局和《欧洲》编辑部秘书的雅克·罗贝尔弗朗斯(Jacques Roberfrance,1898—1932)已经来信告诉他,一旦他交出全部稿件,就会在最短时间内让他收到《中国现代短篇小说家作品选》第一版的版税。敬隐渔不得不在信里请罗兰把他的译稿改好迅速寄回。

敬隐渔把三篇译稿寄给罗曼·罗兰修改时,曾请求罗兰为《中国现代短篇小说家作品选》写一篇序文。由于出现这一紧急情况,罗兰连写序文的时间也没有了。不过,小说选的工作终于按敬隐渔的设想全部完成。

敬隐渔在这封信里还告诉罗曼·罗兰,他已经十个月未缴膳宿费了。这可想而知。尽管恩师几度接济,尽管有那篇六十页长文在《欧洲》发表的稿酬,也只能敷衍他日常生活和学习的开销以及部分膳宿费,而远不能解决他的经济困窘。

可喜的是,六月二十三日,敬隐渔成功通过了考试,获得了心理学证书。

一九二八年暑假即将来临的时候,同学们都筹划着去海边或者山区旅游和休闲;而敬隐渔,他在六月六日给恩师的信里已经发愿:"考试以后,我将尽力再写一本书,那时我就能摆脱困境了。"

## 第二章 "圆屋顶"的金发女郎

　　来巴黎不到二十一个月,敬隐渔已经获得了巴黎大学心理学证书,读了不少书,完成了《中国现代短篇小说家作品选》中的七篇翻译和一篇创作,整理完在格朗的讲演稿,起草了《告比利时人民书》,发表了《中国的文艺复兴和罗曼·罗兰的影响》,还写了托郑振铎带回国的一些稿件。但他仍然不断地反省,觉得还做得不够,责怪自己太分心,发愿要集中精力工作。

　　敬隐渔的自责不是没有原因的。实际上,他一到巴黎就被这里的女性的强烈魅力所困惑,越来越深地陷入了情感的乱流,越来越严重地影响了他的生活和工作。

　　巴黎拉丁区的学府内外,活跃着来自世界各地的青年男女的身影。他们聪明而又感性,不同肤色的脸上青春焕发。大学生间经常谱出爱情的浪漫曲,情调不同,旋律各异,结尾有的美满有的失落。

　　同时期在拉丁区读书的中国学生中,梁宗岱堪称风流才子。他比敬隐渔小两岁,却比敬隐渔更早就在国内文学圈里崭露头角。他比敬隐渔早一年到巴黎学习,也屡屡在法文报刊发表译作,是留学生中的佼佼者。他体魄健壮,风度翩翩,又有着宽裕的经济条件,因此颇受女孩子们青睐。留学生中甚至流传着这样的佳话:"你想找梁宗岱吗?哪里女学生最多,那中间就有他。"

　　在人生的海洋上漂泊至今的敬隐渔同样才华出众,也同样渴望爱情。他已经二十大几,渴望一个情感的归宿。可是他对爱的追求,结果却大不一样。

　　一九二六年十月十六日,到巴黎没几天,敬隐渔就在给罗曼·罗兰的信中惊慌地写道：

> 我开始惋惜里昂的宁静，田野和山峦，以及几个挚友逐渐加深的感情。若不是疾病和对情感失落的恐惧让我离开，这一切本来会让我在那里多待些时间的。但是在巴黎，女性的诱惑更大。它既吸引人又让人厌恶。我为此而苦恼。

在里昂，敬隐渔在福尔维耶尔高地一个人租房子住，离群索居，还难以避免情感的困扰；现在，他生活在巴黎拉丁区的心脏，在姑娘们的青春和魅力的氛围中，对女性吸引的异常敏感和面对女性吸引的异常脆弱更是暴露无遗。

不过，敬隐渔似乎很快就适应了新的环境，到巴黎还不到两个月，他已经陷入女同学们的包围中了。这些姑娘爱好文学，她们见敬隐渔法语流利，文学知识丰富，知道敬隐渔是《约翰－克利斯朵夫》的译者，跟大文豪罗曼·罗兰关系亲密，对他自然有几分欣赏；同时也觉得他为人诚恳、重感情，对他颇有好感，跟他不乏话题。敬隐渔颇有些春风得意，自以为成了女孩子们眷顾的白马王子。他在一九二六年十二月六日给罗曼·罗兰写信，语调已经改变：

> 既幸而又不幸的分心事，系里不同国籍的小姐们的分心事，很快就包围了我。抵抗突如其来的爱情，社会地位的藩篱是多么脆弱！这些同学中大部分都读过《约翰－克利斯朵夫》和《欣悦的灵魂》，她们最喜欢葛拉齐亚……我在这帮大女孩中间很开心。我还要经常显得很高兴，生怕让她们伤心。不过，即使这样，我还是有点不自在。她们有时有点严重的麻烦事，占去我一大部分时间。

看来这桩恋情大有进展，他一九二七年二月五日给罗曼·罗兰的信还在说，他很长时间在工作上无所作为，因为他在"为选一个感情上的理想对象而犹豫不决"；过了一个多月，他三月二十五日给罗兰的信已经透露美事将成："我想我应该赶紧结婚。情况看来对我很有利，不论在精神上还是经济上都有此必要。"

二人的世界不但多一些温馨，而且省一点花销。他对爱情是严肃而又实际的。可是，事情远不像他自我感觉的那么美好，这桩"恋情"戛然而止。也许这本来就是一场恶作剧。

敬隐渔接连又结交了好几个女生。但是，或许他过于率直；或许他过于急切；或许因为他身材矮小；或许因为他穷，甚至请不起心爱的姑娘在索尔邦广场的露天咖啡座上喝一杯咖啡……和她们的交往都没有发展为认真的爱情，他的恋爱路上只有挫折。他在一九二八年一月二十一日给罗曼·罗兰的信中一一做了陈述：

他对一个爱沙尼亚女孩颇有好感，和她每周两次散步，享受着柏拉图式爱情的欢乐。却不料她是代人传情，暗示了他好几次，无奈他浑然不觉，于是就离开了他；

他和一个俄罗斯姑娘来往频繁，此人温柔，也很聪明。可是她个子太高，他对她只有好感而没有柔情；

他看上一个学德文的金发波兰姑娘，小巧柔弱，风度优美，有着天使般甜蜜的微笑。可是每当他跟她交谈，她却尽说些蠢话；

他结识了一个学绘画的匈牙利女生，弱不禁风，多愁善感。这女孩给他写了一大摞信，却激发不起他半点爱意。

**圣女热纳维耶芙图书馆阅览大厅（本书作者摄）**

圣女热纳维耶芙图书馆的阅览大厅宽敞而又明亮，两排镂花的金属拱梁支撑着阅览大厅高高的拱顶，一根根金属柱立在大理石的基座上，基座上的圣女热纳维耶芙的浮雕像温情地注视着满堂青年学子。但周围有许多青春貌美的女生，和她们近距离接触，敬隐渔就好像置身在女性引力的强大磁场中。两性相吸，人之常情。但异于常人的是，敬隐渔的感觉太灵敏，在异性的吸引下会难以自持。他在一九二九年十一月二日给罗曼·罗兰信中，忆及在巴黎的经历时，描述了他在圣女热纳维耶芙图书馆为女孩子们分心的情景：

> ……我不得不总去图书馆获取温暖和光明。在那里，津津有味地读了一会儿书，没有精力工作了，我就开始看房顶和墙壁，然后就看人的脸。如果我有古格斯①的指环，或者更简单，有一副墨镜，我就能像面对一幅珂罗风景画一样，在这脸的场景里获得简单而又安静的消遣。

罗曼·罗兰和妹妹玛德莱娜介绍莫诺-赫尔岑在图书馆里给他做伴，看来也是为了防止他为周围的姑娘们走神，真是用心良苦。

为了排除"情欲的冲动和自私的官能之乐"，敬隐渔做过许多努力。他一九二六年十二月十六日给罗曼·罗兰写信说，他对自己的情况进行了心理分析，他做体育运动、学跳舞，觉得很有效，"现在我可以平心静气地在圣女热纳维耶芙图书馆从事我的脑力工作了"。

可是事情并没有这样简单，他在一九二七年十二月三十一日给罗曼·罗兰的信中又哀叹："我不能去图书馆，那里有太多分心的事。"一九二八年五月二十七日，他继续抱怨："今年特别寒冷，我不得不经常去图书馆，所以我工作成绩不大。"

敬隐渔知道自己对女性的好奇和失态令人厌恶，因此他总是神经过敏地认为鄙夷和仇恨的目光从四面八方聚集在他脸上。在一九二九年十一月二日给罗曼·罗兰的信中，回忆在圣女热纳维耶芙图书馆

---

① 古希腊神话中的国王，有一个指环助其隐身。

的尴尬场景,他写道:

> 只需一副墨镜就能救了我。缺了这个小宝物,我就暴露于无数被激发起的活力面前。而不幸的是,这些被激发起的活力又是世界上最挑剔、造成的后果最严重的。

敬隐渔和女生的频繁交往和对异性的强烈好奇,不但没有结出爱的果实,而且对他异常敏感而又脆弱的神经产生了沉重的压力,他变得越来越神经质。他在一九二八年一月二十一日给罗曼·罗兰的信里中说:

> 现在,漂亮的女孩们都躲着我,她们不露面,而让她们的奸细代她们出面。在图书馆,上课时,直到公寓,我都被勾人而又戒备的目光包围。我日常生活最微小的细节他们都知道;我最不经意的举动里他们都要猜测出一些意图。……我到处都遇到好感和微妙的爱意,但哪里也找不到知心和信任……那么多隐约、微妙而又总没有结果的刺激,搅得我心神烦乱。神经症在等着我。

敬隐渔是读心理学的,他说"神经症在等待着我",因为他知道,感觉世界充满敌意、到处都是敌人,乃是一个人要患上神经症的常见的先兆。

幸而神经症还没有真正到来,幸而敬隐渔没有间断过保持神经镇静的努力。他对自己因异性吸引分心而自责,向罗曼·罗兰请教保持精力充沛的秘诀,试图通过改变生活方式来驱散杂念。为了能专心致志地工作,他甚至在寒冬里也不去圣女热纳维耶芙图书馆,宁愿待在阴冷的房间里写作和翻译……

敬隐渔就是在和分心、苦恼、恐惧的爱之魔的抗争中,在消沉与紧张交替的"精力摇摆"中,在第二学年结束之前实现了学业和工作的双重目标。

一九二八年的暑假开始了。

敬隐渔并没有像他对罗曼·罗兰表示的那样再写一本书,以便摆脱经济困境,因为他现在要摆脱的已经不仅是物质上的困境,还有精神上的纷扰。他刚来巴黎就不堪这精神上的纷扰而后悔离开里昂;现在他更想返回里昂,把一切烦恼的事儿都丢在火车站。可巧,里昂中法大学这年暑假在法国招生,为他提供了天赐良机。

一九二七年以前里昂中法大学财政上靠中国国内的赞助、中国向法方支付的庚子赔款、法国政府和里昂市政府的资助,缺乏可靠的保证。一九二七年起,改为全部由中法教育基金会从法国返还的庚子赔款中拨付,情况变得稳定多了,于是决定视经济状况和学生缺额的情况每年酌收津贴生若干名,在自费留学法国、获有两张大学单科证书或专门学校肄业两年以上的中国青年中公开招考。一九二八年计划招收俭学生八名、勤工俭学生八名、女勤工俭学生二名。敬隐渔若考取里昂中法大学,就能离开巴黎去里昂,不但生活有了保障,而且还可以摆脱精神上的苦恼,这真是一条理想的出路。

报考里昂中法大学的决心既下,敬隐渔便在九月十日给该校校长的写信自荐:

  谨寄上我的照片、身份证明和一张中国领事馆证明,请求您准许我参加中法大学的招生考试。我来法三年,已经获得里昂大学法国文学证书和巴黎大学心理学证书。

  ……

  我通晓法语。我为一些巴黎的杂志写文章和小说。我准备研修下一阶段文学学士学位、一个美学证书和一个普通哲学证书。然后,我打算做文学博士论文。

  由于维持生计和继续学业难以兼顾,如蒙准许参加招生考试,我将对您不胜感谢。

敬隐渔所说的中国领事馆证明,是一张《品行端正证明》,证明敬隐渔"受到人们的普遍尊重,其品性未曾受过任何指责";还证明他"不享受奖学金,也未得到来自中国的任何资助",从而确认他是自费留学生、可以获得里昂中法大学津贴。

敬隐渔(1928年9月)

敬隐渔顺利通过了报考资格审查。考试于十月十二日在里昂和巴黎两处同时举行,主考者有里昂中法大学协会会长雷宾、里昂大学中文教授兼协会秘书古恒(Maurice Courant,1865—1935)、该校代理校长樊佛尔(Benoît Favre,1874—1934)、该校董事李广平和广东大学教授吴康。考试内容为法文和中文作文各一篇。敬隐渔自然在巴黎应试。

法文作文题为《抵法以来的印象》(Mes impressions de séjour en France depuis mon arrivée)。敬隐渔的文章分四个层次展开:第一层总括对法国的印象,后三层分别写对三个法国主要城市——马赛、里昂和巴黎的印象。

船抵马赛之前,他从未见过如此美的大海,如此和谐、如此葱郁的群山。在他眼中,法国是"温柔的法兰西,诗意的国度,梦幻的国度"。

马赛是个移民众多、活动繁忙的大都会，它任由外国人"在她的怀抱里，在她澄澈无垠的天空倦怠的目光下，像旋风似的攒动"。

在里昂，由于多次迁居，他认识不少小房东，他们淳朴、勤劳、好客、憨厚、爱好和平。"这里已经是法国的一个腹地：在这里很少遇见外国人，所到之处听见的都是法语，所到之处都能发现一点古老法兰西的灵魂。"

而在巴黎，"我这个大自然的粗野的孩子，在灰白的阳光下，在庞大、嘈嚷的人群里，在车辆的喧闹声中，在这巴黎的死神之舞中，感到茫然"。那里的人、建筑，乃至埃菲尔铁塔，"一切都表现出活力或者说狂热的骚动，为生存而进行的搏斗或者合作……"自然之美被人类改造。博物馆、图书馆、讲座中呈现的是由精英们创造而又怀疑的另一个世界的美。他激动地高呼："人类呀，和天主较量时，你们可得小心，别为了创造而过于牺牲了人！"

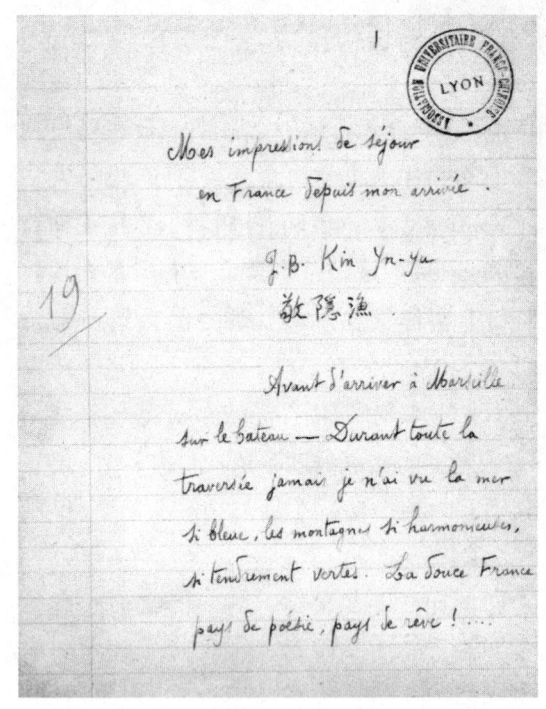

敬隐渔的法文作文考卷

第四部　奇特的病症

　　这篇作文以流畅的法语表达了作者对法国和它的三大都会的迥异的印象,立意鲜明,言之有物,显露了作者扎实的法文功底和游刃有余的写作能力。
　　他的中文作文无题,是一篇约二百字的短文,描写一个巴黎家庭公寓的环境及它的女主人。"各墙都披着茨篱和葡萄;那瘦戚戚的、灰扑扑的葡萄果每年都使 Vauquer 夫人担心,又为她对她的住客们闲谈的话柄。"像许多小公寓的业主一样,Vauquer 夫人看来文化有限:"沿每一道墙有一条窄径,通至一所丁香树丛;Vauquer 夫人固执地称呼丁香树为 Tilleuls;虽然她的住户们指明她的文法的错误。" Tilleuls 其实是椴树,花开时节,就像丁香一样满城飘香,但花期比丁香晚。Vauquer 夫人把它的名字和丁香混为一谈了。穿插这一情节,给作文平添了生活气息,也表现了巴黎小公寓主人和住客关系的融洽。
　　以敬隐渔的中法文写作水平,考试的结果几乎没有悬念。按满分为二十分的法国评分制,他的那篇法文作文得了十九分。敬隐渔成为七名正取的俭学生之一。几天后,他接到里昂中法大学协会秘书古恒十月十六日签署的录取通知书:

　　　　我高兴地通知您,通过十月十二日的考试,您已经被我校录取;考试结果已经公布于中法大学布告栏。
　　　　请您做好一切准备,尽早来校向校长先生报到。
　　　　你们中尚未接受体检者,将在被最终录取前接受校医的检查。

　　考取里昂中法大学,即将从精神和物质的双重困境中获得解脱,敬隐渔自然欣喜。不过,他去学校报到的事却发生了一番周折。本来一心要离开巴黎的他,现在变了卦,想方设法要作为里昂中法大学的津贴生留在巴黎读书。为此,他在十月十八日致函巴黎大学文学院院长德罗利教授,请他写信给里昂中法大学为自己争取:

　　　　由于我需要继续听您的课和皮·雅奈先生的讲座,需要去国家图书馆,健康不佳,还有一些经济上的事情,我无法离开巴黎。

253

如果您能惠予帮助，为我向中法大学说情，让我留在巴黎，我将不胜感谢。

急于回里昂的敬隐渔现在执意要留在巴黎，不但因为他希望在巴黎大学文学院继续学业，而且因为他已经迷恋上在"圆屋顶"咖啡馆遇见的一个金发女郎。

当时巴黎第十四区的蒙帕尔纳斯大道有几家咖啡馆，因为文艺界名流的光顾而名噪一时。"圆屋顶"（le Dôme）一八九七年开张，是出现在这条大道上的第一家咖啡馆。它位于一栋有个圆屋顶的大楼的底层，"圆屋顶"由此得名。从二十世纪初起，在半个世纪的时间里，它曾是巴黎以及来自世界各地的几代知识精英钟爱的聚会场所。在这些被称作"圆屋顶常客"（Dômiers）的人中，有画家高更、康定斯基、毕加索，作家海明威、辛克莱·刘易斯、埃兹拉·庞德、亨利·米勒、萨特，摄影家布列松，以及俄国政治家列宁和托洛茨基。佳人与才子总是如影随形，"圆屋顶"的露天咖啡座上少不了风姿绰约的女士，在蒙帕尔纳斯林荫大道络绎不绝的过路人眼中，犹如一道亮丽的风景。

敬隐渔来巴黎后不久就听闻"圆屋顶"的大名，并且受到它的强烈吸引。从他住的瓦莱特街，穿过卢森堡公园，从西南门出来就是瓦万街，穿过马路就到"圆屋顶"咖啡馆。从一九二八年暑期起，这家咖啡馆的露天座上出现敬隐渔清瘦的黄面孔。

在法国上咖啡馆并不是高消费，要一小杯咖啡泡上半天也是平常事。敬隐渔像不少客人那样，带一本书和一个笔记本，往往一坐就是几个小时。敬隐渔来了几次，和邻座的常客面熟了，有时还海阔天空地聊起来。外国人对中国很感兴趣，难得遇到法语如此流利的中国文化人，不免问东问西；敬隐渔总能娓娓而谈。

敬隐渔一面抿着咖啡，在笔记本上写写画画，一面也会欣赏周围的美女。在咖啡座上和在静静的图书馆里不同，人们有说有笑，敬隐渔目光并不为人注意；直到初秋的一天发生了令人匪夷所思的场面。

那一天，离敬隐渔不远的一张咖啡桌旁，一个金发女郎跃入他的

"圆屋顶"咖啡馆的露天座

眼帘。他凝神细瞧,天呀,自从来到巴黎,他已经见识了不少花容玉貌的女子,但无论是他的智力还是他的想象都发明不出比这女子更美的造物。如果世上有美貌,那就是她。从她说法语的口音,他料想她是美国人。他看得入迷了。他顿时认定这绝美的女子就是他生命中的女人。

然而,他理想的女性之美,应是外在美和内在美的完美结合。他不会爱长相姣好但是头脑愚笨的女人。他要去验证一下这金发美女是否也有足够聪颖的心智、善良的性格和让他欣悦的脱俗的谈吐。他已经被这金发女郎的美震撼得失去理性,踉跄地走近那美人的咖啡桌。这荒唐的举动令满座皆惊,侍者和几个男士马上涌过来,粗暴地强使他回到自己的座位。

敬隐渔后来又去过"圆屋顶",他再也没有见到那个金发的美国女郎。

但这"圆屋顶"的金发女郎已经深印在他的神经中;他一定要再见到她,检验她是否具有自己理想的完美。他不能离开巴黎。

为了享受里昂中法大学的津贴而又能留在巴黎上学,或者说为了能够再看到"圆屋顶"的金发女郎,敬隐渔居然搬动了索尔邦堂堂的文学院院长。德罗利教授把敬隐渔给他的信转给了里昂中法大学协会秘书,并在亲笔函中为敬隐渔说情:"我认为写信人学习上进,值得予以勉励。"

里昂中法大学不是一般概念上的大学。该校不设系科,主要设法文预备班,学生达到可以听讲的程度,即各本志愿,进入里昂大学或法国其他大学学习专业。敬隐渔希望作为里昂中法大学津贴生留在巴黎学习,并非没有先例。

但是里昂中法大学协会秘书古恒先生却不予认同。他在十月二十七日直接写信给住在瓦莱特街二十一号的敬隐渔,请他尽快来里昂中法大学报到,以便到里昂大学文学系学习:

几天前,我接到巴黎大学文学院院长先生来信,转达您希望留在巴黎做学士论文的请求。

您知道,我们里昂大学的系里开设好几门哲学课,您一定熟悉格尔博、瑟贡和布雅德这些先生的名字。您在里昂大学和在巴黎一样可以继续您感兴趣的学业。

我和办事处诸成员经过讨论达成一致意见,敬请您在注册开始后尽早前来圣伊雷内堡中法大学办理注册手续。

敬隐渔报考里昂中法大学是为了获得一份助学津贴;如果坚持留在巴黎就会失去这份生活保障。别无选择,他只好决定前往里昂入学。

一九二八年十一月八日敬隐渔给罗曼·罗兰写了寄自巴黎的最后一封信,告诉罗兰他已经考取里昂中法大学津贴生,将能够获得"圣伊雷内堡的宁静和免费的食宿"。

离开巴黎以前要办理公寓房的退租手续,敬隐渔还欠房东约三千五百法郎膳宿费,需要缴清。他首先寄望于罗曼·罗兰,求罗兰借给他一千五百法郎。此外,他唯一能指望的就是已经交稿但尚未出版的法文译本《中国现代短篇小说家作品选》的版税了,他希望里厄戴尔出版社把还"欠"他的一千法郎付给他。一个英国出版家曾经写信给罗贝尔弗朗斯,表示想获得《中国现代短篇小说家作品选》的英文翻译权,罗贝尔弗朗斯已经答应和这位出版家签一份合同,所以敬隐渔请罗兰写信给罗贝尔弗朗斯,让后者替自己还清余下的欠款。

这一系列要求会给罗曼·罗兰添多少麻烦,自不待言。但罗兰还是为他一一办妥了。敬隐渔这才得以从罗朗公寓全身而退。

一九二八年十一月十五日,敬隐渔怀着复杂的心情离开巴黎,重返里昂。

别了,瓦莱特街那座四层楼的膳宿公寓,它街对面的圣女热纳维耶芙图书馆,它近旁的伟人祠、卢森堡公园和索尔邦,它不远的塞纳河和卢浮宫!别了,蒙帕尔纳斯的"圆屋顶"咖啡馆……和那令他永远智乱神迷的金发女郎!

# 第三章 《中国现代短篇小说家作品选》

里昂中法大学是中国在境外与外国人合办高等教育的第一个成功范例。但在法国成立一所大学程序十分复杂，所以该校的体制采取了变通的形式，根据法国一九〇一年的"协会法"，以"里昂中法大学协会"的名义注册。法国人雷宾任会长，为法人代表。校长由中方派任，首任吴稚晖，后来几经更迭。敬隐渔一九二八年十一月十五日入校时，校长由法国人樊佛尔代理。樊佛尔毕业于巴黎东方语言学校，欧战时负责过中国劳工营，后又任过上海法国驻军最高指挥官。他于一九二五年被任命为里昂中法大学代理校长，直至一九二九年四月原任学监的中国人何尚平(1887—1970)出任校长。

里昂中法大学校门

第四部　奇特的病症

圣伊雷内堡原来是一座炮台,建于一八四〇年,占地约八万平方米,位于里昂第五区的南侧,海拔三百零五米,俯视里昂城,天气晴朗时可远见阿尔卑斯山的勃朗峰,曾经威震一方。里昂中法大学建校时,法国各界大力支援,军方把这座休弃的炮台捐给它作了校舍。

时隔两年多,敬隐渔又回到里昂,回到他熟悉的福尔维耶尔高地。以前他是自费生,曾在这片高地上六易其所;现在他成了里昂中法大学津贴生,在圣伊雷内堡有了一间固定的宿舍。大小五座校舍中,最大的一座四层楼房是男生宿舍,敬隐渔的那个单身宿舍就在这座楼里,宽敞、安静、明亮、温暖,带一张舒适的书桌。

敬隐渔到里昂中法大学以后,又久久不给罗曼·罗兰写信。蕾芒湖畔的老人却一直挂念着他:他在新环境里的学习和生活如何?他的健康状况是否有所好转?他的容易波动的神经是否稳定了下来?

一九二九年初,梁宗岱第一次致信罗曼·罗兰,希望允许翻译新版《贝多芬传》,罗兰在回信中还不忘向他打听敬隐渔的近况。梁宗岱住在巴黎第五区居雅街十九号,离敬隐渔在巴黎时住的瓦莱特街罗朗公寓很近,二人曾经过从甚密。他回信告诉罗兰:"敬隐渔这个夏天已经考取中法大学。他已经离开巴黎,也没有跟我告别。他想必已经在里昂了。"这回答仍然不能让罗兰放心。

直到一九二九年七月二十四日,放暑假了,身在里昂的敬隐渔才重又开始给恩师写信。他在这封信里说:"在过去的一个学期里,多亏圣伊雷内堡的孤独的宁静,我得以有闲暇深化自己的思想。"

到里昂中法大学后的几个月里,离开了在巴黎时的感情上的纷扰,解脱了吃住的忧烦,敬隐渔确实相对平静了一些。

就是在这段难得的平静期,一九二九年一月,敬隐渔为《中国现代短篇小说家作品选》写了一篇《引言》;三月十五日,《欧洲》第七十五期刊载了他翻译的陈炜谟的小说《丽辛小姐》(*Mademoiselle Lysing*);三月三十日,敬隐渔的《中国现代短篇小说家作品选》由里厄戴尔出版社出版。原来,《丽辛小姐》就是这部小说选中的一篇。

由巴萨尔耶特组稿、里厄戴尔出版社出版的"当代外国散文家丛书",此前已经出了四种:俄国作家伊萨克·巴别尔(Isaac Babel, 1894—1941)的《红色骑兵军》、奥地利作家斯特凡·茨威格的《陀思妥耶夫斯基》、西班牙作家阿索林(Azorin, 1874—1967)的《西班牙》和芬兰作家弗兰斯-艾米尔·西伦佩(Frans Eemil Sillanpaa, 1888—1964)的《赤贫》。敬隐渔翻译的《中国现代短篇小说家作品选》是这套丛书的第五种,灰色封面印着一个大蓝框;框内顶端印着"现代外国散文家丛书"的字样;黑体大字的书名下写着"J.-B.敬隐渔选编和翻译";下端嵌一幅蓝色图画,画中一人在巨岩上临海垂钓,颇有中国画的风味。

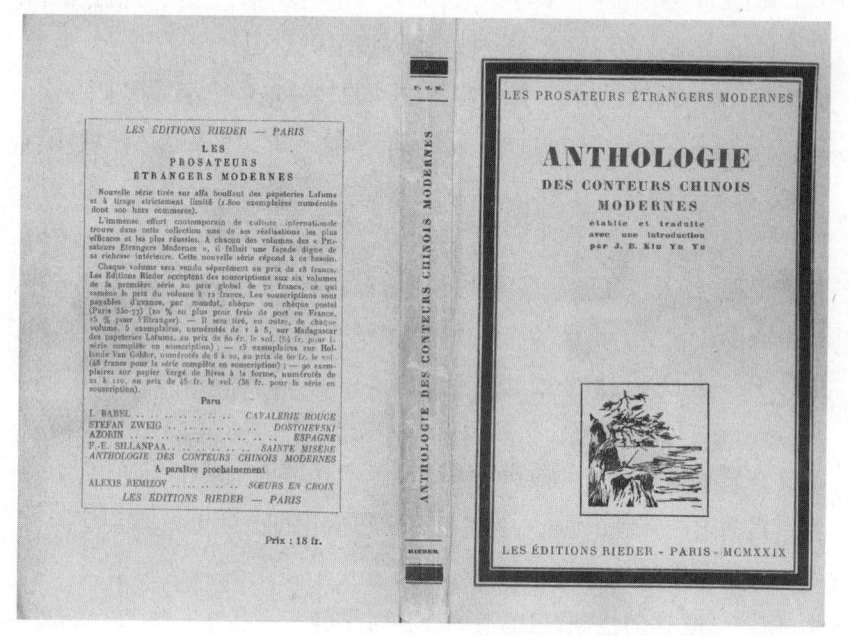

《中国现代短篇小说家作品选》封面及封底

虽说封面上只标着敬隐渔的名字,但人们不会忘记:罗曼·罗兰和敬隐渔在蕾芒湖畔初次会面就建议他做些介绍中国现代文学的工作;罗兰向巴萨尔耶特推荐敬译《阿Q正传》时就预告敬隐渔还可能为他翻译一部中国现代小说家作品选;罗兰修改过收入这部小说选的《阿Q正传》译文;选集中的每一篇译文,罗兰都曾经过目;若不是罗贝尔弗朗斯要敬隐渔交出全稿才让他预支版税,这本书本来还会冠以罗兰写的序文。这部小说选浸透着罗兰的心血。

同样不能忘记,为支持敬隐渔译介中国现代作家作品这件有意义的工作,鲁迅给他越洋寄来一大批可供选材的书,为他提供了实际的帮助。

敬译《中国现代短篇小说家作品选》共收入七位作家的九篇小说,目录如下:

出版者敬启
引言
陈炜谟:《丽辛小姐》(Mademoiselle Lysing)
落华生:《黄昏后》(Après le crépuscule)
敬隐渔:《离婚》(Un divorce)
鲁迅:《孔乙己》(Con y Ki)
鲁迅:《阿Q正传》(La vie de Ah Qui)
鲁迅:《故乡》(Le pays natal)
冰心小姐:《烦闷》(Ennui)
茅盾:《幻想》(Les illusions)
郁达夫:《一个失意者》(Un désenchanté)

敬隐渔撰写的《引言》一开头就坦言:这部小说选的产生并非他个人的创意,而是"对中国思想的演进感兴趣的欧洲朋友,建议我出一部我国现代小说家的《作品选》"。敬隐渔所说的欧洲朋友,当然首先是为这部小说选从整体创意到译文修改做出重要贡献的罗曼·罗兰。

为了帮助西方读者理解比较陌生的中国文化,敬隐渔在《引言》中对中国传统的思想和表达方式做了这样的描绘:"中国人神秘而又单纯。他们外表上平心静气、无声无息,然而思想深邃。他们身上好的东西并不外露,而是刻意隐藏起来。他们是直觉的,逻辑很原始。他们直觉到的真理稍纵即逝,很难表达,更不消说翻译。"

说到进入新阶段的中国文学,《引言》强调了欧洲的影响:自从辛亥革命以来,"黑眼睛的智者走出了他神秘的个体,从昆仑之巅投入了世界的漩涡"。而这要归功于对外的开放:"他们的书房里有各种语言的书籍。""他们大都追随欧洲的潮流,为拓宽自己的视野做着可贵的努力。"

在中国现代的小说家中,敬隐渔重申了他对鲁迅的一贯推崇:

> 他们中间,我要特别指出曾留学日本,后任教于北京大学的鲁迅先生。他是道的敌人。但是他大概比大多数肤浅的道家和儒家都更懂得道。他对旧的中国精神(其不良的方面)的这种深恶痛绝,若不是缘于爱它并渴望它完美的热烈情怀,又来自何处?

审视敬译《中国现代短篇小说家作品选》所收的作品之前,让我们先读读置于卷首的《出版者敬启》:

> 第一次,希望也是最后一次,我们无奈地违背了本丛书创始时就给自己定下的一条规则。
>
> 构成这部《作品选》的九篇小说里,三篇是编译。这个变种的样式我们过去不接受,今天也同样不能接受。
>
> 不过我们最终还是相信了 J.–B. 敬隐渔先生提出的理由:中国新的真正文学的园圃里花朵还过于稀疏,选摘不易。与其将纳入的作品逐字逐句译来只落得几个贫瘠的果子,也许不如以适当的技巧对它们加以编译,反而能为我们保留一部分真正原本的风味?

情况究竟如何?"编译"又是怎么回事?九篇小说的情况各有不同,需要作具体分析。

鲁迅的三篇代表作为整个选集奠定了坚实的基础。《阿Q正传》的出色翻译,前文已有论述。《孔乙己》的译文与鲁迅原文完全贴合。《故乡》也同样忠实于原作,只是将杨二嫂发现闰土藏香炉的情节移到众亲友前来告别和拿东西之后,让故事在时序上更显得连贯。这后两篇译文,和敬译《阿Q正传》一样,不但译文流畅,而且有不少令人赞叹的精妙译笔。敬隐渔翻译鲁迅作品最忠实和严谨,表现出他对鲁迅小说艺术毫无保留的折服和虔敬。

陈炜谟的《丽辛小姐》原题《写实主义与理想主义》。单身青年胡吻月务实、机敏,本会有大好前程。他对周围的男女关系了如指掌,却不擅生活自理。他娶了杭州姑娘丽辛,丽辛人长得漂亮,但不会做、而且也不想学做家务。小两口因生活琐事龃龉不绝,最后丈夫撇下妻子去杭州教书。敬隐渔采取编译的方法,对原作松散的素材加以适当提炼和重组,线索更清晰,人物更生动,叙述也更明快。

落华生本名许地山。他的《黄昏后》写鳏居的五十岁的雕塑家带着两个女儿,通过雕像和自谱的乐曲寄托对亡妻的缅怀。译文精简了过细过长的景物渲染和情节的枝蔓,但保留了原作的架构,基本忠实于原作,完好地再现了原作的故事和情调,可谓缩译。

冰心的《烦闷》的主人公是一个看破红尘的大学生,由于喜爱窥探社会之谜,陷入无端无休的烦恼。译文对原作的议论部分多有删节,而保留了描写和叙事,也可归类为缩译。

敬译《幻想》原作题为《幻灭》,是茅盾的小说处女作。女主人公章静满怀美好的憧憬,但屡遭幻灭。敬隐渔从章静第一次幻灭——发现感情上受抱素欺骗以后译起,章静去汉口投身社会活动,参加妇女会和工会工作,困难重重,令她失望;改做护士,又感到单调和厌倦,再次遭遇幻灭。她认识了受伤的强连长,终成佳偶,享受到幸福生活,但当部队再次召唤她的丈夫、后者犹豫不决时,她却支持他重上战场。译文对原作进行大量删削改动,可谓编译。

敬隐渔把郁达夫的《银灰色的死》改题为《一个失意者》。身处东洋异国的"他",爱妻已逝,倍感孤寂和沮丧,以酒浇愁。他爱上一个酒馆老板的女儿,但那女孩嫁给了别人。他穷困潦倒,颓唐绝望,最后因脑溢血死在一块空场。译文对原作的情节做了大幅度的改写,但较好地传达了郁达夫作品感伤的风格,也属于编译。

统观敬译《中国现代短篇小说家作品选》中以上六位作家的八篇小说,译法大致可分为三种:实译、缩译和编译。敬隐渔衷心喜爱的鲁迅杰作《阿Q正传》《孔乙己》和《故乡》,他恭而敬之地如实照译,只是有所删节,即使在八十余年后的今天,这三篇小说的译文也堪称优秀。敬隐渔认为较好然而犹有不足的作品,如落华生的《黄昏后》、冰心的《烦闷》,便加以缩译。而他觉得差强人意的作品,像陈炜谟的《写实主义和理想主义》、茅盾的《幻灭》和郁达夫的《银灰色的死》,便在原有情节的基础上重新结构,即所谓编译。

敬隐渔并不讳言他在《中国现代短篇小说家作品选》的翻译中对一些作品做了加工,他的态度始终光明磊落,有他给罗曼·罗兰的信件为证:

一九二七年十二月三十一日:"大部分小说都没有鲁迅先生那样完美,只不过是我的改写。"

一九二八年五月二十七日:"小说的选择很困难,大部分都是由我改写和重写的。简单的翻译会快得多;但人们不会喜欢那种翻译。"

显然,他对出版者也毫不隐讳自己在翻译中对原作的改动。

敬隐渔在《中国现代短篇小说家作品选》翻译中的这种做法或许过于自以为是,但他并非轻举妄动。他不满足于"简单的翻译",不辞辛苦地缩译和编译,乃是为了追求更好的艺术效果。不难发现,无论是标题还是内容、细节还是架构的变动,他都经过慎重的思虑。以几篇小说标题的改变为例:《写实主义和理想主义》改题为《丽辛小姐》,因为原题会让人误以为是理论著作;《幻灭》更名为《幻想》,因为女主人公鼓励丈夫重上战场意味着又一次幻想的开始;《一个失意者》比《银灰色的死》也许少一点含蓄,却把厄运连连的主人公的特征表达得更加清晰……

敬译《中国现代短篇小说家作品选》的这种做法,即便对原作有所改善,但从翻译的普遍原则来看不足效法。不过,犹如熔翻译家和思想家才华于一炉的严译《天演论》,敬译《中国现代短篇小说家作品选》也是中国翻译史上熔翻译家和作家才华于一炉的一个特例。

除了这八篇翻译小说,还有敬隐渔特地为这部作品选直接用法文创作的小说《离婚》。这篇以外文写作、在国外发表、面对外国读者而又饶有中国特色的小说,为这部小说选增添了不少光彩。

《离婚》写的是青年黄哲谷在京城读书六年,接触了新环境,接受了新思想,结识了新女性,大学毕业后回乡,和父母包办的妻子素珍离婚的故事。

十来年以前,他刚上中学,就遵父母之命,和一个十四岁的女孩过早地成婚。他对那场婚礼只留下不多的印象。此后,他在家里就再没有开心过。那个腼腆、沉默的陌生女孩让他感到不舒服。她跟全家聊天、相处都很融洽,到了他面前却像走近一个敌人似的。听人说起她丈夫的名字就脸红。从清晨到深夜,她跟他不苟言笑,一个劲地做家务,尖尖的小脚不休停地走来走去,打第一天起就让他不悦。她却受到大家的赞赏,被誉为正派女人的完美典型。啊!正派,你就像横在夫妻间的一道长城!洞房冷寂阴森得像是坟墓。她让他害怕。他更喜欢和学校的伙伴们在一起的快乐。他终于不再回房睡觉。父母经常斥责他。一气之下,他离开了家。在京城六年,他已经深深地改变了。

儿子大学毕业了,身为富裕乡绅的父亲乘船接他回家。

船上挤满了乘客,他们彼此的衣着、身份和目的地都很不相同。在船的艌楼,并排坐着父子俩,他们奇特的对比明显地表现出两代人的特点。年轻人名叫黄哲谷,年龄在二十六岁左右,理着欧式的分头,留着梳得光滑的尖胡须,穿一身样式优雅的长衫。他额头宽大,目光炯炯有神。相反,父亲的衣着宽松而又不协调;花白的胡须和头发,又长又散乱;外表随随便便、不假修饰;目光像是在沉思,有点自视甚高,似乎参透了一切,并且鄙夷他参不透的一切。

父亲不仅接儿子还乡,还希望他能回归传统:

"你不在家,"父亲用严肃而且有点激动的语气又说起来,"好几年过去了。你母亲常生病,卧床不起。儿媳很孝顺,白天照料她,夜里守着她。她不愧是出身书香世家。不过不孝有三,无后为大。这都怪你。你可别学当今那些光知道革命而不讲道德的年轻人,他们已经不懂得三纲五常。你的所作所为,要让你母亲能平安地生活,直到百年。"

哲谷回到家,慈母和老女佣好奇地在饭厅里听他讲述离家这几年的生活。他满口的理论和新词儿,弄得她们摸不着头脑。而这时,素珍却在自己房间里默对一盏锡灯的惨淡灯光。她迟迟没有出来看久别丈夫的模样。她觉得,一个有教养的女人不应该表现得那么性急,女人生来就是为了永远等待。她又忆起婚礼之夜,丈夫怎样决然地离开洞房。

从那时起,她就没敢正面看过他一眼。他们彼此也不说话。她本能地感到自己不招他喜欢。为什么?她在自己身上寻找各种理由,不怨任何人。她眉毛不清秀?头发不柔顺?总之她命中注定了生辰八字不好,就是这样。至于她,她终生都爱他,因为他是她的丈夫……他一去不回。他走了。男人,总有他们的道理。此后,就是单调的家务活儿,以及对离家的人新的忧伤的等待。她还没有孩子。没有孩子,女人就一钱不值,生活也就空虚。在春天的满园绿色中,夏天午睡过后,冬天的漫长夜晚,她一边默默刺绣,一边愉悦地遐想;丈夫带着光环的俊美温柔的面孔多少次出现在她眼前!……她心安理得地委曲求全,很快就博得全家人的好感;但是敌人——她的丈夫——却始终是一个令人不安的谜。

分别六载,期盼的丈夫终于还乡,她却不敢出来见他。他也迟迟不进房里来。最后,禁不住母亲催促,他才拖着缓慢的步子向当年的婚房走去。

　　素珍打了一个寒战,赶快找来一把镜子照了一下,站起身,因为害羞而提心吊胆地等待弄得她惶恐不安。他没精打采地在一张椅子上坐下,看了妻子一眼。她低下头,靠着大衣柜的一角。他觉得面对的就像一个没有生命、不会说话的女性雕像。整个房间气氛尴尬而沉闷。硕大的衣橱,实木的方形桌椅,满是雕刻的大床,这庄严而又古朽的一切,沉重得足以把夫妻压个粉碎。不,这不是活人住的地方!妻子仍在像沉默的女神一样发呆。她低垂的脸上闪过一道道血红和苍白的条纹,就像时阴时晴色彩急剧变幻的天空。夜渐深。冷寂的场面似乎要永远继续下去。这时光真难承受!他,哲谷,已经摆脱了一切迷信;他要时刻创造自己的生活;他讨厌这个什么也不想知道、即使人家把她抛进坟墓也逆来顺受、可以是奴隶也可以是暴君的小脚女人。他想要的是一个女友和一个生活伴侣,这是这个弱女子永远都无法想象的。他怎么了,让她如此恐惧?啊! 无缘无故就让人恐惧,这是多么可怕的孤独!他宁可爱一个幼稚然而率真的女孩!……不,她不理解他,永远也不理解他……

哲谷再次退出令他窒息的昔日的婚房,不顾父母骂、众人劝,把自己终日关在书房里。素珍不但不吵不闹,反而更加勤快,照顾公公,服侍婆婆,默默地尽儿媳妇的本分,直到娘家差人来接她回去休息几天。

　　可是,几天后却传来素珍自尽的噩耗。她是穿着大婚的礼服上吊的,临死还念着丈夫的名字。哲谷禁不住感到悲伤和悔恨。

　　第二天上午,哲谷接到老同学洪涛的一封信。

　　亲爱的朋友:

　　　　从你上一封信里得知你离婚了。我支持你,赞赏你。新一代的青年,勇敢地同过去决裂吧。

革命军中有一个职位空着。他正适合你。撇开你的父母,他们已经被一堆蠢事弄得瘫痪了,麻木不仁。别向后看。大无畏地前进。破坏的使命等着你。

当日中午,哲谷便心情愉快地准备出发。

辛亥革命冲垮了封建帝制,也推动了中国人民反对封建礼教的精神解放运动,挣脱封建的婚姻制度是其中一项重要内容。这是一场影响广泛的尖锐的社会变革,敬隐渔这一代中的许多人都曾经或正在面临这场痛苦的斗争。他们是旧式婚姻的受害者,而他们的解放又不可避免地带来对方的牺牲。敬隐渔抓住了这个具有灼热现实意义的社会主题,通过哲谷的叛逆和素珍的悲惨结局,把这场斗争以及它的必然、无奈和无情,做了真实、深刻的写照。小说笔墨清新,结构谨严,情理交融,男女主人公乃至次要人物老女仆的形象都塑造得细腻生动,是一篇富有社会意义和艺术价值的佳作,更何况它是用外语写成。敬隐渔以法文写作的高度造诣,在这篇小说中得到最出色和完美的发挥。

这部在当年实属罕有的中国现代小说选,很快就在法国舆论界受到热情的关注。读者众多的《壹周刊》,在当年八月三十一日出版的第三十五期上为它刊登了该刊编辑和评论员马赛尔·勃利庸(Marcel Brion)的专评。

这位资深评论家宣称,由敬隐渔编选和翻译的这部《中国现代短篇小说家作品选》令他"读来兴致勃勃"。他从中既找到"俄罗斯文学影响的许多痕迹",也发现当代中国青年作者"大都追随欧洲的潮流"。他认为"这一潮流和根深蒂固的中国的感性和理性水乳交融,产生出奇特、复杂、与古典作品迥异的作品,这部作品选为我们提供了一些鲜明的例证"。

这位评论家指出:这些小说的最大特点莫过于反映了近年来中国经历的巨变,它不仅发生在政治和社会领域,也发生在道德和家庭生活中。在这些小说里,旧的思想和感情的建筑仿佛在新观念的侵袭下

摇摇欲坠。在这方面,小说《离婚》令他感受尤深:

> 以 J.-B. 敬隐渔的《离婚》为例。请读读这篇小说吧!您会看到一个丈夫,背弃一切家庭、宗教和道德的陈规,拒绝和妻子在一起生活,拒绝为传宗接代而生儿养女,而这本来是做人的首要义务。父亲提醒他要谨守清规戒律:"一个男人应该循规蹈矩。凡事都有一定之规。没有规矩,就不能成方圆",他却对之以新的法则,感情自由的法则。一边是旧的中国,以忠于传统的父亲和被丈夫嫌弃而悬梁自尽的少妇为代表;另一边是新的中国,革命时期的混乱蔓延,摧毁了这个家庭,卷走了那个青年。

不仅如此,这位评论家还在大部分小说中看到"革命的印记";这场革命不仅反映在思想和感情上,也反映在年轻作家们使用的语言上。他们用"更通俗、更方便"的白话文取代了"过于诗化、过于简约"的文言文。

在这些"激烈反对旧秩序"的作家中,这位评论家特别提到鲁迅,这位昔日仙台医专的大学生,现今北京大学的教授,因为据敬隐渔说,他是主宰中国的生活和思想的"道"的敌人。《壹周刊》的文章最后就这场精神革命的前途探问道:

> 这些年轻作家蔑视和仇恨"道",是因为"还没有深入道的曲折的思路"呢?还是相反,渴望还古老的智慧以原有的生气和活力呢?"在尝试欧洲的良药,发现不对自己的病症之后,中国来了个大转弯,可能重新投入道的深渊。"我们不妨赞同敬隐渔先生的这个预言,把当前中国思想和当代文学所见证的视为一个令人关注的转折阶段。

这部作品选在中国也获得了反响,那就是一九二九年九月十五日上海水沫书店出版的《新文艺》刊载的伯子的《敬隐渔的〈中国现代短篇小说家作品选〉》。不过和《壹周刊》的评论家相比,这位本国评论家对同胞敬隐渔却远不是那么平实和宽容。

"译者是敬隐渔先生，是一个曾经译了一些罗曼·罗兰的 Jean-Christophe，又把罗曼·罗兰给他的信在杂志上发表的人，法文写得还不错，但是欢喜夸大而不肯下实际功夫的人。"——与其说这是学术评论，不如说这是人身攻击了。

"我国的短篇小说比到别国当然是自愧不如。但照敬先生的标准来挑选，我想也决不至仅仅只有这七位。"——仿佛敬隐渔翻译的不是一本作品选，而是小说大全。

"与陈炜谟、落华生、冰心同等地位的作家也并不在少数，而敬先生却没有什么特别理由地赏光到他们三位的并不十分出色的几篇上。"——中国新文坛作者的确众多，敬隐渔选出的这三位新人，日后都颇有建树，恰恰说明敬隐渔别具慧眼。

"郁达夫的短篇中，大家公认为佳作的是《过去》，而敬先生却抽译了《银灰色的死》。"——见仁见智，敬隐渔自有其选择的理由，伯子却要强加于人。

最令伯子气恼的是，全书收录了七位作家，"而敬先生自己竟七分天下而有其一"。伯子甚至大爆粗口："敬先生自己可否算一个作家尚是个疑问（虽然出过一本《玛丽》），却像露阳病患者似的偏要把自己的见不来人的东西拿给人看。"

敬隐渔远非仅仅"出过一本《玛丽》"。他在国内外主流刊物上显露的闪光才华已经奠定了他的作家地位。至于《离婚》，连法国评论家都给予了特别的佳评，并且建议人们："请读读这篇小说吧！"伯子却将它一笔抹杀。"见不来人"的毋宁说是伯子的阴暗心理。

但广大读者是公允的，敬隐渔翻译和创作的法文本《中国现代短篇小说家作品选》受到热烈欢迎。里厄戴尔出版社出版的《现代外国散文家》丛书，封底都有一则广告，其中说明该丛书每一种"印数严格限量在一千五百册编号本"。但敬隐渔翻译的这部作品选却打破此限，初版印了编号本一千九百三十六册。

敬隐渔的法文本《中国现代短篇小说家作品选》还没有问世，就有

第四部　奇特的病症

米尔斯翻译的英文《〈阿 Q 的悲剧〉及其他现代中国小说》封面

英国出版商迫不及待地购买了翻译和出版该书英文本的版权。英文本于一九三〇年由伦敦乔治·娄特利奇父子公司（George Routeledge & Sons, LTD）出版，作为《金龙丛书》（Golden Dragon Library）之一种。封面上标明"由 J.-B. 敬隐渔译成法文，米尔斯（E. H. F. Mills）转译自法文"。包括敬隐渔《引言》在内的全部内容均无变化，只是将《阿 Q 正传》的题名改为《阿 Q 的悲剧》（The Tragedie of Ah Qui），书名改为《〈阿 Q 的悲剧〉及其他现代中国小说》（The Tragedie of Ah Qui and Other Modern Chinese Stories）。

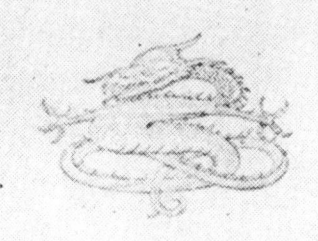

一九三一年，这个英文本又由美国戴尔书局（Dial Press）在北美再版。

一九四四年，巴西首都布宜诺斯艾利斯的二十世纪出版社（Ediciones Siglo Veinte）出版了"转译自敬隐渔法文译本"的葡萄牙文本，书名《新中国的短篇小说家》(J.-B. Kin Yn Yu: *Cuentista de la nueva China*)。

敬隐渔的《中国现代短篇小说家作品选》,由几大外语承载着,把二十世纪二十年代的中国新文学传向世界。

## 第四章　美的痴迷

　　敬隐渔的入学手续,来里昂中法大学报到那一天就办妥了。注册时填写的身份登录表上只留下一项空白:体检意见。《中国现代短篇小说家作品选》出版的第二天,也就是一九二九年三月三十一日,他去里昂城内中央街的校医布朗－佩尔杜塞医生的诊所检查身体,医生居然给他开了这样一张非同寻常的医嘱:

　　　　需要为敬隐渔先生实施一种维持治疗。(Σ 一九二五年在中国感染)该学生将定期去圣珀坦医院尼古拉教授处接受外科门诊。须就医疗费进行联系,或由学生负担,或由学校负担。

　　Σ是希腊字母表中的第十八个字母;作为医学缩略语,它的含义是:梅毒。"一九二五年在中国感染",应该是根据敬隐渔的自述。

　　感染梅毒有直接与间接、胎传与后天等多种原因。敬隐渔没有片言只语提到过自己怎么会感染上这种病。梁实秋在《清华八年》中有一段记载:"我有一次暑中送母亲回杭州,路过上海,到了哈同路民厚南里,见到郭、郁、成几位,我惊讶的不是他们生活的清苦,而是他们生活的颓废,尤以郁为最。他们引我从四马路的一端,吃大碗的黄酒,一直吃到另一端,在大世界追野鸡,在堂子里打茶围,这一切对于一个清华学生是够恐怖的。"梁实秋所描写的情景应该发生在一九二三年暑中,郭、成、郁都在民厚南里创造社的时候。但不能排除后来创造社小兄弟敬隐渔有样学样,在一九二五年出国前的那几个月里,干出"追野鸡"之类的荒唐事,而且唯独他不幸染上梅毒。当然,那时代梅毒是一种比较常见的传染病,敬隐渔感染此病也可能有其他的原因。

　　在二十世纪三四十年代之交科学家提炼出青霉素并应用于医疗

273

以前，梅毒被视为不治之症，仿佛患了梅毒便只有等待死亡。学生中出现梅毒患者，在里昂中法大学恐怕还是第一遭，自然惊动了校方。不过校方关注的首先是医疗费。一九二九年四月六日，财务长拉乌尔把这张医嘱转呈雷宾会长，并在信中说，只有出示具备一定资格的主管者签字的文件，或者交付现金，医院才会给敬隐渔配发药品，而敬隐渔显然没有支付能力。但这位财务长又说，敬隐渔的病是在进校数年以前染上的，校方没有义务承担费用。

校方因医疗费问题为难了多日，终于找到一个解决办法。一九二九年四月十五日，协会秘书古恒给圣帕坦医院负责人尼古拉教授写信道："我校校医布朗－佩尔杜塞先生介绍一名叫敬隐渔的学生前来贵院治疗。此病属于疾病防治法范围，有适用于此类情况的专项基金，因此我请您给予患者免费治疗。"

不知道里昂中法大学的这一招是否达到了推卸经济责任的目的，也不知道敬隐渔是否去圣帕坦医院接受了治疗。一九二九年四月，代理校长樊佛尔离职，原任学监的中国人何尚平接任校长时，全体教职员和在校中国学生合影留念；在这张照片上，身穿哔叽呢夹大衣的敬隐渔依然是朗目浓眉、一表堂堂。

一九二九年四月里昂中法大学师生员工合影，第三排右起第六人为敬隐渔

六月二十四日，里昂中法大学协会理事会举行会议，听取了保尔·鲁吉耶教授的报告，鉴于敬隐渔在去年十月份公开招生考试中成

第四部　奇特的病症

绩出色，决定授予他二等奖。七月一日，协会秘书古恒写信给敬隐渔，向他宣布了这一决定，并表示祝贺。不过，无论是梅毒还是嘉奖，对敬隐渔来说似乎都已经无所谓，因为他的神经症正在成为现实。

七月十四日是法国国庆日，敬隐渔当天就前往法瑞边界的东部小城安纳西度假。安纳西离日内瓦只有几十公里，原属瑞士，一八六〇年才纳入法国版图。敬隐渔喜爱安纳西，不仅因为它依山临湖，风景绮丽，还因为他崇拜的卢梭和弗朗索瓦·德·萨勒曾在这里度过美好的时光。

安纳西湖西南端的勃勒达纳兹镇一带有"蓝色海岸"之称，是欧洲富人的避暑胜地，生活昂贵。敬隐渔竟然住进湖畔的碧水旅馆，钱很快就花光。有个侍者见他是个穷学生，对他态度恶劣，弄得他不得安生，他恨不能马上回里昂；可是他欠旅馆房费，欲走不能。拿着津贴生的有限生活费，却到富人的乐园里逍遥，敬隐渔对自己的行为已经缺乏自控的理智了。

在这紧急关头，一九二九年七月二十四日，敬隐渔才打破八个半月的沉默，在旅馆里提笔向罗曼·罗兰求援，请罗兰借给他五百法郎，让他能结账走人。

但这封信却像冲开了一道闸门，从七月二十四日到十一月二日，在三个月零八天的时间里，敬隐渔给罗曼·罗兰密集地写了八封信，最长的一封用大张的信纸满满当当写了七页。敬隐渔在信中无所不谈，特别是谈他在巴黎以及重回里昂后的情感生活。这些信是他的情感经历在精神深处引发的骚动的记录，反映了他的神经症加重的过程。在这些信中，他是一个神经症的自述者，也常常是一个自我精神分析者。像敬隐渔这样以身说法，对自己错乱的精神世界做出如此真切、生动的陈述和剖析的文字，实属罕见。当然，这毕竟是出自一个神经症患者的手笔。

在七月二十四日的这封信里，敬隐渔谈的首先是他已经梦绕魂牵的"圆屋顶"的金发女郎：

275

去年秋天，我在巴黎，在蒙帕尔纳斯，遇见一个金发的美国女郎，一个律师的女儿，我觉得最美的女人，而且并不比别的女人愚蠢。她看起来甚至有很大潜在的智慧，只是她缺少经验、漫不经心。她跟随我到了里昂。我周围的人经常暗示说是很好的搭配。

敬隐渔只在"圆屋顶"看了金发女郎两分钟，就被人强行拉开，他却似乎已相当了解她，断定她不但外表美，智力也不差。他不但说这位天下最美的女人跟他来到了里昂，而且说周围的人反映良好！敬隐渔不仅在痴人说梦，他已经痴迷到把幻觉当作现实。

回述自己的情感经历，谈到自己不停地追求女性，敬隐渔从基督教和佛教两大宗教哲理中为自己找到理由：

人们惊讶我拼命地追女人，而后又立刻一个接一个地把她们抛弃。人们不知道(我现在看出来了,如果我不解释,他们很难知道)我这样做是在完成一件相当艰难的事儿,就是解放自己,摆脱过去的或潜在的种种不洁。然后,在炼狱过后,(如果情况对我有利,这只需一个月的时间)我就可以集中我的存在于一点,全身心地投入一种无限的禅定,把我提升到从未达到过的高尚程度。

敬隐渔在信里还谈到他和校方的关系紧张。法国高等学校通常专注于教书，不过问学生课堂以外的事。敬隐渔在巴黎那段时间可以说是任性而为。里昂中法大学的情况就不同了，这是中法合办共管的公费寄宿学校，对学生的学习和生活实行全面管理。行政方面的事务，包括学生行为的规范、管理，主要由中方负责。敬隐渔和管理人员的冲突，看来已经相当激烈：

人们要规划我的教育,不管我愿意不愿意,强我所难,这是一切爱抱怨的教育家所干的最大的蠢事。在一切事情上,尤其是在教育上,暴力没有一点好处！人们对我滥施警察式的关注、媚态、惩戒、诡计再加诡计；人们对付惯坏的孩子所用的一切手法,那些让我极其厌恶的手法,都用上了。然而,我已经是成熟的人,而且

第四部 奇特的病症

是世界上最智慧的人之一；再说，数千年历史的中国教育让我特别痛恨诡计，视之为道德上最大的丑恶……

敬隐渔在勃勒达纳兹碧水旅馆再也待不下去，他不等罗曼·罗兰的救急款寄到，就把箱子作抵押，返回里昂。校方为他垫付了欠旅馆的大约五百法郎，但是要求他月底前必须偿还。

一九二九年八月八日，敬隐渔从圣伊雷内堡写信给罗兰，请他寄五百法郎来解燃眉之急。但敬隐渔最需要的还是对罗曼·罗兰谈论女人。他已经看透了女人的狡猾，因为女人需要先清理掉积存的恶毒，才能变得善良。

不过，通过中国古老的观相术，敬隐渔算定"圆屋顶"的金发女郎是个例外：她很温柔，他愿意接受她的管制和调教：

如果颅骨学的观察没有弄错的话，她喜欢温柔的权威。尽管我过去像个孤独的熊，我将乐见自己的个性受到一个有智慧的权威的隐约的管制，我的幸福受到一个如此美丽的女人的管制。自从见到她，我就准备娶她。她对我的情况有足够的了解。我很穷。她相当富有。经过好好调教，我会在世上做些有益的事。

敬隐渔不吐不快，一九二九年八月十二日又给罗曼·罗兰写信，大谈他理想中的完美女性。他最近读了卢梭的《忏悔录》，华伦夫人的故事让他泪雨滂沱。他赞赏华伦夫人，青年卢梭的这个睿智的女主人竟然用自己的爱拯救了他的心灵，使他免入歧途。敬隐渔把华伦夫人和自己的母亲相比，母亲虽然同样的慈爱，却没有华伦夫人那样聪颖的心智。他由此悲叹那美好的时代已经一去不返：

昔日的玫瑰在哪里？自然在它的万花筒前面就那么性急？为什么一朵美丽的花儿刚刚形成，就摧毁它，又造出一朵也许是丑陋的花？

华伦夫人在他的心目中成了完美女性的典型。他把现实中的女性和华伦夫人对比，连金发美国女郎也显得空有玉貌，这让他深感遗憾：

> 当我在"圆屋顶"第一次遇到美丽的金发美国女郎（也许原籍捷克斯洛伐克）的时候，她那大眼睛里无限的幻想和温柔曾让我预想她是一个这样的人。可惜，她既没有华伦夫人的气质，也没有她的年龄。自然给人一点知识时总是附带着心灵上的伤痕和脸上的皱纹；而对于如花的容貌和春天般的娇媚，它总是无情地吝啬！唉！我们还是太弱小，无法打破它的法则！

既然现实生活中很难找到华伦夫人那样完美的女性，敬隐渔也只好退而求其次，满足于在"圆屋顶"咖啡馆偶然一面的那个金发女郎了。他对亲爱的导师说：

> 由于我不可能遇到一个同我完全相像而又长得美貌的人（我计算过成功的运气），而尽管如此，我又需要一个伴侣共同生活，我觉得世上最好的女人就是这个金发的美国女郎了，理解我甚至以后指引我的能力她应有尽有；单是她的美就足以令我欢欣，即便她不理解我。资产阶级女性未必是精灵的巢穴，但她是防止神经失常的庇护所。

罗曼·罗兰给敬隐渔寄来了五百法郎。但是敬隐渔刚患了一场流感，用了一部分钱治病；另外，他几个月没换衬衫了，又买了一件毛衣和一件衬衫，这笔钱已所剩无几。

一九二九年八月三十日，他又给罗兰写信，请罗兰再寄五百法郎还学校的垫付款，并且直接把钱寄给何尚平校长。不过，敬隐渔写这封信主要还是要再跟亲爱的导师谈论女人。

想起在巴黎，由于没有足够的社会学和观相学知识，他掉进了争相对自己献媚的女人堆里，以为她们爱的是他的漂亮面孔。后来才知道，她们是受人指使，捉弄他：

> 那些阔妞和公主，想必在笑我幼稚无知，不辨璞玉和粗石！可我呢，我丝毫不感激她们跟我要这种致命的花招。我没有进精

神病院，这真是个奇迹。

他在女性身上看重的是外在美和内在美的兼容，而他以往追求的一些女人虽不乏姿色，却是那么愚昧和粗俗：

> 我关心的，不是轻松地造一张客观价值的清单，而是艰难地驱散我的困扰。困扰我的对象仅仅是那些毫无价值的女人。因为，如果是我极力追求的有价值的女人，我早就结婚了。……那些我现在知道是无赖，但从前，当我无知、有浪漫需求的时候，在虚幻的想象中慷慨地认为具有无法抗拒的优点的女人，（所幸为数不多，两三个）残酷地搅动着我的无意识，不断纷扰着我的理智和行为！

可是，感觉需要时间才能慢慢显露出来。敬隐渔举了一个具有心理学意义的实例。从里昂市内到圣伊雷内堡要沿一条崎岖的路上山。路的尽头有一个洗染店，洗染工的漂亮女儿从脏兮兮的门里出来进去，他们相视一笑：

> 但是，时间长了，我隐约感觉到一种努力失败，因为我在无意识中把上坡的努力当作了征服的努力。那不是爱情，也不是好感，什么也不是，而是应该摆脱的一些拥挤的形象记忆。

在一九二九年九月十三日给罗曼·罗兰的信中，敬隐渔首先表示歉意，因为前两封信里的第一封是他神经衰弱的时候写的。其实在这后一封信里，情况更严重：

> 这一次，好戏开场了。明天，我就要进一家精神病院！我不认为这是金发德国姑娘干的事。……我这孤僻的外来人，要我只看她们一眼，就参透那么多人的性格，这实在超出我的能力！那些不断刺激我的欲望的企图——我强暴了她们——被我一次次击退！可是人们仍在气定神闲地向我描绘女人不可企及的诗意和魅力！

二十世纪三十年代，正是奥地利精神病医生、精神分析学家弗洛伊德的学说影响达到顶峰的年代。弗洛伊德精神分析学说的精髓是力必多（Libido）的转移和分配。拉丁文 Libido 本意为"本能欲望"。弗洛伊德所说的力必多是生命能量，它是各种性本能表现的根源。力必多能否持久地转移并顺畅地分配到本能所欲的地方，决定人的健康、愉快或者病态、痛苦。敬隐渔读了弗洛伊德的著作，用弗洛伊德的精神分析法进行自我的精神和心理分析。他在这封信解释道，他拼命追女人，是因为意识到自己对异性的好奇和欲念有失控的危险；他要主动发泄力必多，以免它转移到未成年女孩的身上：

　　……我怕这种转移会落到一个女童身上！经过长时间艰苦的寻索，我为自己找到一个处方：拥有金发的波兰姑娘，那个学德文的大学生，不过不许她说一句话，也不要见她的伙伴；和这几个姑娘说话：学数学的褐发里昂姑娘，去年在伟人祠广场见过的日本姑娘，在索尔邦看到的俄罗斯公主，跟我通信的狡猾的匈牙利姑娘，以及我最后恋爱的在"圆屋顶"见过的金发德国姑娘。

而他所谓的追女人，只是要看看她们而已。可是在里昂福尔维耶尔高地一隅的宁静的中法大学，哪里会出现她们的踪影！他痛苦已极：

　　我等得太久了！我已经厌腻了她们的矫揉造作和故弄玄虚！我吁求她们发发人性：她们只要露一下面就足以拯救我！然后，如果她们不爱我，我就回中国，把欧洲永远忘掉。

四天前，他刚向罗曼·罗兰宣布"打算明天就进一家精神病院"。一九二九年九月十七日，他又对罗兰说他并没有这样做，因为他要自我医治：

　　我并没有找一家精神病院。我是心理学家，最好的医生就是我自己。弗洛伊德的精神分析是很好的诊断方法（虽然弗洛伊德为力必多确定了一个过于唯我独尊的角色，一个过于僵硬的形式)。但弗洛伊德不会治病,尤其是我这种情况。他建议,一旦找到力必多的对象,就通过良知予以"道德上的宣判"。宣判,即使是司法的宣判,都不够有效,因为迟了。再说,盲目的道德也不大能影响我。现在我看重和奉行的是牺牲,它对我来说意味的完全是另一回事。

敬隐渔的自我疗法,就是通过他所说的"牺牲",也就是通过"炼狱",达到自我净化,即感情的专注。"圆屋顶"的金发女郎已经达到他的理想标准,可是他看她的时间太短,他试图利用观相术重现她的形象也归于失败,他只能继续弗洛伊德式的转移。他对罗曼·罗兰说:

> 您知道我痛苦的好奇心源于巴黎。似乎在我遇到我认为最美的女人——"圆屋顶"的金发德国姑娘以后,我的风暴本应到此就停息了。可是我认识到这一点太迟了,我只看见她大约两分钟,她的美只是印在我的智力里,而非在我纤维的深处,因为您知道我是个"视觉型",我特别要"看",而且时间要久。如果没有更好的办法,在理论上,我就构建一整套观相术,以便破译面容的语言密码。……我想到曾"看"过两年的波兰姑娘。不过我并不觉得她足够聪明,也不觉得她可爱。于是我在另一个类似的面孔里寻找智慧。然而,我很晚才发现,这种重叠在我们三度空间的人类里无法实现。弗洛伊德式的不定的转移就开始了。至死,狗也追不到它的尾巴!因此并不奇怪,我变得(并将依然)可怜,而且同时"令人厌恶"。……除了把精神集中于唯一感受强烈的形象,没有更好的办法能够抹去那些讨厌的形象。金发德国姑娘是我选定的形象,但她不够强烈,因为凝视她的时间短。必须"看"她,这就是全部问题所在!

看不到"圆屋顶"的金发女郎,也看不到他追求的其他女人,让"视觉型"的敬隐渔不堪忍受。他唯有向罗曼·罗兰求救:

> 我在欧洲太痛苦了！您能帮我减轻我的酷刑吗？

"圆屋顶"咖啡馆那个金发女郎，敬隐渔只不过匆匆看了两分钟，甚至说不清她是美国人、德国人、还是原籍捷克斯洛伐克；其他的女生，不过是曾经跟他逢场作戏。她们现在虽然不露面，但却执拗地存在于他的精神里，像在噩梦中一样追逐着他，令他备受折磨。他要逃开。他想到了格朗国际学校的托马斯小姐。温柔智慧的托马斯小姐是他认识的唯一完美女性了，虽然自然赋予人智慧的时候总是附带着一点皱纹。一九二九年十月十八日，罗曼·罗兰接到敬隐渔的一封信，声称要去找托马斯小姐：

> 我再也不能在里昂生活下去：女人们的追逐和嫉妒不断地驱使我自杀。我想逃到瑞士去，比方说，到格朗的学校里当法文老师，那些女人就再也找不到我了。请您借给我路费。

一九二九年十一月二日，敬隐渔给罗曼·罗兰写了篇幅最长的一封信。他思绪纵横，仿佛有说不完的话。

信一开头，敬隐渔就如获至宝似的告的罗曼·罗兰，他发现了咖啡对自己的神奇功效：

> 今天，我发现了一个东西，对我来说比女人更必不可少：每五天喝一杯咖啡。从此，我可以掌握自己的精力系统了，我希望，只要具备一定的物质条件，(再说，这很容易) 我的幸福将万无一失。

他继而谈了不久前的一次"求爱"的经历：

> 几周的孤独宁静之后，我精力充沛。在图书馆里，我信心满满地走上前，和一个不认识的姑娘搭话，惊动了周围的人。她同意第二天和几个女朋友一起来学校看我。她的每一个表情和动作都很和谐、准确和意味深长。我无需任何建议就能产生出有效和充沛的活力。不幸约会的那一天我感冒，脊背发凉，两眼惊慌，神色狼狈，得罪了几天前还颇为通情达理的女友。她对我的好意不予回答，而且给我写了一封严厉的信。我重又失去自控。所以

我最好还是服一剂催眠药休息几天,或者听一场小型音乐会略略散散心,或者更简单,喝一杯咖啡耗尽剩余的精力。

但是他既没有去听音乐会也没有去喝咖啡,因为他囊空如洗,缺乏"物质条件"。他也不敢去借钱,怕人家反而会要他还积欠的老账。他好不容易捱到这一天:

今天我卖掉一本——最后一本小说选,为自己买了一杯咖啡,这些日子的暴风雨顿时消失;我的囚禁在苦闷之中、卡在活力的暗礁之间的心智,又能在人和事之间自由通行了。我做了一些冷静、有益、对我的幸福也许具有决定性的思考。我谴责自己以前激烈、苛求、怯懦、偏执的感情。我要变得像耶稣那样温柔、释迦牟尼那样大度。我不再轻蔑和惊扰任何人。我对所有人都会和气和亲近。我眉头的忧郁已经消失。不追求享受,而是准备受苦,就会少受很多苦!

无奈他没法保持理智。因为在活跃和休息之间,还有折磨他的"精力摇摆":

几年来,令我痛苦的不是消沉而是骚动,它是兴奋不足的结果。无法得到休息,因为有点兴奋;也无法行动,因为不够兴奋。不间断地摇摆在活跃与休息之间,永远也达不到这两端中的任何一端。这个阶段,我称作精力摇摆(或分心)阶段。这时越挣扎越失败,会给以后的活跃欠下无数的债,这样做浪费的时间和精力的总和,如果引导得好,足以再造世界!……

我有灵性的瞬间,也有愚蠢的行为。所以人们无法再理解我。……

……今年,在里昂,尽管我很痛苦,但当我独自在乡间散步的时候,特别是当我喝了一杯咖啡,在我那相当大而安静、明亮、暖和、带一张舒适书桌的房间里精神遨游的时候,我还是度过了一些幸福的时光。唯一不幸的是,我仍没有能力来消除那精力摇摆的阶段。

他以为对自己病的规律已经了若指掌,打算开始自我治疗。能否成功,关键在于能否找到一个"女性指导者":

> 今后,我把一周严格地划分为一个喝点咖啡就可以工作的紧张阶段和一个休息阶段。能够预见自己的精力储备,人们才会大胆而成熟地支出。休息也不再令人苦恼和焦急,因为预见到它肯定即将结束。不过还有第三个阶段,只有这个阶段既危险又难以驾驭,即精力摇摆阶段,它要求一些温和而不需支出大量精力的消遣。在这一阶段我特别需要一个女性指导者。那不应是一个多情而且嫉妒的情人,而是一个妈妈,一个姐姐,或者更生动地说,一个护士般的智慧的女性。

关于这个"女性指导者",敬隐渔告诉罗曼·罗兰,他心中已经有了标准和人选,那就是格朗国际光明学校的托马斯小姐:

> 她不要求我表白、献殷勤、毕恭毕敬、做出欣赏的姿态、眼里露出关注的表情。她应该温柔、智慧、单纯、直率、大度、亲切、不拘束、不装模作样、不怀戒心。她要对我说:"瞧,你好像不开心,你想要什么消遣?……"她会让我和一些性格平和的人游戏,或者带我去无关的人中间听音乐会。她对什么都不会大惊小怪或者发火。一句话,她会像对一个孩子那样劝告我、抚慰我。见我的兴奋阶段到了,这时,而且只是在这时,她会坚持要我做正经的事,因为只有这时我能明白"事"的微妙的差别和暗示。我认为这个角色只有托马斯小姐能够胜任。请您邀请她来帮助我,或者不如说来拯救我。……

对女性外在美和内在美兼而有之的完美的痴求,已经让敬隐渔走火入魔,使他深陷神经症的漩涡,一杯咖啡治不好他,"女性指导者"也救不了他,他急需的是认真的医治。

任他毁灭还是尽力拯救他,到了关键的时刻。

## 第五章　拯与罚

　　敬隐渔的一封封来信显示他的精神状态在不断恶化，罗曼·罗兰的焦虑也随之加深。敬隐渔发出的一声声求救的呐喊，让罗兰心潮难平。他不能眼睁睁看着这个才华不凡但是命途多舛的年轻人被病魔拖入深渊。他及时展开了拯救行动。

　　一九二九年十月十八日，罗曼·罗兰就写信给他的好友博杜安，说有一件紧急的事请他帮忙。他在信中介绍了敬隐渔，并且袒露了自己对敬隐渔的好感和怜爱：

　　　　也许您听说过年轻的中国人敬隐渔，他在《欧洲》上发表过一些文章，并且由里厄戴尔出版社出版过一部中国现代短篇小说家作品选。

　　　　我和他有过友好的联系。两三年前，他刚从中国来时，性格温驯、可爱、腼腆，甚至有点伤感，因为他在中国接受的是基督教传教士的教育，他们几乎让他完全与自己的人民隔绝，以至他到处都像个陌生人。他对生活几乎一无所知，甚至惧怕它，远离人群。我对他颇有好感（何况他翻译了《约翰-克利斯朵夫》）。我继续和他通信，而且在他考入里昂中法大学以后继续资助他。

　　对敬隐渔的病情，没有人能比罗兰概括得更真确。从罗兰的介绍可以看到，他对敬隐渔并非一味溺爱；当他发现敬隐渔的言行出现异状，曾及时地给以批评和指引。怎奈病魔的力量更强：

　　　　他被巴黎吸引，这也是自然的。他本来要去几个星期，但却在那里待了两年。结果是灾难性的。巴黎的生活对这个纯洁、率真、孤独的年轻人产生了毁灭性的影响。当我发现这一点时，我曾对他发出过友好的警告。从此,他竟有一年半停止给我写信。两个月前,当他通过一连串忏悔式的(和要钱的)来信又和我恢复联系时,我发现他已经成了一个狂乱的人,满脑的性念,只想着女人,特别是某一个女人,以及一些莫名其妙的女人。他意识到自己的病状,有时恐惧万分,有时又自命不凡,胡乱引一堆他记得的卢梭、尼采和弗洛伊德的话。巴黎一些认识他的朋友,能问到的我都问了,他们证实了我的印象:他的精神已经严重错乱。

让罗曼·罗兰感到特别严重的是,在他今天收到的一封信中,敬隐渔为了躲避臆想中追逐他的女人,竟要去格朗找托马斯小姐。罗兰认为,按敬隐渔当前的情况,根本不适合去学校教书;他也不能在这个时候给敬隐渔钱让他来瑞士或者去旅行,那会有严重的危险;现在需要做的是给敬隐渔治病。他请博杜安帮忙就是为了安排这件事:

> 我认为当务之急是在里昂请一位智慧而又仁爱的好医生给他检查,说服他到一个私人诊疗所休息一段时间并接受治疗;在那里他既不会感到被禁闭,又会让他觉得逃脱了很可能是想象中的"追逐"。你能找到这样一位医生和这样一个诊所吗?我愿意出一部分费用。

治病就要花钱。敬隐渔是里昂中法大学在校生,为他治病校方责无旁贷。但是学校在这个问题上一直推脱回避。罗曼·罗兰的稿酬收入有限,所获的诺贝尔奖金当年就已悉数捐赠给国际红十字会等组织,他的经济条件并不宽裕。但为了救治敬隐渔,他慷慨解囊,毫不犹豫。

罗曼·罗兰请博杜安紧急办理这件事,还因为他担心敬隐渔随时会自杀:

> 如果您能告诉我在里昂有哪个可靠的人能给他精神上的帮助,请赶快写信给我。敬隐渔完全有做出绝望决定的危险。这可怜的孩子值得我们挽救。

第四部 奇特的病症

"这可怜的孩子值得我们挽救。"短短一句话,凝聚了罗曼·罗兰对敬隐渔慈父般的亲情,对他的才华的珍惜,对他身患重病的焦灼,特别是把他从病魔爪下拯救出来的决心。

为了找到一位智慧而又仁爱的好医生,博杜安闻风而动。他本人就是精神分析学家,对这个领域的情况比较了解。但他住在日内瓦,为了在里昂找一位医术高明而又充满爱心、能对敬隐渔这样的病人给予关怀和善诱的医生,他费了好几天的时间。一九二九年十月二十三日,他身体不适,有点发烧,但还是毫不迟延地写信给罗兰,向他推荐了雷宾教授。博杜安读过雷宾的医学著作,也听说他德高望重。不过他有些担心:不知雷宾是否像大部分法国医生一样,跟不上现代心理学的新进展;敬隐渔情况特殊,既有的最成功的方法也可能对他都无效;东方人的思维方式不同,同样的思维和表现方式在临床上未必具有同样的含义。不过这一切都不能成为放弃的理由。

世界真小!罗曼·罗兰和博杜安还不知道,雷宾教授就是里昂中法大学协会会长和理事会主席;而且早年,当罗兰在巴黎拉丁区的高等社会学院讲授音乐学时,二人曾有缘结识。

雷宾这年夏天去南美,十月二十五日刚回来,学校有关负责人就向他报告了学生敬隐渔的令人忧虑的健康状况。也就是从这时起,敬隐渔听从博杜安传达的罗曼·罗兰的建议,找雷宾看病。雷宾为敬隐渔做了诊断,确认他患了严重的精神衰弱症,并在向因谵妄性解释而导致的被迫害妄想症演化。

雷宾和敬隐渔谈了几次话,气氛都很融洽;敬隐渔也给他写了几封信。雷宾认为,毫无疑问,敬隐渔愿意接受引导和鼓励。雷宾主张让敬隐渔边治疗边学习。雷宾对病人敬隐渔表现出的耐心和体谅,让罗曼·罗兰确信这正是他要为敬隐渔寻找的医生。

受罗曼·罗兰之托,博杜安还为敬隐渔选定了一家诊所,位于里昂市提尔希特滨河路十九号乙的弗雅德医生的诊所。弗雅德(Henri Feuillade,1874—1935)是内科医生,但他热衷于精神病学,深受皮埃尔·雅奈的心理学和精神病学理论的影响,成了"神经疾病专科"的挂牌医生。一九二九年十一月五日,敬隐渔先去了这家诊所。敬隐渔是罗兰介绍来的病人,医疗费由罗兰负担,弗雅德给敬隐渔看过病立刻给罗兰写了一封信,对有关情况作了说明:

> 您呵护的中法大学的年轻人敬隐渔到我的诊所来过。他患了相当严重的带有生殖器强迫症的精神官能症。他需要认真治疗才能恢复继续学习所必须的注意力。
>
> 我作了检查以后,他就前往我在艾居利的憩园疗养院。对一个学生来说治疗费用将是昂贵的。他对我说在目前情况下您会给他帮助。请您就这个问题给艾居利(罗纳省)的憩园的院长女士写一个字据。

敬隐渔当天就住进位于里昂东郊的憩园疗养院。正如名片上标明的:"憩园,疗养与保健站",憩园不是严格意义上的精神疾病医院。这倒也符合罗曼·罗兰的意愿:让敬隐渔到一个私人疗养院休息一段时间并接受治疗;在那里他既没有被关禁闭的感觉,又会让他觉得逃脱了很可能是想象中的女人们的"追逐"。

憩园的条件不错,病房窗明几净,日光浴室宽敞舒适,庭院花木扶疏,但住院和治疗费也不菲。入院第四天,院长女士就给罗曼·罗兰发来一份费用预算:敬隐渔先生的治疗费每半个月一千五百法郎,全包;加上国家征税百分之二,即三十法郎,以及百分之十的人工费,即一百五十法郎,总计一千六百八十法郎。罗兰决心已定:贵,也要给敬隐渔治病。他已经做好了付出更大代价的准备。

可是,罗曼·罗兰的努力遇到了意想不到的阻挠。就在他把敬隐渔送进憩园的同一天,里昂中法大学的中方校长在给罗兰的信中宣告了一个相反的决定——开除敬隐渔,将其遣返回国:

> 先生:
>
> 我谨以里昂中法大学校长和您一直慷慨关怀的大学生敬隐渔先生的同胞身份,由衷地感谢您对我们民族一员的仁慈和

第四部 奇特的病症

善意。

　　正为了不让您的善心被滥用，我荣幸地给您写信，让您了解您的被保护人糟糕的健康状况。

　　据数位神经科专家特别是里昂大学医学院雷宾教授的看法，敬先生的头脑已处在混乱状态，甚至可以预见在不久的将来会变得危险。事实上，这不幸的人感染梅毒已经很久，但他却掉以轻心，不作最起码的防治，因此他已失去了一切活力。他对心理学和文学的研究更导致他过度好色，致使他目前如此衰弱。一段时间以来，他肆无忌惮的行为给我们招来连续不断的麻烦：不久前他去蕾芒湖边休养①，未和房东结账就离开，房东威胁要起诉我们；为维护学校的声誉，我们只得付了款。最近他写信给里昂某中学的一个女孩，要她和他一起逃跑，我们遭到女校长的怨怨责怪。此类有伤校誉的事件举不胜举。有鉴于此，同时也为了公众利益和他本人的利益，我校理事会认真审查了他的情况，尽管我们有莫大的善意，仍不得不开除其学籍，并决定由校方出资将其迅速遣送回国。

　　先生，我们知道您对他很有影响力，因此来请您协助我们，说服他尽早回国。您这样做是对我们、对他的家庭和他本人最大的帮助。我希望，当此艰难之际，您不会拒绝给我们以帮助，我们谨对您表示最诚挚的感谢。请接受我们真诚的敬意。

　　　　　　　　　　　　　　　校长何尚平（签名）
　　　　　　　　　　　　　　一九二九年十一月五日于里昂

　　尽管开除敬隐渔是"我校理事会"的决定；但显而易见，以"大学生敬隐渔先生的同胞"、中华"民族一员"自命的中方领导在其中起了主导作用。

---

① 此处应为安纳西湖。

289

**憩园疗养院病房**

校长先生信中提到的敬隐渔的一些异常言行，或许都是事实。不过，既然看到敬隐渔的头脑已处在"混乱状态"，也预见到其病情"在不久的将来会变得危险"，却不正视这一事实，抓紧为敬隐渔治疗，而是把他当作精神正常的人，要对他施以遣返的极端处置。

更何况罗曼·罗兰知道敬隐渔在中国无亲无眷、无家可依；他非常明白，所谓遣返是"对他的家庭和他本人最大的帮助"，纯系借口。罗兰在一九二九年十一月十一日回复校长，请他和医生联系，无论如何都要根据病情做出妥善处理：

> 在思想的错乱中，他向我频频发出疯狂的忧郁的呐喊。他总是想到自杀，我不得不把他托付给一位专家，里昂提尔希特滨河路十九号乙的弗雅德医生。这位医生让他住进罗纳省艾居利的憩园诊所。我以帮助的名义提供一部分治疗费；我最多也只能为他承担三千法国法郎的费用，而这也只够应付三四周的开支。
>
> 请您直接与弗雅德医生联系，跟他谈谈您的想法。听取他的意见以后，再做出适当的决定。我自然会遵从你们的决定，不过我希望，无论如何，即使已经断定他的情况已经没有希望了，也要

第四部 奇特的病症

> 将这可怜的人交到富有怜悯心的人的手里;因为他是环境的受害者,他值得同情。

罗曼·罗兰一面要求校长和医生联系,寻求一个合理安排,一面坚持让敬隐渔留在憩园治疗。但是,弗雅德医生十一月十四日传来更坏的消息:

> 正像我在以前给您的信中所诊断的,我们的年轻人的情况已经十分严重。要取得好的效果,需要一段长时间的医治。中法大学,根据让·雷宾教授的建议,更希望将病人遣送回国。而且他已在一位中国同胞陪同下,于昨天离开憩园疗养院。再说,鉴于他目前的心智状态和他的整个情况,我也无法将他继续留在疗养院。我们本应为他指定一家封闭的精神病院。

学校不但没有对罗曼·罗兰通情达理的要求做出积极的响应,反而将敬隐渔带离了疗养院,中断了治疗。真的是根据雷宾教授的建议吗?这大可怀疑,因为直到十二月三十日雷宾还在给罗曼·罗兰的信中明白表示,出于人道主义,也为了让敬隐渔有可能在医生的指导和帮助下完成学业,他没有决定将他遣送回国。

弗雅德医生给罗曼·罗兰写这封信的同一天,憩园女院长给罗兰寄去了一千三百二十法郎医疗费的账单。十一月二十二日,女院长再致函罗兰,确认已经收到全款。这就是说,为敬隐渔治疗,里昂中法大学分文未付。

罗曼·罗兰得知敬隐渔被带离疗养院,心如刀割。他在十一月十四日的日记中写道:

> 可怜的敬隐渔,我让里昂附近艾居利的诊所为他检查和治疗,发现他精神紊乱太严重,无法留在那里。早年患的梅毒没有医治,导致了伴有生殖强迫症的神经衰弱症,看来正向危险的疯癫发展。他的多次出轨举动损坏了里昂中法大学的名声,学校写信告诉我要把他遣送回中国。(换言之,唉,就是摆脱他!这个人

291

就等于被抛下水了！——如果他在横渡大洋的时候不投水自尽的话。)我很难过,因为我记得,他刚到欧洲,来看我时,他的品质是那么善良和感人！他年轻时生活不幸福;他一定付出了很大的努力才能取得今天这样的进步。他有很大的天赋、勇气和智慧;不过已经有些郁郁寡欢。不幸的是他在一年半甚至两年时间里对我保持沉默,而病却摧残着他;我没能给他以劝告。他从九月起又和我联系,给我写了一封又一封谵妄的信,为时已晚。尽管如此,那封信①多么才华横溢,对一个外国人来说真是出类拔萃！他的自我剖析,尽管被性的顽念和食而不化的尼采和弗洛伊德词句弄得似是而非,但却显示出不平凡的灵性。

"这个人就等于被抛下水了！"罗曼·罗兰比谁都明白,遣返无依无靠的精神症患者敬隐渔,就是葬送敬隐渔。他不能任人把敬隐渔送上不归路。他要做最后的抗争。罗兰在一九二九年十一月二十二日写信给校长,再次要求校方救治敬隐渔:

> 我仍然不断收到敬隐渔求救的信,这些信都写自中法大学,他还在这里吗,还会待多久?
>
> 他给利弗②医生写过信,要求去他那儿治疗,他不愿去弗雅德诊所;据他说利弗医生已经答应收治他。你们该不该把他遣送回国,什么时候遣送? 我不知该怎么想。
>
> 看来他平静了一点,表现出接受治疗的强烈意愿。请给他做更仔细的检查！
>
> 如能找到一种合适的治疗方法,哪怕机会微乎其微,也不应该放过。这不幸的人对新中国会是一个真正的有用之材。
>
> 既然您向我提出要求,我不再给他回信。

---

① 指一九二九年十一月二日敬隐渔给罗曼·罗兰的信。
② 利弗(Marcel Rifaux,1872—1938),医生、天主教作家,在里昂以北的圣雷米开一家精神病诊所。

为了感召中方领导的恻隐之心、爱才之念，罗曼·罗兰还特地在信的末尾加上一段"附言"：

> 敬隐渔的文学才能毋庸置疑。即使在他迷乱之时，他的作家才华也令我惊叹。他对法语风格的驾驭，在外国大学生中十分罕见。

"这不幸的人对新中国会是一个真正的有用之才。"罗曼·罗兰已经不仅是怜爱敬隐渔个人，而且是为中国的未来需要人才着想了。

可惜，罗曼·罗兰这些真心诚意的进言，并不能让对方有丝毫的犹豫。事实上，遣返已定，只是在等待最近一班的船期。

应校长的要求，罗曼·罗兰也答应不再给敬隐渔回信。恩师和爱徒，从此音信两绝。

敬隐渔只能向让·雷宾求救了。他十二月五日给雷宾写信道：

> 在巴黎，我有一些亲切、有趣、欢快的伙伴；而在里昂，漫长的孤独令我厌倦、逼我自杀。周围人面目可憎，例如校长的面孔，自从他第一次和我谈话就是如此。我真想击破那副嘴脸。需要不停地驱散这欲望，这令我痛苦。所以我求您救我，以免我犯下这可能的罪行。
>
> 在巴黎，在中国，我饱受贫穷之苦；但在我看来，那也比今天的精神牢狱好过千倍。
>
> 请您回答我，拯救我！

从敬隐渔痛苦、愤激、绝望的呐喊声中，不难想象在这段日子里他受到校长等一些人怎样的对待。

但是遣返的决定已无法改变。而且，从某种角度看，这是中国人自己的事，雷宾会长也无法硬行干预，他十二月六日给敬隐渔回信道：

> 我很关心您的健康，并且可以肯定地说继续处在目前状况对您有害无益。正像我对您说过的，我强烈建议您尽早回中国。您需要的是故国的空气。等您恢复了健康，如果需要回这里学习，

> 我将非常乐意帮助您。

在校长宣布开除敬隐渔一个月以后，雷宾会长虽然也主张敬隐渔回国，但回国是为了治病，而且许诺病愈后可以帮他再来法国继续学业，字里行间充满了对病人的善意和理解。

遣返日期定在一九二九年十二月二十七日，首先乘火车把敬隐渔从里昂带到马赛，然后在马赛港乘邮船直送上海。

这一天送敬隐渔的有在巴黎出差专门赶回来的协会秘书古恒，还有几个关心敬隐渔的中国同学。里昂去马赛的火车在里昂的佩拉什火车站始发。他们一行人到站、登车，一切顺利。不料，就在列车将要启动的那一刻，敬隐渔的一个突然行动把遣返计划彻底打乱。

事发后，校长立即写信给罗曼·罗兰：

> 经过多次交涉和谈话，敬隐渔先生回中国一事终于定在今天（二十七日）。里昂至马赛的火车票和船票都已买好。可是，在佩拉什火车站，就在列车将要开动的时候，敬隐渔先生拒绝走，而且登上了去日内瓦的火车。他还曾试图在这座城市向法国邮船公司退船票。
>
> 在这种情况下，里昂中法大学宣布敬隐渔先生不再计在其寄宿生之列，并且对未来有关他的事概不负责。

"里昂中法大学宣布敬隐渔先生不再计在其寄宿生之列，并且对未来有关他的事概不负责。"这很可能是校长在突发事件后一气之下做出的决定。

罗曼·罗兰在十二月二十八日接到这封最后通牒似的来信。他对于校方打断治疗、强行遣返敬隐渔本来就想不通；现在敬隐渔独自出走，不仅会给别人带来麻烦，本人也随时会发生险情，而学校却采取了极不负责任的态度，罗兰再也不能容忍了。他当即给校长回信，表示坚决的异议：

> 请允许我对您说，关于中法大学今后不再对敬隐渔负责的问

题,我无法与您苟同。

既然贵校已经认定他是个精神病人,可能成为一个危险,(对此我完全无法做出评估)就应该监护好他,特别是在佩拉什火车站动身的时候。

我在接到尊函半天以前发出的电报中,已经告诉您找到敬隐渔的办法。是否还让他在路上乱跑,现在就由您定夺了。给他看过病的医生,都有资格对此做出决定。不过,只要还没认定他不会伤人,只要他还没被遣返,你们就应该始终承担责任。

在罗曼·罗兰和里昂中法大学中方领导的意见针锋相对的情势下,雷宾再一次被推到前台,在十二月三十日致信罗兰:

如果我只顾自己省事,早就决定将他立即遣送回国了;但是出于人道主义,也为了让敬隐渔有可能在医生的指导和帮助下完成学业,我没有这样做。

在我看来,他无疑正经历一个亢奋阶段,情况在恶化。如果您对他还有一些影响力的话,看来最好说服他尽早回校。根据他目前的情况,我们或者送他回国,如果他同意的话;或者给他治病,但显然是送到一家他不可能外出的封闭式医院,我对您说过我对这种不得已而为之的解决办法很反感。我已经指示校长,如果他近日回校,要像对一个病人一样接待他;不过您也明白,如果他最近不回来,是不可能把他保留在编制内的。

我希望您明白,对于一个初期妄想狂的病人,选择一种解决办法是多么令人为难,在这样一个时期人们做出这些决定总是再三踌躇,一方面出于对一个尚有意识的人的人道感情,另一方面也因为有把一个可能只是暂时的威胁变得不可挽回的危险。

正由于我们双方的努力缺乏协调,在病人最后一次出走以后,何尚平校长才对您流露出无能为力的情绪。我已根据您的愿望修改了他的决定,如果该生很快回校,我不会同意把他除名。但是您明白,在瑞士境内,我们实际上无法对他进行任何救助;只有他接受我们控制时,我们的责任才能真正存在。

雷宾的信平和得多。他十分自然地表明了自己对敬隐渔所持的人道主义原则。他不但修正了将敬隐渔立即除名的决定,还特别指示"要像对一个病人一样"对待敬隐渔,实际上点出了中方领导在处理敬隐渔问题上的症结。

敬隐渔在里昂佩拉什火车站上了开往日内瓦的火车,雷宾和校长都以为他去维尔纳夫找罗曼·罗兰了。其实,他在日内瓦下了火车,转乘沿蕾芒湖北岸东去的列车前往格朗,去国际光明学校找托马斯小姐。

对托马斯小姐来说,这真是位不速之客!按欧洲人的习惯,远道造访,无论如何也要提前几天征得主人的同意。敬隐渔却不宣而至,举止和言语又大异于常人。他甚至不动声色地对托马斯小姐说,有三个或者更多的女人听由他支配!这怎能不让托马斯小姐大为惶恐?她和敬隐渔交往是通过罗曼·罗兰的介绍,她知道罗兰是敬隐渔的保护人,敬隐渔如此反常地出现,她自然要马上通知罗兰。

知敬隐渔者莫过于罗曼·罗兰。敬隐渔早就对他说过,托马斯小姐善良,像一个仙姑,让人感到进步与祥和。敬隐渔病重后又曾对他说,他需要的是一个妈妈,一个姐姐,一个护士般智慧的女性,而他心目中这种女性的典范就是托马斯小姐。后来,当敬隐渔幻觉自己受到女人的追逐、像生活在精神牢狱时,又说过要到托马斯小姐身旁做个法文教师,以获得庇护。所以罗兰能够理解敬隐渔这疯狂的举动。罗兰在一九三〇年年初的一篇日记里写道:

> 这可怜的孩子预感疯狂即将来临,寻找能够援救他的母性的关爱。他想起托马斯小姐,他曾在她那里做过一次讲演,托马斯小姐是他仅剩的一点光明了。

但托马斯小姐显然无法接待这个不期而至的疯疯癫癫的年轻人,更何况她的国际学校是一所女子寄宿学校。她征得罗曼·罗兰的同意,把敬隐渔送进格朗唯一的一家由基督复临论者的团体开办的利涅尔诊所。罗兰在十二月二十八日上午发电报给里昂中法大学校长,把敬隐渔的下落告诉了他。雷宾十二月三十日给罗兰写信表示,敬隐渔在瑞士,校方无能为力。于是罗兰联系格朗所属的尼翁地区长官,请他派人把敬隐渔送到法瑞边境。

敬隐渔就这样被带回圣伊雷内堡。一九三〇年一月十日,在严密的护控下,敬隐渔终于在马赛老港被送上开往中国的远洋邮船。

罗曼·罗兰最终未能改变敬隐渔被强行遣返的命运。但是,敬隐渔在绝望中呼唤的这个朋友、见证人、保护人、父亲,凭着他那无疆界的大爱,为拯救敬隐渔尽心竭力到最后的一刻。罗兰对敬隐渔的胜似亲人的怜爱,他通过敬隐渔表达的对中国人民的真挚无私的善意,充分显示出这位"我不认识欧洲和亚洲,我只知道世间有两民族:——一个上升,一个下降"的文化伟人的阔大胸襟和高尚情操。

在敬隐渔病情严重的日子里,关心他的还有一些中国同学,给人印象最深的是汪德耀。这个在巴黎大学研读生物学的大学生,一九二九年十月二日致信罗曼·罗兰,说他的朋友敬隐渔翻译《约翰-克利斯朵夫》,因身体不好,无法继续,他已和敬隐渔商定合作完成这项伟大的工程。罗兰立刻回信向他了解敬隐渔近况。汪德耀为此给罗兰写了四封信,并且还写信请里昂中法大学一个朋友帮助敬隐渔,请校长让雷宾教授给敬隐渔看病,为敬隐渔联系了一位图卢兹的医生。后来,他听说敬隐渔已被遣返,又亲往里昂了解详情。他在一九三〇年一月十九日从里昂中法大学寄给罗兰的信中说:"可怜的敬隐渔在十日离开马赛回中国了。但愿他平安回到上海!"

二〇一〇年六月十一日,笔者夫妇登临里昂福尔维耶尔高地,游访了圣伊雷内堡。原里昂中法大学的五座房屋坚固如初;镌刻在大门门楣上的中文校名"中法大学"和法文校名 UNIVERSITE DE LYON INSTITUT FRANCO – CHINOIS(里昂大学中法学院)依然清晰。只不过原中法大学已于一九五〇年停办,一九八〇年成立的中法学院也不在这里,圣伊雷内堡已经物是人非。

里昂中法大学存在的三十年间，注册学生共四百七十三名，许多人日后成了各领域的杰出人才，其中有科学家何衍濬、汪德耀、赵雁来、朱洗，文学艺术家夏康农、常书鸿、戴望舒、吴祖光，教育家罗大冈、齐香、郭麟阁、曾觉之、沈宝基、吴达元等。圣伊雷内堡，曾经的中法合作的文化摇篮，会永远留在人们的记忆之中。

何尚平从一九二九年四月到一九三〇年年中担任里昂中法大学校长仅仅一年有余。他一生主要致力于蚕丝制造业研究和蚕桑业的改进，做出过重要贡献。他也是化学家，一九三七年曾亲自动手制作水雷，试图炸沉日舰，传为我国人民抗日战争史上的一段佳话。

二〇〇五年在广州图书馆举行的"法国里昂中法大学回顾展"

笔者访问圣伊雷内堡时，曾参观设在当年男生宿舍那座四层楼底层的里昂中法大学历史回顾展，在一份介绍该校历史的大张印刷品中，看到敬隐渔的肖像和简历醒目地出现在重点介绍的杰出校友的栏内。

环视圣伊雷内堡，抚今追昔，我百感交集。

# 第五部 奇特的结局

# 第一章　重燃生命之火

一九三〇年一月十日十六时三十分,法国邮船公司的波尔多斯号邮船,载着二百五十四名旅客、二千四百吨各种货物以及邮件,在马赛的老港起锚。这艘邮船身长一百六十二米,九千匹马力;一九一四年下水,一直行驶于马赛—横滨航线。它在第二次世界大战期间被法国军方征用;一九四二年十一月八日载美军在卡萨布兰卡登陆时被炮弹击中;一九四五年被拆解。

据拉图菲格船长的《旅行总报告》记载,波尔多斯号这次赴远东的旅程"总的来说,天气特别晴好";没有发生什么意外;值得提及的只有两件事:

> 一月二十五日五时十五分,三等舱旅客路易·迪马太太产下一个女婴。

> 在集中到马赛的旅客中,有一个精神病人。

在一个多月的航程中有孕妇分娩是常事,但精神病人作这样长时间的旅行却十分罕见。波尔多斯号上的这个精神病人,就是被里昂中法大学遣返的敬隐渔。

波尔多斯号这次航程和途中泊港时的各种景物和活动,和敬隐渔赴欧时大同小异。不过现在这一切都与他无关了。轮船公司对这个精神病人采取了万全的措施,把他单独安排在一个小客舱里,以免危及其他旅客,也防止他跳海自尽。

一九三〇年二月十五日,扬子江上大雾弥漫,达数小时之久,波尔多斯号迟迟不能进港;仿佛阔别的祖国母亲花了许多时间,才用泪水迷蒙的眼睛辨认出敬隐渔这个带病归来的游子。十五时三十分,波尔多斯号终于缓缓停靠在十六铺码头。

八年前,四川青年敬隐渔同样在绵雨凄风中乘船驶抵上海,那时这庞大的都市在他看来就好像野兽的崖窟,他曾想逃避它;但凭着他出众的才华、充沛的活力,终于为自己开辟出一条宽阔的文学之路。而今,在欧洲度过四年多时光,他被屈辱地遣送回上海,不但孤独无助,而且病魔缠身,要在如此深重的厄运中重生,真是难以想象。

里昂中法大学只是说"由校方出资将其迅速遣送回国",并未对敬隐渔回国后的生活做出必要的安置。他拎着简单的行李登岸,举目无亲,何处是归宿?

这个凄风苦雨的傍晚,或许他敲开了一位尚念旧谊的好心人的家门;或许他找到某个慈善机构;或许他直奔徐家汇天主教堂,人家还记得这个精通《圣经》、法语娴熟的青年。总之,他捱过了让受了重创的身心稍事生息的至关重要的一夜。

在里昂的最后日子里,敬隐渔曾无奈地表示:"在巴黎,在中国,我饱受贫穷之苦;但在我看来,那也比今天的精神牢狱好过千倍。"精神失衡的人最怕外界的刺激,这也是他在里昂中法大学后来的那段时间里病情急转直下的一个原因。回到上海,离开了那"精神牢狱",他的精神失衡似乎暂时略有缓解。

他患的是间歇性神经症,"精力摇摆"也好,"紧张与消沉"也罢,总有相对清醒的时候,用敬隐渔自己的话说,就是"灵性的瞬间"。

他先要解决活命问题。他在一九二七年十二月三十一日给罗曼·罗兰的信中说,他很久都"没有收到中国书商的稿酬",欠他稿酬的就是商务印书馆。他的小说集《玛丽》销路好,一九二七年二月又印了第二版;《蕾芒湖畔》是他出国后在《小说月报》发表的,因他在国外,稿酬也还没有付。他找到商务印书馆门上。有理由相信,在这命运攸关的时刻,郑振铎帮助了他。郑完成欧洲的学术之旅,回上海后仍主持《小说月报》的编辑,一九三〇年底才去职,这时还在任上。敬隐渔出国前为该刊撰译的稿件,都经过郑的手编发,他那时就和郑建立起联系;在巴黎二人又多有交往,关系更加密切。落难的敬隐渔求助,郑当然义不容辞。总之,敬隐渔不但拿到了商务印书馆欠他的稿酬,而且和该馆议定了出小说集《玛丽》的第三版。这几笔稿酬虽然有限,这时却成了他的救命钱。

敬隐渔的生命之树被无情的狂风刮回黄浦江畔,他要在这片土壤中重新扎根,必须尽快和昔日的文学界朋友取得联系;因为他还怀抱着文学梦,只有恢复文学活动他的生命才有实在的意义。

他首先寻找当年在艰苦条件下为文学理想共同奋斗、开创出一片天地的创造社同仁。但是在他离去的四年多时间里,世事变迁,创造社的旧人几乎都已各奔东西。

三位"元老"中,郭沫若在一九二六年三月十八日应广东大学之聘赴广州,七月下旬在广东参加北伐;一九二七年三月蒋介石开始清党后,他参加八一南昌起义;起义失败,他于一九二七年十月经香港秘密到达上海;一九二八年二月被国民党政府通缉,秘密离沪去日本,此时尚在日本。成仿吾在大革命失败后,于一九二八年五月经上海、日本流亡欧洲,一九二八年八月在巴黎加入中国共产党,此时仍在欧洲。郁达夫早在一九二七年八月就刊登启事,和创造社脱离了关系。

和敬隐渔一起创办创造社出版部和《洪水》的几个"小伙计"中,倪贻德于一九二六年秋去日本留学,一九二八年回国,先后在广州、武昌、上海等地任教;严良才不知下落。让他感到高兴的是,不久就找到了周全平。

一九二六年八月淞沪警厅搜查创造社出版部和《洪水》编辑部以后,周全平避往东北垦荒。这次闯荡东北以失败告终,他于一九二九年早秋返回上海。他还是一如既往地富有开拓和实干的精神。他想:"为了赓续我的文化事业,一定要自己先有一个立足之地。"当年十月在老西门市口开了一家西门书店。一九三〇年二月二十一日,又在书店楼上开了西门咖啡座。敬隐渔很快就出现在西门咖啡座,并且成了这咖啡座上的常客。曾在西门书店和咖啡座做事的孟通如,在《上海西门书店的咖啡馆》这篇回忆文章中说:

  据全平讲成立咖啡座,并不想"生财",只是一面有些事做做,一面又可以让文艺界朋友作座谈的地方。事实确实如此,每日除自己的友人如元启、方刚、鲁彦、蓬子、彦华、华鬘、敬隐渔等常来闲坐外,也有外客惠顾。

就像在法国时,在索尔邦广场的露天咖啡座或者"圆屋顶"咖啡馆的露天座那样,敬隐渔经常带一本书和一个笔记本,到西门咖啡座闲坐。在这里,作为"文艺界朋友"中的一员,他或多或少找到了当年活跃于上海文艺界的自我。西门咖啡座温暖而又活跃的气氛让他感到久违的轻松,强烈地吸引着他,他索性在离西门书店不远的西门路西门里租了一间房子住下。

周全平在开西门书店和咖啡座的同时还编辑一本《出版月刊》,报道新书消息和文艺界动态。该刊一九三〇年第三期,在"文坛消息"栏里登载了署名"冰"的一篇通讯,介绍了敬隐渔回国后的情况。文字虽短,信息不少:

## 敬隐渔返国

  印有创作集《玛丽》又译过罗曼·罗兰巨著《约翰-克利斯朵夫》的青年作家敬隐渔,新从法国回来了。他是一九二五年春间离开上海的,算来已经五年。五年来的法国生活并不会怎样把他的身体强健起来,仍是个女性追求者,仍常是失恋。现住在西门路西门里,常至西门书店闲坐。他随身携有小册子一,册上满绘动人图画;又有法国文长短行和中文诗词不少。诗句中常有奥妙不可解释的诗句,自云是天地间的至理,他正在推究中,五十年后,当有能明悉他的意义的人云。现在经他自己的同意,抄一首在下面:

二力相逐有缓速,缓者成形速者魄。
欲遍宇宙无抵抗,动静俱随并行律。

这样玄妙的东西,真不像是我们一般人所懂的。

跟了这样玄妙的作品而来的,是他告诉友人说他能看相,能测字。但归根结底,恐终是女人在他心头作怪。有他自己的词作证:

### 《忆秦娥》

隐渔翁,少年独钓千江雪。千江雪,寂寞声色,谁识豪杰?

潦倒还唱青天阔,清肠踏破空颜色。空颜色,黄昏谁伴?有西江月。

人们没有忘记敬隐渔曾经的闪亮,但人们满怀好奇关注的,还是他旅欧数载后的变化。

敬隐渔那绘满动人图画、写了不少法文长短行和中文诗词的随身带的小册子,引起西门咖啡座上的朋友们的浓厚兴趣,因为那上面信笔写写画画的东西,显示出中西文化在他身上深度的融合。

通讯的作者从那神秘的小册子里抄下的一首"奥妙不可解释"的小诗,足以令人刮目相看。徐与疾、动与静在无垠宇宙中的辩证哲理,通过诗人的科学想象得到了形象的抒发,灵感深处交融着从中国的《周易》《离骚》到法国兰波的《天启集》、瓦雷里的《年轻的命运女神》中传递的两种文化的基因。

而那首《忆秦娥》,则让人联想起唐代诗人柳宗元那首脍炙人口的《江雪》:

千山鸟飞绝,
万径人踪灭。
孤舟蓑笠翁,
独钓寒江雪。

朝官柳宗元积极参与政治革新，失败后被贬为永州司马，仍能在"千山""万径"的孤寂中潜心"独钓"，这首五言绝句表达了他失意后的清高和孤傲。敬隐渔借用其意境，以一首《忆秦娥》抒发个人的心绪，把他对不可及也"看"不到的美女的顽念和找不到完美女性的失落，以壮怀豪情般的气势表达得淋漓尽致。

敬隐渔不只寻找创造社的旧识，听说鲁迅这时住在上海，他也希望能见到鲁迅。他在给罗曼·罗兰的书信中，在《欧洲》发表的《阿Q正传》前言中，在论文《中国的文艺复兴和罗曼·罗兰的影响》和《中国现代短篇小说家作品选》引言中，都把鲁迅推为中国现代文学最重要的作家，甚至说鲁迅"以其现实主义的艺术，深刻反映不幸的无产者的生活，大概可与最伟大的俄罗斯大师们比肩"。在他向西方读者译介的中国文学作品中，鲁迅的小说占有突出的地位。旅欧期间他和鲁迅有过多次书信往来，已经有了文字之交。当然，回上海后，在艰难的新的人生路上，他也有找一个像罗曼·罗兰那样在精神和事业上可以依偎的长辈的需求。

一九三〇年二月二十四日，回到上海的第十天，一个多云的日子，敬隐渔在午后来到上海闸北区横浜路的景云里。

鲁迅因支持北京学生爱国运动被北洋军阀政府通缉，一九二六年八月底南下到厦门大学任教。一九二七年七月，转广州中山大学任文学系主任兼教务主任。一九二七年十月三日到上海，便决定长住。叶圣陶、沈雁冰等文化界的熟人，特别是他的三弟周建人，都住在景云里，鲁迅便选址在这里。先在十月八日入住二十三号；因靠近宝山路比较嘈杂，一九二八年二月二十一日搬到十七号。景云里有三排砖木结构石库门三层楼。十七号是第二排里面的一户，屋前有一个天井。一九二九年九月二十七日，鲁迅的儿子周海婴就出生在这里。正如许广平的一篇纪念文章的标题所说："景云深处是吾家"。

敬隐渔叩响了景云里十七号的黑漆大门。此时此刻，他的心情就像第一次去蕾芒湖畔，来到奥尔加别墅的柴扉前时一样激动。那次访问成为他人生的一个重要转折,他一定对这又一次的初访充满期待。

鲁迅爱护青年一代。抗议北洋军阀政府镇压爱国学生,他写了悲愤填膺的《纪念刘和珍君》。谴责国民党政府杀害革命青年,他写了《为了忘却的纪念》。鲁迅和木刻爱好者们促膝交谈的画面令人难忘。他和自己的学生、日本青年研究家增田涉友谊深笃。

和敬隐渔初次晤面,鲁迅应该有丰富的话题:

敬隐渔译《阿Q正传》让鲁迅扬名世界,曾令鲁迅欢欣鼓舞,虽曾写信"着实地"感谢过敬隐渔,而今相见,不妨再面致谢忱;

敬隐渔的《中国现代短篇小说家作品选》,让西方更多地了解了鲁迅和其他一些中国作家,鲁迅也为此书出过一臂之力,可以面询详情;

罗曼·罗兰欣赏鲁迅的作品,推荐、修改敬译鲁迅小说,热情有加,鲁迅尽可向敬隐渔详询罗兰近况;

"一封信"是怎么回事,鲁迅耿耿于怀,大可当面向敬隐渔问个明白,也免去了中国文坛一桩纷纷扬扬的纠葛;

鲁迅想必听说敬隐渔患病,即便不能像罗曼·罗兰那样对敬隐渔胜似亲人地关爱,但对敬隐渔的健康略表关切也是人之常情。

奥尔加别墅初访罗曼·罗兰后,敬隐渔曾写出情文并茂的《蕾芒湖畔》。景云里的初次晤谈,敬隐渔一定又会有动人的文字记述。

可是,关于这一次景云里之行,敬隐渔却没有写过片言只语。人们还是通过鲁迅日记中的一则记载,得知他这一天去过景云里,了解到在十七号黑漆大门前发生的事:

(二月)二十四日……敬隐渔来,不见。……

"不见",这干脆的两个字概述了一切。

有研究者曾试图将这里的"不见"诠释为"未见",似乎鲁迅并非不愿接见敬隐渔,而是由于某种原因,例如不在家,未能见到。

笔者对鲁迅日记做了研读,发现鲁迅日记中关于交往活动的一些习惯用语,含义是明确的。走访别人,见到,曰"访×××";对方不在,曰"访×××,不值"。别人来访,接见,曰"×××来";因故未见到,曰"未遇";只有拒绝接见的,才曰"不见"。

鲁迅的访客很多,有时一日数人。以一九三〇年二月为例,二十八天里,"来"者二十七人次;"不见"者三人,敬隐渔就是其中之一。

戈宝权在《〈阿Q正传〉在国外》中揣度鲁迅日记中这句"不见"的原因,认为"可能这时候鲁迅对敬隐渔在国外的行为不检已有所闻"。

这不无可能。对敬隐渔横加非难的谤文一再见诸报刊,在鲁迅耳边扇阴风的不乏其人,所以鲁迅才对敬隐渔有了翻译"目的是在卖钱"的恶评,尽管他对敬隐渔在法国的穷困并不了解;所以他才指责敬隐渔的翻译"未必诚挚",尽管他读不懂法文,甚至曾经承认连"敬隐渔"三字的法文怎么拼写都不知道。大千世界,隐善扬恶历来是喜爱饶舌者普遍的特长,精神症患者敬隐渔的"行为不检",不知曾被如何地添枝加叶、放大渲染。

敬隐渔对鲁迅景仰有加,为鲁迅的作品走向世界立下了头功。但他又是个没有门户之见的人;全飞借偷听来的罗曼·罗兰的话夸奖鲁迅而贬低郭沫若,他怒不可遏,起而为郭辩护:"是是是,非是非;何苦把罗曼·罗兰的帽子妄加在郭沫若头上?"或许就因为他执拗地拒绝门户之见,才被无情地拒于门外?

鲁迅让敬隐渔吃闭门羹,也可能另有原因。斯人已去,妄加推测已没有实际的意义。

在寻觅敬隐渔两度上海生活遗迹的日子里,笔者到过景云里的鲁迅故居。小区入口处高悬着"虹口区历史遗产纪念地"的铭牌,但今日的景象却无法让人相信这里曾经文人荟萃、书香缭绕。我在第二排房屋的十七号门前停下,久久地观看和流连。"挈妇将雏"的鲁迅曾在这里生活、写作和战斗,许多熟悉的前辈文人曾从这道大门里出入。但是我眼前出现的最真切的形象,还是满怀诚意前来拜访鲁迅的敬隐渔,被拒于门外时那错愕和沮丧的神情。热情、信念、希望,轰然垮塌,堕入冰川般冷酷的失落之中。我仿佛看到他低垂着头,从十七号门前艰难地走出这条漫长的夹道,步履沉重而又踉跄。

互联网上有一个百科的"敬隐渔"词条说,"一九三〇年一月十日他离开了法国。同年二月二十四日,结束了自己的生命。"说敬隐渔在访问鲁迅被拒这一天自杀,这不符合事实,同时也有把敬隐渔拜访鲁迅被拒和敬隐渔之死视为直接因果之嫌。鲁迅的"不见",对精神本已失衡的敬隐渔诚然是一个无情的打击。但敬隐渔还是隐忍着内心的痛楚挺了过来。

二月二十八日,访问鲁迅被拒的第四天,《申报》(本埠增刊)在第二版登出了敬隐渔"待聘"的广告。鲁迅的拒见只会让他深感重回文学圈的艰难,加重他对自身处境的危机感。他不能坐以待毙。他必须马上寻一条生路。他能做什么呢?教授法文和拉丁文,这是他的看家本领。他要求不高,学校和私人,聘者不拒。

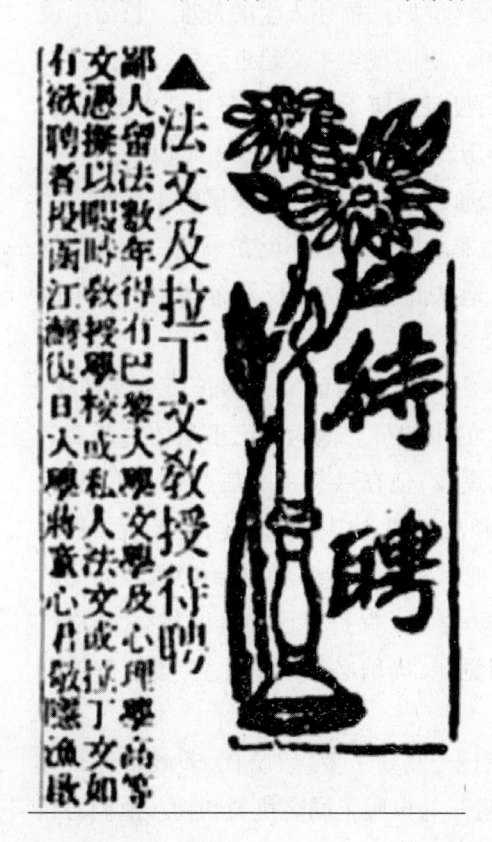

《申报》广告敬隐渔"待聘"

待聘的结果如何,不得而知。敬隐渔教授法文和拉丁文,不乏号召力;当时社会也有这种需求,但愿他如愿以偿。也许正因为有了一份暂时糊口的授课的活儿,他才得以重拾他的文字工作。

一九三〇年《出版月刊》第四期,又在"文坛消息"栏中登载了一则关于敬隐渔的"作家零讯":

> 敬隐渔现移居环龙路,从事光明的移译,闻将于三个月内竣事,由现代出版。

《出版月刊》第四期的所报道的当是三月里的事。它表明敬隐渔解决了临时的生计以后,便不失时机地投入"光明的移译"。这里的"光明",指的是法国作家巴比塞的长篇小说《光明》。

巴比塞二十二岁就发表诗集《泣妇》,描述人生的苦难。长篇小说《哀求者》(1903)和《地狱》(1908)更向现实主义趋近。第一次世界大战爆发时他已四十一岁,服过兵役且健康不佳,但他坚决要求上前线,并且表现英勇。他根据亲身经历写成长篇小说《火线》(1916),以一个步兵班战争经历实录的形式,通过一群来自社会底层的士兵的革命化过程,揭露了帝国主义战争的罪恶本质。该小说在一九一七年获得了法国著名的龚古尔文学奖。他从此主要从事反对帝国主义战争的运动。

《光明》(1919)是巴比塞继《火线》之后的又一部长篇小说名作。主人公西蒙·保兰是一个工厂的小职员。他为自己不是体力劳动者而志满意得。第一次世界大战爆发,他在沙文主义蛊惑下上了战场,经历了战争的残酷和危险,在和敌人搏斗中受伤昏迷,三天后才被人发现。亲身的体验和见闻促使他对战争进行思考:统治阶级和人民的利益从来就不同,他们发动战争是为了保护自己的既得利益,却以广大民众的牺牲为代价。他逐渐觉醒,确信必须改造社会,争取解放和平等。

一九一九年,巴比塞和法朗士、罗曼·罗兰、哈代、茨威格等人建立了知识分子的国际组织"光明",并出版了同名机关刊物。他们心目中的"光明",就是照亮西蒙·保兰这样的广大民众精神世界的社会真理。

罗曼·罗兰反对帝国主义战争,和巴比塞有共同的思想基础。但他像托尔斯泰和甘地一样反对以暴易暴,主张施加精神的压力,进行良心的反抗。力主革命的巴比塞曾和罗兰进行过一场激烈的思想交锋,但在根本上,横眉冷对罪恶的制度和以暴力对抗暴力并不互相排斥,而是互为补充。罗兰后期创作的《欣悦的灵魂》便注入了更明显的社会革命的色彩。

**敬隐渔翻译的巴比塞长篇小说《光明》封面**

罗曼·罗兰思想的信徒敬隐渔,正像他在小说《玛丽》、论文《中国的文艺复兴和罗曼·罗兰的影响》、宣言《告比利时人民书》中所表明的,也是改变旧世界的运动的热烈支持者。翻译巴比塞的《光明》是一个新的证明。

　　翻译这样一部长篇小说,而且要在"三个月内竣事",需要持续的超强度劳动,健康人也难做到,何况敬隐渔这样一个频繁地经受"精力摇摆"的煎熬的病人。但求生的本能和不息的文学理想支撑着他,经过常人无法想象的苦斗,终于完成了这不可能完成的任务。

　　译稿交给了出版社。等待排印期间,敬隐渔没有偷闲,八月二十五日又在《申报》(本埠增刊)第一版刊登了内容相近的"待聘"。

　　一九三〇年十一月十五日,敬译巴比塞长篇小说《光明》终于由上海现代书局出版,全书三百三十五页,逾二十万字;一九三一年再版;一九三二年十一月十一日又印行了第三版。两年里印了三版,可见这本译作受到的欢迎。

　　《光明》,是敬隐渔在极端残酷的厄运中不甘沉沦,重新燃起的一把生命之火。

## 第二章　神秘的消逝

敬隐渔出国以前在上海文坛已经成绩斐然。经过了欧洲四年多的生活、学习和文学实践，重返上海，他本可以有更多更好的作品问世。但是，他回国后所发表的作品，迄今所知，却仅止于他翻译的巴比塞的长篇小说《光明》。

人们不能不问：敬隐渔顽强的生命之火怎么会突然熄灭？敬隐渔旺盛的文学泉流怎么会戛然而止？

答案只有一个：神经症的急转直下无情地夺走了他的生命。

敬隐渔被遣返回国，里昂中法大学丢掉了这个"包袱"，但是蕾芒湖畔的老人罗曼·罗兰却撇不下对他的挂念。一年，两年，三年……时光的流逝只会让这挂念变得更加深沉。一九三四年三月三日，傅雷第一次写信给罗兰，请罗兰同意他翻译《名人传》。罗兰在五月六日给他的回信，后来作为傅译《托尔斯泰传》的序文发表，但读者不知道这封回信还有一个"附言"。原来罗兰接到傅雷的信以后，知道傅雷在上海，便在回信的附言中向他打听爱徒敬隐渔的情况。罗兰急切地问道：

> 十年前一个叫敬隐渔的中国朋友在中国发表了我的《约翰－克利斯朵夫》的前几部分；他后来来到法国，得了重病，不得不返回中国。您知道他的情况吗？

傅雷十分理解罗曼·罗兰的关注，着实尽心地向上海文化界的朋友们打听了敬隐渔的情况。他在当年八月二十日复信罗兰：

> 至于敬隐渔，苦于无法获致确讯。一说此人已疯，似较可信，因已听说不止一次；一说业已谢世，尚无法证实。

又过了两年，罗曼·罗兰仍然无法释念，再次向傅雷询问敬隐渔的下落。傅雷在一九三六年三月十日回复罗兰：

> 您所询敬隐渔先生之讯息，经多次查询，均无结果。一些认识他的朋友告我其已近乎疯狂。

傅雷是我们所知最早在上海寻找敬隐渔下落的人，但他这时已经得不到确讯，只听说敬隐渔或已疯狂、或已谢世。

《光明》连印三版。正常情况下，每次再版，都应该经过译者和出版社的洽商，也可以被视为敬隐渔在世的证明。一九三二年十一月十一日《光明》第三版出版，以后就再也没有敬隐渔的任何踪迹和确讯，这个日子也就成为敬隐渔存活的最后标志。

敬隐渔是怎么死的？没有任何可靠的记载和证明，不过投水自尽似乎成了人们的共识。

郭沫若在一九四六年的《一封信的问题》中说：

> 卢沟桥事变发生后，我结束了十年亡命的生活逃回了祖国来。回到上海一探问，才知道敬隐渔先生得了狂疾从法国回来，不久就蹈海死了。

郭沫若首先提出敬隐渔因"狂疾"而"蹈海"死去的说法。"一探问，才知道"，他说得很果断，似乎确定无疑。从法国回来"不久"就蹈海死了，也暗合了笔者所说的：一九三二年十一月十一日《光明》出了第三版后敬隐渔就失去了踪迹。

戈宝权在《〈阿Q正传〉在国外》一书中说，敬隐渔"闻后来是以狂疾蹈海而死的"，看来便是采纳了郭沫若的说法。

林如稷之子、作家林文询在发表于一九九三年第三期《龙门阵》的《林如稷忆敬隐渔》一文中写道："（敬隐渔）回国后病情愈重，无所作为，穷途末路，说是失足西湖，其实可能是投水自沉了。"

如果敬隐渔确系自杀身亡，这并不令人奇怪。"女人的追逐和嫉妒，不停地驱使我自杀。""漫长的孤独令我厌倦，逼我自杀。"当他精神抑郁或者幻觉严重时,敬隐渔曾频频出现自杀的念头。最后他的神经症恶化到疯狂发作,他很有可能以自杀求得"解脱"。

如果敬隐渔确系投水自尽,这也不令人奇怪。小说《玛丽》中K老先生的儿子乘船去上海,船至巫峡,见一弯新月在江心跳荡,"仿佛引出万条金蛇。巫山的奇形的曲线像拉斐尔画中的魔鬼伸开劲健的赤膊,似要攫住他,抛下江去"。到上海后,备尝世道的不平,他悲观绝望:"这热闹的黄浦也淹没了多少自杀的平民呢!……我身不自主,走近了黄浦江边……"K老先生的儿子还真的落过水:"我走到一洞桥上,忽然一股大风刺透了我的骨髓,搅昏了我的脑筋,我歪到栏杆边,不见水流,只见雪花在水面喋喋。忽听得一声'下去',我陡觉腰软身轻,顿时失去了知觉……"投水自尽的意念经常出现在作家敬隐渔的笔下。当他在现实生活中狂疾发作时,很可能做出同样的反应。

不过,没有确凿的证据,敬隐渔究竟何时死?怎样死?死于大海,黄浦江,还是西湖? 都仍然是谜。敬隐渔就这样,以他神秘的消逝完成了他的人生传奇。

回顾敬隐渔的一生,我不禁又想起他在《蕾芒湖畔》中概述理想新人的榜样克利斯朵夫时所说的话:"他也有弱点、有迷惑、有堕落,但他的奋斗精神愈挫愈锐,竟胜了私欲,胜了世俗的妄谬、人生的痛苦,得享灵魂的和平自由。"出众的才华,坚韧的求索,不弃的奋斗,敬隐渔在他短暂的人生中不断受着他心目中的英雄形象克利斯朵夫的激励;无奈命运对他太残酷,他终于毁灭在病魔爪下。

二○一一年十月十日在上海外滩度过的那个细雨霏霏的夜晚令我难忘。这地方我以前曾来过多次;但此刻我正沉浸在敬隐渔的传奇之中,旧地重游,别有一番联想和感受。左边是昔日的法国公园,初到上海的K老先生的儿子穿着褶皱不堪的西服,带着一两个面包,曾在那里捱过艰难时光。右方是外白渡桥,在那个风雨交加的傍晚,被遣返回国的敬隐渔就是在那附近登岸,开始他最后的奋争与沦陷。驰目黄埔江面,再也看不到耀武扬威的列强军舰,跃入眼帘的是对岸雄伟壮阔的浦东新区,如果敬隐渔还活着,定然会振臂欢呼:祖国,睡狮终于醒来!……细雨落得越来越急,然而我不愿离去;江水拍岸的声音也似乎更清晰,我倾耳细听,多么希望它能向我道出敬隐渔消逝的隐秘!

敬隐渔从人间蒸发了。除了罗曼·罗兰,真正关切他命运的人寥寥无几,他的名字几乎被人忘却。他不平凡的一生和不平凡的业绩,只是由于和鲁迅、罗曼·罗兰联系紧密,才在纪念这两位伟人的时刻被连带地提及。

一九三六年十月十九日鲁迅逝世,郭沫若在四天后所写的悼念文章《坠落了一颗巨星》中就指出历史对敬隐渔的不公:

《阿Q正传》是鲁迅的有名的杰作。世界介绍的开始是起自在一九二六年罗曼·罗兰主编的《欧罗巴》杂志上的译载。这是谁都知道的事。然而最先拿介绍的笔的人是谁呢?这人就是创造社同人之一的我的同乡四川人敬隐渔。……

《阿Q正传》的介绍,自然是隐渔在法国的主要工作,鲁迅以这次的介绍为机缘在生前便博得了世界的高名,然而不可思议的是隐渔的名字完全为世间所隐蔽。

罗曼·罗兰于一九四四年十二月三十日去世后,郭沫若在题为《伟大的战士,安息吧!》的文章中深深地叹惋,在不到十年的时间里,巴比塞、高尔基、鲁迅、罗曼·罗兰这四位伟大的文化战士,完成了他们领港者的使命,相继亡故。他在悼念罗兰的同时,还对敬隐渔英年早逝表示了追悼。这也是笔者所见最早悼念敬隐渔的文字:

伟大的战士,以七十九岁的高龄,得到安息了。而且安息在得到了光荣的解放的祖国的国土,这应该是我们对于这位不朽的战士申致庆祝的事。我们固然是受着损失,但我们应该跟踪上去,由自己的努力来补偿这个损失。

附带着我在这儿想追致悼念的是罗兰先生的介绍者敬隐渔先生。敬先生往年在上海天主教学堂念书的时候,曾经参加过创造社的组织。罗兰先生的巨制《约翰-克利斯朵夫》是他着手翻译出来的。他因而与罗兰先生直接通信,并受着先生的邀请,在北伐期间他到了欧洲。还有值得我们记起的,鲁迅先生的《阿Q正传》第一次被介绍到欧洲去的,也就是敬隐渔先生的功绩。

……

就这样,当我默祷罗兰先生安息之余,我却由衷地哀悼着我们这位多才的青年作家敬隐渔先生的毁灭。

其实,如我们所知道的,在郭沫若所说的四个伟大的文化战士中,敬隐渔不仅和鲁迅、罗曼·罗兰有过密切的联系。敬隐渔在巴比塞生前就将其长篇小说《光明》译为中文。在高尔基参与编辑的纪念罗兰六十寿辰的《罗曼·罗兰友人之书》群星灿烂的撰稿人中,敬隐渔是中国的唯一代表。四位伟大的文化战士在世时,与他们有过直接关联的中国人,唯有敬隐渔。

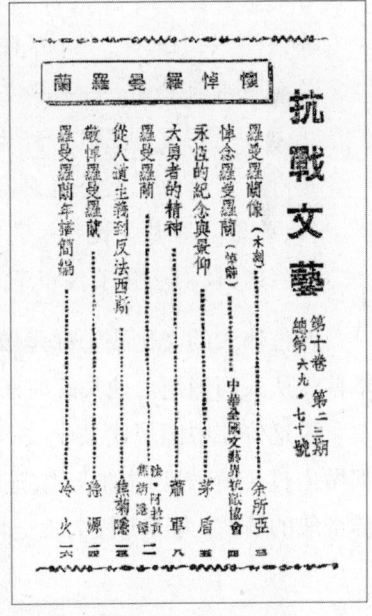

辟有"怀悼罗曼·罗兰"专栏的《抗战文艺》第十卷第二、三期合刊

罗曼·罗兰逝世后，在重庆从事革命文化工作的另一位中国新文学巨匠茅盾，于一九四五年二月一日撰写了长文《永恒的纪念与景仰》，发表于一九四五年六月出版的《抗战文艺》第十卷第二、三期合刊"怀悼罗曼·罗兰"专栏。该文不但肯定了敬隐渔译介《阿Q正传》的功绩，而且以一个见证者的身份，结合时代背景，引述鲁迅名言，阐发了敬隐渔翻译《约翰－克利斯朵夫》的历史性影响：

> 而且我们也不能忘记，当我们这时代的伟大的思想家艺术家鲁迅先生的《阿Q正传》由敬隐渔君译为法文而在法国出版时，罗曼·罗兰读了以后曾是如何感叹而惊喜的；当《约翰－克利斯朵夫》第一次和广大的中国读者见面时，罗曼·罗兰在《约翰－克利斯朵夫向中国的兄弟们宣言》的寥寥数语中，给我们以多么大的鼓励。那时我们正在大革命的前夜。正如鲁迅先生所说，从淤血堆中挖个窟窿透口空气的千千万万争民主、求光明的青年们，看到了罗曼·罗兰对我们的号召："我只知道世界上有两个民族，——一个上升，一个下降。一方面是忍耐、热烈、恒久、勇敢地趋向光明的人们，——一切光明：学问、美、人类的爱、公共的进化。另一方面是压迫的势力：黑暗、愚昧、懒惰、迷信和野蛮。我是附顺前者的。无论他们是生长在什么地方，都是我的朋友、同盟、弟兄。"那时候我就知道在争民主、求光明的斗争中，我们不是孤独的，我们坚强了信心了。

四位伟大的文化战士都是敬隐渔的前辈，但敬隐渔这个晚生却不幸首先从人间消逝。他失踪时还只有三十一岁。

愿这位在中国现代文学史、中国翻译文学史、中法文化交流史上都做出过传奇般业绩的天才，连同他传奇般的人生、他与罗曼·罗兰传奇般的情谊，为历史长久地记忆。

# 敬隐渔年谱

## 一九〇一年

六月十三日,敬隐渔出生在四川省遂宁县城文星街,原名显达。父亲敬天文,字大章;母亲唐氏。祖籍四川省遂宁县拦江河一带。

## 一九〇四年

父亲敬天文去世。

## 一九〇九年

九月,经遂宁县城顺城街天主堂神父文光德保荐,进入四川省彭县白鹿乡无玷修院做修生。时任院长是法国传教士鱼霞松。

## 一九一〇年

十月,白鹿乡孟家林山腰的领报书院正式落成,白鹿乡领报修院由河坝场迁往新址。

## 一九一一年

十月十日,辛亥革命爆发,清朝灭亡。

## 一九一三年

七月，以优异的成绩结束在白鹿乡无玷修院的学习。

九月，升入白鹿乡领报修院。时任院长是法国传教士柏立山。

## 一九一四年

九月，法国传教士林方济继任白鹿乡领报修院院长。

## 一九一六年

七月，从白鹿乡领报修院退学。

九月，到成都，在天主教会办的法文学校进修法文。

## 一九一九年

五月四日，北京爆发以青年学生为先锋的反帝反封建的爱国运动。

七月，法文进修结束。暑假期间回遂宁探望母亲唐氏。

九月，受聘为成都法文专门学校教师。

不久，结识初恋情人。

不久，母亲唐氏在遂宁家中中流弹身亡。

## 一九二〇年

寒假期间回乡为母亲上坟，途中被匪徒绑架；一周后三哥显春在朋友的帮助下将其救出。

## 一九二一年

七月，辞去成都法文专门学校教师职务。

## 一九二二年

旧历年初,乘船离遂宁去重庆;和三哥显春相聚。

扬子江泛涨春水时从重庆乘船去上海。

二十一岁来到上海,在中法工业专门学校继续学业。

## 一九二三年

四月初,郭沫若从日本回上海,住民厚南里。

不久,与创造社建立联系。经常去郭沫若住处聚谈。

七月二十一日,诗歌《破晓》发表于《创造日》第一期。

八月八日至八月十一日,评论《罗曼·罗兰》发表于《创造日》第十六期至十九期。

八月十九日,《译诗一首——唐人金昌绪的"春怨"》发表于《创造周报》第十六号。

八月二十三日,拉马丁诗歌《孤独》译文发表于《创造日》第三十期。

八月二十六日至九月一日,莫泊桑小说《海上》译文连载于《创造日》第三十三期至三十九期。

九月十九日至九月二十二日,莫泊桑小说《遗嘱》译文连载于《创造日》第五十七期至六十期。

九月二十三日,中法双语《诗一首》发表于《创造周报》第二十号。

九月二十七日至十月三日,莫泊桑小说《莫兰这条猪》译文连载于《创造日》第六十五期至七十一期。

十月二十七日至十月二十九日,莫泊桑小说《恐怖》译文连载于《创造日》第九十五期至九十七期。

## 一九二四年

二月二十八日,诗歌《破晓》和郭沫若的小说《函谷关》法文译本发表于《创造季刊》第二卷第二期。

三月九日,评论《"小物件"译文的商榷》发表于《创造周报》第四十三号。

五月四日,小说《苍茫的烦恼》发表于《创造周报》第五十一号。

五月十九日,小说《玛丽》发表于《创造周报》第五十二号。

五月下旬,成仿吾和周全平、倪贻德、敬隐渔、严良才等商量出版刊物,定名《洪水》。

六月三日,第一次给罗曼·罗兰写信,表达对罗兰的敬仰,请求授权翻译《约翰-克利斯朵夫》。

七月十七日,罗曼·罗兰回信,应允翻译《约翰-克利斯朵夫》,并愿给以指导和帮助。

十二月十日,致信罗曼·罗兰,告知"最近放弃学业,迈入文学生涯"。刚翻译完《约翰-克利斯朵夫》的前两卷《黎明》和《清晨》。

## 一九二五年

一月十日,《小说月报》第十六卷第一号发表《近代大文学家罗曼·罗兰寄给敬隐渔的一封信》手迹和敬隐渔译文,以及法朗士小说《李俐特的女儿》译文。

罗曼·罗兰回信,并寄赠两本《约翰-克利斯朵夫》。

四月至五月中旬,去杭州旅游。四月十二日在西湖边完成小说《嫏娜》。

五月十八日,致信罗曼·罗兰,告知准备去法国。

七月十日,小说《嫏娜》发表于《小说月报》第十六卷第七号。

八月一日,乘法国邮船昂热号离开上海。

八月九日,昂热号抵越南西贡,给罗曼·罗兰寄明信片。

八月十日,《小说月报》第十六卷第八号"文坛杂讯"中刊登"文学研究会丛书"之一敬隐渔小说集《玛丽》出版预告。

九月六日,到达法国马赛。

九月七日，去里昂。

九月十日至十一日，在瑞士维尔纳夫的奥尔加别墅访问罗曼·罗兰。

回里昂，住第五区特里翁街六十四号。

九月二十五日，完成罗曼·罗兰访问记《蕾芒湖畔》。

十月下旬，完成《蕾芒湖畔》法文本《初访罗曼·罗兰》，寄给罗尼格。

十一月五日，在里昂大学文学系注册，攻读文学学士学位。

十一月二十日前后，致信罗曼·罗兰。搬至第五区大地路五十五号。

十二月十五日，搬至第五区圣亚历山大广场一号。

十二月十六日，致信罗曼·罗兰。意图改革中文。

不久，罗曼·罗兰回信，指出其不切实际。

十二月三十一日，致信罗曼·罗兰，感谢罗兰中肯的意见，将鲁迅小说《阿Q正传》译稿和旧译郭沫若小说《函谷关》寄罗兰。

十二月，小说集《玛丽》作为"文学研究会丛书"之一由上海商务印书馆出版。

## 一九二六年

一月十日，罗曼·罗兰《约翰－克利斯朵夫向中国的弟兄们宣言》译文、《约翰－克利斯朵夫》译文连载之一、散文《雷芒湖畔》、小说《皇太子》发表于《小说月报》第十七卷第一号。

一月十二日，罗曼·罗兰致信《欧洲》主编巴萨尔耶特，推荐敬译鲁迅小说《阿Q正传》。

一月二十三日，致信罗曼·罗兰，感谢罗兰推荐发表《阿Q正传》译文。已搬至第五区施沃舍街五十号。

一月二十四日，致信罗曼·罗兰，感谢修改《阿Q正传》译文和对他的夸奖和批评。致信鲁迅，转达罗兰对《阿Q正传》的称赞，请求为纪念罗兰六十寿辰印一本专书。寄罗兰的"一封信"让创造社发表。

一月二十九日，致信祝贺罗曼·罗兰六十寿辰。罗尼格将《罗曼·罗兰友人之书》献给罗兰，其中收有敬隐渔的《初访罗曼·罗兰》。

二月七日，巴萨尔耶特致信敬隐渔，表示决定在《欧洲》发表敬译《阿Q正传》，并约其译一本中国短篇小说选或一部长篇小说。

二月十日，罗曼·罗兰《约翰-克利斯朵夫》译文连载之二发表于《小说月报》第十七卷第二号。

二月二十七日，鲁迅寄敬隐渔信并《莽原》四本。

三月二日，北京《京报副刊》刊载柏生短文《罗曼·罗兰评鲁迅》，该文主要引用全飞的法国来信，对敬译《阿Q正传》多有非议。

三月十日，罗曼·罗兰《约翰-克利斯朵夫》译文连载之三发表于《小说月报》第十七卷第三号。

三月十九日，致信罗曼·罗兰，告知巴萨尔耶特约译《中国现代短篇小说家作品选》。

三月二十九日，致信鲁迅，请多寄《莽原》，望其购《罗曼·罗兰友人之书》及罗兰像，请允许继续翻译鲁迅作品并提供几篇好的作品，等等。

四月二十三日，鲁迅得敬隐渔信。

四月二十五日，鲁迅寄敬隐渔信。

五月六日，致信罗曼·罗兰，寄上《小说月报》第十七卷第一号。已迁居第五区阿拉依之星路十五号。

五月十五日，鲁迅小说《阿Q正传》译文之一部分发表于《欧洲》杂志第四十一期。

五月十六日，《读了〈罗曼·罗兰评鲁迅〉以后》发表于《洪水》第二卷第十七期，对全飞的信加以批驳。

五月二十七日，致信罗曼·罗兰，告知已接受瑞士格朗国际光明学校讲演的邀请。

六月十一日,致信罗曼·罗兰,转寄鲁迅编辑的《莽原》"罗曼·罗兰专号",转达鲁迅对罗兰赞语的谢意。

六月十五日,鲁迅《阿Q正传》译文之二发表于《欧洲》第四十二期。

六月二十三日,通过法国文学考试。

七月一日,鲁迅得敬隐渔信并《欧洲》一本。

七月五日,应邀去瑞士莱茵费尔登罗尼格家小住。

七月十六日,鲁迅买小说等三十三种,托李小峰寄敬隐渔。

七月二十七日,鲁迅寄敬隐渔信。

八月七日,致信罗曼·罗兰,告知已迁居第五区半月路十号。

八月二十二日,去瑞士格朗。

八月二十三日,为格朗国际光明学校承办的夏季讲习班作题为《睡狮醒来》的法文演讲。

在格朗度过一周后,前往维尔纳夫奥尔加别墅访问罗曼·罗兰。

九月七日,致信罗曼·罗兰,告知收到鲁迅寄书。

九月二十一日,致信罗曼·罗兰,谴责西方列强对中国的经济和外交侵略。

十月十一日,离开里昂到巴黎。不久,在巴黎大学心理学专业注册。

十月十六日,致信罗曼·罗兰,告知住第五区瓦莱特街二十一号罗朗膳宿公寓,应朋友之约撰写《告比利时人民书》。

十一月,致信鲁迅,并附赠明信片四张。

十二月八日,鲁迅得敬隐渔信及明信片四张。

十二月二十九日,致信鲁迅。

## 一九二七年

一月,翻译鲁迅的《故乡》和《孔乙己》,开始小说《离婚》的写作。

二月,小说集《玛丽》由上海商务印书馆再版。

二月十一日,鲁迅得敬隐渔信。

三月二十二日,鲁迅得敬隐渔信。

六月,心理学考试未通过。

九月十五日,论文《中国的文艺复兴和罗曼·罗兰的影响》发表于《欧洲》第五十七期。

十月十五日,鲁迅得敬隐渔信。

十二月三十一日,寄四篇译文和小说《离婚》给罗曼·罗兰。

## 一九二八年

一月一日,《创造月刊》第一卷第八期刊登《〈创造周报〉复活了》的广告,敬隐渔为"特约撰述员"之一。

五月二十七日,寄三篇译文给罗曼·罗兰。

六月,获巴黎大学心理学证书。

九月十日,致信里昂中法大学校长,要求参加该校招生考试。

初秋,在巴黎"圆屋顶"咖啡馆遇金发女郎。

十月十二日,在巴黎参加里昂中法大学招生考试。

十月十六日,录取为里昂中法大学津贴生。

十月十八日,致信巴黎大学文学院院长,请其帮助留巴黎学习。

十月二十七日,里昂中法大学秘书古恒来信,敦促其去里昂。

十一月十五日,离开巴黎,重返里昂。

## 一九二九年

三月十五日,陈炜谟小说《丽辛小姐》译文发表于《欧洲》第七十五期。

三月三十日,《中国现代短篇小说家作品选》由巴黎里厄戴尔出版社出版。

三月三十一日,接受里昂中法大学校医体检。

七月十四日,去安纳西度假。

七月二十四日至十一月二日,八次致信罗曼·罗兰,表现出对女性美的痴迷和越来越明显的神经症。

十月十八日,罗曼·罗兰致信博杜安,请其为敬隐渔寻医。

十一月五日,住进里昂近郊的憩园疗养院。里昂中法大学校长致信罗曼·罗兰,告知校方决定开除敬隐渔学籍并遣送回国。

十一月十三日,被校方带离憩园疗养院。

十一月二十二日,罗曼·罗兰致信里昂中法大学校长,要求尽力救治敬隐渔。

十二月二十七日,第一次遣送未成。

## 一九三〇年

一月十日,被送上开往上海的波尔多斯号邮船。

二月十五日,返抵上海。不久,在上海西门路西门里住下。

二月二十四日,拜访鲁迅遭拒。

二月二十八日,登报求职。

三月,迁居环龙路。翻译法国作家巴比塞长篇小说《光明》。

八月二十五日,再次登报求职。

十一月十五日,《光明》译本由上海现代书局出版。

从敬隐渔《中国现代短篇小说家作品选》转译的英文本《〈阿Q的悲剧〉及其他现代中国小说》年内在伦敦出版。

## 一九三一年

小说集《玛丽》年内由上海商务印书馆出版第三版。

《光明》译本年内由上海现代书局再版。

英文转译本《〈阿Q的悲剧〉及其他现代中国小说》年内在北美再版。

## 一九三二年

十一月十一日,《光明》译本由上海现代书局出版第三版。

此后再无敬隐渔存活确讯。

# 后　记

　　这本书凝聚了笔者五年多的心血。这项工作用了这么长时间，真是始所未料。

　　我在前言中曾经表达过自己对文献资料的推崇，对历史真实的虔敬，孜孜以求的是写一部科学的历史传记。一切尽在书中，自有读者评判。

　　只要如初所愿，通过这本书再现敬隐渔的真实人生，增进读者对这个历史人物的了解和关注，对敬隐渔研究有所推动，我这文化田园的不惜力的耕者也就心满意足了。

　　此时此刻，我最想说的是，多亏许多单位和人士的热情支持，本书才得以完成并具有今天的面貌。

　　我要感谢法国国家图书馆、里昂市图书馆、巴黎东方语言学院图书馆、巴黎亚洲之家图书馆、巴黎外方传教会档案馆、巴黎外方传教会亚洲图书馆、法国外交档案馆、法国邮船公司历史档案馆、瑞士巴塞尔高等院校图书馆、北京大学图书馆、首都图书馆、四川大学图书馆、成都市图书馆、上海市档案馆等，没有他们悉心收藏和慷慨借阅的珍贵资料，本书的写作便失却了依据。

　　在我要感谢的热心人士中有：

　　沙百里（Jean-Pierre Charbonnier）博士，法国著名宗教学家、汉学家、鲁迅研究家。初次会面，他就将事前认真准备的一摞笔记和资料相赠。他不但帮助我了解了法国天主教在四川的历史，还成为我在宗教和拉丁文化方面有问必答的顾问；

让-马克·格兰(Jean-Marc Guérin),法国文学研究家,出色的考据专家。他为我提供的八十年前法国和瑞士史地人文的精确细节为本书增色。尤其让我感动的是,他曾在圣诞节前夕冒雪驱车从度假地前往百里外的勒阿弗尔市,为我获取一份有关敬隐渔的文件;

巴黎第四大学接待处菲利普·绍伯恩(Philip Schonborn)。该校就是敬隐渔曾经读书的索尔邦。听了敬隐渔的故事,绍伯恩先生深受感动,破例为我开启了索尔邦大礼堂的庄严的大门,让我有缘目睹敬隐渔激赏的皮维·德·沙瓦纳巨型画作。他还多方联系,帮助我查询敬隐渔当年在该校学习的档案;

胡传淮,文史学者,也写过关于敬隐渔的文章。他任职于遂宁市蓬溪县政协文史研究室。承他和有关领导的重视,为我的学术调研组织座谈和访问;

以拍摄系列方言剧"李扯火"蹿红的遂宁电视台易亨良。他人脉广、善沟通,我在遂宁调研期间蒙他陪同,效率大大提高。为追踪敬隐渔家族历史的变迁,他竟约集来公检法各界的朋友;

上海理工大学王细荣,图书情报学专家。他陪同我参观了敬隐渔母校上海中法工业专门学校旧址。他说:"我会向您无保留地提供自己掌握的一切资料。"这句话让我难以忘怀;

还有法国里昂大学李尘生(Danielle Li)教授,里昂福尔维耶尔大教堂吉尔(Sander Gilles)神父,法兰西学院岑咏芳女士,瑞士维尔纳夫旅游处罗让(Chantal Logean)女士,资深出版家、外国文学研究家李景端先生,四川大学王锦厚教授,中国社会科学院外国文学研究所张振辉研究员、高中甫研究员、罗新璋研究员、叶廷芳研究员、林一安编审、林洪亮研究员、宁瑛研究员、王逢振研究员,中国社会科学院近代史研究所葛夫平研究员,画家高连华先生,美籍华裔张克琦女士,西南交通大学政治学院胡晓副教授,四川大学图书馆范晓燕女士,成都李渝女士,上海欧阳建新女士,里昂中国留学生余苏先生等。

我要特别感谢我的夫人陈绪光,由于她全程全力的支持,我才能锲而不舍,实现这考验意志和耐力的长征似的探索之旅。

二〇一四年四月九日<br>搁笔于巴黎蒙马特尔高地北麓寓所

  这本书原题《敬隐渔传奇》,蒙郏宗培总编辑赏识,并蒙上海文化发展基金会图书出版专项基金资助,于二〇一五年六月由上海文艺出版社初版,有幸获得读书界和评论界的肯定。中国现代文学研究专家王锦厚教授在《一部独具特色的人物传记》中说它"匠心独运,充满了新意。令人深思,也令人警惕。有历史意义,也有现实意义。"作家、散文家刘志侠在《渡河去看敬隐渔》中说:"敬隐渔值得人们去研究,虽然文学生命短促,但其创作相当丰富,而且具有独特的开创性。过去苦于资料匮乏,现在有这本书提供全面翔实的资料,这是所有研究者求之不得的珍贵源泉。"

  本书通过大量史料真实再现的敬隐渔,在他的家乡四川遂宁激起特别强烈的反响。重视历史传承的遂宁人,为自己的土地上产生过这样一位天才作家和翻译家而骄傲。他们为本书举行了一场热情洋溢的首发仪式。他们发起组织敬隐渔之友会。深入研究敬隐渔文学成就的活动已经展开。有感于敬隐渔的不幸结局,还有传媒人倡议仿效著名法国诗人瓦雷里的《海滨墓园》,在当地的观音湖畔建一座湖滨墓园,让敬隐渔魂归故里。

  二〇一六年适逢敬隐渔一百一十五周年诞辰和法国大作家、反法西斯斗士罗曼·罗兰一百五十周年诞辰。笔者对原书稿做了一些补充,更名为《敬隐渔传》,连同我编的《敬隐渔文集》,再蒙遂宁市政府文广新局大力支持,由人民文学出版社一并出版。敬隐渔和罗兰的友谊,对敬隐渔的成长和文学事业有着重要影响,为中法两国人民友好的史册留下动人的一页。这两本相辅相成的书的问世,除了弥补我国新文学运动史研究的一个空白,也是对这双重周年的一个纪念。

二〇一六年一月二十日<br>又记于北京